RAOUL JOBIN

RENÉE MAHEU

RAOUL JOBIN

PIERRE BELFOND
216, boulevard Saint-Germain
75007 Paris

Si vous voulez recevoir notre catalogue
et être tenu au courant de nos publications,
envoyez vos nom et adresse, en citant ce livre,
aux Éditions Pierre Belfond,
216, boulevard Saint-Germain
75007 Paris

ISBN 2.7144.1639.X

*A mon père, jean A. Anctill,
musicien et homme de sciences.*

Remerciements

— A Mme Thérès Jobin, l'épouse admirable de compréhension, artiste elle-même, la compagne idéale et discrète de toute sa vie.

— Aux enfants, Claudette, André, France, qu'il a tant aimés, dont il était fier et qui ont fait son bonheur.

— Au Conseil des Arts du Canada qui m'a facilité le travail de recherches dans les archives de l'Opéra de Paris, du Teatro Colon de Buenos Aires, du Metropolitan Opera de New York, de Radio France, INA, Radio-Canada, et dans les théâtres de France.

— Au ministère des Affaires culturelles du Québec pour l'accès aux archives provinciales.

— Aux nombreux artistes lyriques, directeurs de théâtre, chefs d'orchestre, amis et mélomanes, témoins fidèles de l'évolution de sa carrière.

Renée Maheu

A « La beauté, quand on l'écrit ou qu'on la chante, c'est la signature de Dieu. »

Charles Kingsley

« Faisons donc l'éloge des hommes illustres, des hommes qui ont cultivé l'art des saintes et nobles mélodies. Ils ont été la gloire de leur peuple, et leurs contemporains les ont honorés ».

L'Ecclésiastique

PREMIÈRE
PARTIE

Chapitre premier

26 septembre 1928. Roméo Jobin veut emporter dans son cœur les images des couleurs automnales. Il découvre la beauté et l'immensité de ce pays qu'il aimera et vénérera toujours. Il rêve sur le pont de l'*Empress of Scotland* qui s'éloigne des rives de Québec.

Sur le quai, il a fait ses adieux aux parents, amis, admirateurs et, plus tendrement, à Thérèse. Comment la retrouvera-t-il ?... L'attendra-t-elle ?... Que d'heures ils ont vécues au piano, à préparer les concerts des salles paroissiales. Elle est si musicienne et il la trouve si belle. Jamais il ne lui a avoué le sentiment qu'elle lui inspire mais elle doit bien le comprendre. Quand il reviendra muni de son diplôme de l'Institut grégorien de Paris, il lui parlera.

Il est heureux de partir, certes, mais il est plein d'appréhension; son père ne l'a guère encouragé et les finances sont plutôt maigres.

Il sait que Paris est alors la capitale musicale de l'Europe. Les plus grands maîtres y séjournent, enseignent, y font école. A l'Opéra sont à l'affiche les Ninon Vallin, Georges Thill, Paul Franz, Edmond Clément, Vanni-Marcoux, Germaine Lubin, et tant d'autres grands chanteurs de la célèbre troupe de Jacques Rouché. Il sait aussi que l'on chuchote dans la paroisse, à Saint-Sauveur, que Paris est une ville où la Révolution a détruit les églises, qu'on peut y perdre son âme, que l'athéisme règne...

Sur l'*Empress of Scotland,* il fait la connaissance de l'abbé Léon Destroismaisons et d'Henri Vallières, tous deux jeunes organistes. Ils suivent la route tracée par leurs prédécesseurs de « la brillante école de Québec » — Joseph-Arthur Bernier, Henri Gagnon, Georges-Émile Tanguay, Omer Létourneau, qui, avant eux, ont fréquenté les studios des grands maîtres français de l'orgue : Henri Widor, César Franck, Louis Vierne, Marcel Dupré, Félix Fourdrain et tant d'autres. La traversée est monotone et porte à la mélancolie.

Hier encore, il entendait son père, le tavernier du marché Saint-Pierre, entonner d'une voix ensoleillée les chansons napolitaines qui ravissaient les clients. Souvent, il prenait le violon, l'accordéon ou le piccolo, et en avant la musique !....

« Le père Jobin » avait une jolie voix de ténor léger, plus belle que celle de son fils, aimait-on à dire, et il chantait avec un goût inné et une technique qui, quoique naturelle, était assez surprenante. Il se vantait d'avoir trois cent cinquante chansons à son répertoire.

A l'époque du cinéma muet, il puisait dans ce répertoire les airs qui convenaient au déroulement des films. Il était connu de toute la basse ville de Québec. Court et jovial, il portait une moustache gauloise. Comme sa femme, Amanda Bédard, il savait tout juste lire et écrire. D'abord ouvrier d'usine, il avait ensuite travaillé dans une taverne qu'il devait plus tard racheter à son patron.

Bien qu'ayant pignon sur rue, la famille du tavernier ne roulait pas sur l'or et la maladie avait emporté huit des dix enfants. Roméo vivait seul avec son frère Alfred et se savait lui-même atteint aux poumons. Avant son départ, on l'avait bien mis en garde contre les changements de climat et l'hiver parisien humide et pluvieux. Il lui faudrait éviter ces bronchites qui le faisaient tousser.

Ses parents, ils ont tant fait pour lui !... Il a vu sa mère économiser les pièces de cinq cents, une à une, pour lui permettre de poursuivre ses études musicales en Europe. Elle le croyait lorsqu'il lui disait qu'il deviendrait « maître de chapelle », comme son professeur Émile Larochelle, et qu'il ouvrirait son studio de chant.

Roméo a souvent entendu parler de ses ancêtres anglais : sa grand-mère Jobin était une Stanford. Les deux cousins avaient quitté l'Angleterre pour tenter l'aventure en Amérique. Le premier, dessinateur industriel, était resté au Canada, à Québec. L'autre, plus audacieux, s'était installé dans l'Ouest américain, le pays de la ruée vers l'or. Il fut, avec Fairmount, un des pionniers de San Francisco. Sa grand-mère était la fille de celui qui était resté à Québec. Jamais elle n'avait parlé anglais à ses enfants.

Roméo se souvient des hivers de son enfance. Le soir de Noël, son père le réveillait peu de temps avant la messe et il devait sortir dans le froid et le noir. Toute la paroisse était illuminée et les traîneaux faisaient tinter leurs clochettes. Il chantait dans la petite maîtrise qui répondait du chœur à la grande chorale, dirigée par le maître de chapelle Arthur Paquet, au jubé.

Et le printemps !... La grande fête à la fonte des neiges. Il fallait nettoyer la rue, enlever de grands morceaux de glace. Le dimanche, après la messe, son père l'emmenait avec Alfred, sur la terrasse Dufferin, voir les navires dans le port et ils longeaient les remparts de la citadelle. Le soir, de grands bateaux tout illuminés accostaient. On dansait à bord. Les hommes étaient vêtus de blanc et les jeunes femmes, en robe du soir, semblaient très belles.

Et puis, l'été, les grandes chaleurs... Les chaises sur les perrons, les galeries, devant la taverne de son père. Les promenades au parc Victoria. Un soir, les parents parlèrent de l'école. Il fut habillé de neuf. Craintif, il ne voulait pas quitter la maison. L'inconnu l'effrayait. Quand sa mère le conduisit à l'école primaire du quartier, tenue par les frères des Écoles chrétiennes, elle lui dit presque solennellement : « Tu es le dernier. Je vais te faire instruire. »

A l'école, il avait été un bon élève. Ses cahiers étaient soignés et, le jeudi après-midi, il répétait avec la petite maîtrise les cantiques et le grégorien pour les grand-messes et les processions de la Semaine sainte.

Il songe aussi à ses débuts avec « Les Vagabonds du théâtre » qui montaient des pièces dignes des grandes troupes classiques... Et, l'été, aux parades des chasseurs de Salaberry dans les rues de la ville et aux concerts de la fanfare Lambilotte au parc Durocher, face à la taverne de son père.

Il a treize ans à la fin de son cours primaire. Ensuite c'est le pensionnat, le collège du Sacré-Cœur à Sainte-Anne-de-La-Pérade. Le premier lundi de septembre 1919, la vieille voiture familiale prend « le Chemin du roy ». La taverne Jobin est fermée pour la journée.

Au premier abord, le collège lui paraît sombre et austère. Les élèves du deuxième cours sont en ligne et, en classe, le frère Herménégilde lui assigne un pupitre voisin de Jean-Baptiste Baribeau, un gars de la campagne. Roméo se sent en confiance : ce sera son ami.

Avant de reprendre la route de Québec, son père dépose chez le frère économe le montant total de la pension annuelle de son fils cadet. Sa mère demande au frère directeur de surveiller discrètement la santé de Roméo. Le lendemain après-midi, Roméo se rend dans la petite salle de musique, à la classe de son professeur, Zénon Paquin, qui a succédé à Firmin Saint-Arnaud lors de l'installation du premier orgue à vent dans l'église. Deux fois par semaine, les mardi et jeudi, les élèves qui font partie de la fanfare se rendent dans la grande salle pour une pratique d'ensemble. Roméo choisit le cornet ou la trompette d'harmonie, et le frère Paul lui enseigne ses premières notions de technique respiratoire et de solfège.

La première année de pensionnat se passe sans histoires. Il reçoit un prix d'orthographe française et un prix de conduite.

Septembre 1920. Le frère Eugène est heureux d'accueillir le petit groupe d'amis que sont devenus Lucien Darveau, Horace Arcand, Jean-Baptiste Baribeau et Roméo Jobin.

Horace Arcand raconte ses excursions en bateau à voile sur la rivière Sainte-Anne, sur les chenaux qui courent entre les îles avant de se mêler aux eaux du fleuve. Il rêve de grand large, de navigation; l'aventure l'attire..., Il deviendra pilote de navire et parcourra le monde. Deux de ses fils feront plus tard carrière dans le spectacle : Denys, cinéaste, et Gabriel, comédien.

En écoutant Horace, Jean-Baptiste Baribeau rêve, lui, de pêche miraculeuse. Il n'a qu'un désir : obtenir la permission d'aller sur les glaces

15

du fleuve. Ce sera au cours d'une sortie, par un hiver glacial, que le destin le frappera et qu'il deviendra un « miraculé » de Marguerite Bourgeoys, ce qui impressionnera vivement le jeune Roméo qui était croyant.

La deuxième année scolaire suit son cours. La fanfare est de toutes les fêtes et de toutes les processions. Le jour de la Fête-Dieu, elle est en tête du cortège. Les dimanches, les concerts dans le kiosque attirent les promeneurs et les jolies filles. Son ami Lucien Darveau, devenu avocat, racontera : « Il donnait le rythme aux tournants des rues; on se fiait à lui, à son sens musical naturel. » Roméo sourit à la pensée du père Zénon qui lui répétait de « souffler dans son cornet comme pour enlever un fil ».

Cette année-là, Zénon Paquin recommande Roméo pour un solo de trompette à la distribution des prix : une berceuse de Hauser.

Roméo repart joyeux pour Québec. N'a-t-il pas remarqué, dans la chorale des filles, Louisa, nièce de son professeur de musique, Zénon Paquin ? Elle rougissait et baissait les yeux lorsqu'il la regardait taquiner ses amies.

A la rentrée, Roméo est nommé trésorier de la ligue du Sacré-Cœur. Il est le soliste préféré de la chorale des frères, groupe très homogène, et qui travaille aussi bien le grégorien que la musique polyphonique. A la sortie de la grand-messe du dimanche, les paroissiens se demandent toujours lequel des deux jeunes ténors du collège a chanté le solo : Roméo Jobin ou André Bédard ?

Très souvent Roméo rejoint le « père Zénon » au vieil orgue délabré de l'église; il aime ses improvisations aussi bien que les grandes œuvres de son répertoire. Zénon Paquin est infirme et n'a qu'un seul pied pour faire fonctionner le pédalier; pourtant il s'en tire à merveille. Roméo repense aux variations qu'il exécutait en virtuose sur des airs de folklore à la fin de la grand-messe du 24 juin, la fête nationale des Canadiens français. M. Paquin croyait en son élève et, des soirées entières, le faisait travailler les matières théoriques.

Ces soirées présentaient d'ailleurs un double avantage : Mme Paquin, la tante de Louisa, s'intéressait tout particulièrement à sa jeune nièce. Orpheline de mère, âgée de quinze ans, Louisa a d'immenses yeux bruns, le teint clair, la chevelure auburn, la taille mince et élancée. Elle a la permission de sortir du couvent de temps à autre et Roméo prolonge alors ses leçons. Ils sont amoureux et s'embrassent furtivement derrière l'arbre du jardin. A l'occasion d'un congé spécial, il présente Louisa à ses parents.

Depuis qu'il est en pension, ceux-ci sont venus tous les dimanches au parloir. Pas une seule tempête de neige n'empêche le tavernier de Saint-Sauveur de venir voir son fils au collège. L'automne et le printemps, lorsque le Chemin du roy est praticable, la vieille Ford « à pédales » fait les deux heures d'aller-retour Québec-La Pérade. Alfred, jeune marié, est au volant, le père à ses côtés. Sur le siège arrière : la mère, la tante et une jeune parente. L'hiver, le train amène seuls les parents. Ils ne repartent qu'après avoir entendu le solo de Roméo aux vêpres chantées à l'église, et toujours avec la même émotion.

Puis, c'est la fin de l'année scolaire et les examens. Roméo Jobin se classera dans la catégorie « EXCELLENT ». Le lundi 19 juin 1922 a lieu la distribution des prix. Roméo reçoit un prix de conduite et un premier prix de chant.

Il a laissé dans le cœur de ses camarades un souvenir très vif. Lucien Darveau précise :

« On l'aimait bien. Il était reconnu comme le plus sensible, le plus serviable et le plus apte à rendre service, quoique enclin à sélectionner ses amis. Mais gare à celui qui le trompait... Toute injustice le mettait en colère et il prenait la cause à cœur. Il était soupe au lait : les copains s'amusaient de ses vives réactions et il prenait le parti d'en rire avec eux. Il était devenu très populaire au collège et il rêvait de chanter... »

L'*Empress of Scotland* navigue maintenant en pleine mer. Roméo Jobin quitte rarement sa cabine... Six ans se sont écoulés depuis la fin de ses études. Comment en est-il arrivé à se trouver sur ce navire ?... à réaliser un rêve que, naguère encore, il n'osait pas exprimer de vive voix... Il songe à ces dernières années...

Celle qui suivit l'obtention de son diplôme fut sans histoire. Il s'inscrit à un cours d'anglais à Québec et travaille comme comptable pour la compagnie d'ascenseurs Otis-Fenson. Il se désintéresse lentement de son instrument pour se consacrer davantage au chant. Il fait maintenant partie de la grande chorale de l'église Saint-Sauveur et accompagne fréquemment son père au piano. Ils font de la musique en famille.

Quand Louisa vient voir son frère à Québec, il l'invite chez ses parents qui habitent toujours au-dessus de la taverne avec leur plus jeune fils. Alfred, marié à Valéda Soulart, occupe le logement au-dessus des parents. Il aide son père à servir la bière. Le jeune Roméo est le centre d'un petit groupe de musiciens amateurs et ne se fait jamais prier pour chanter. Il est l'orgueil et l'admiration de ses parents.

L'automne suivant, Roméo Jobin décide de prendre ses premiers cours de chant avec Louis Gravel. Sa voix a déjà mué : ce dernier le croit baryton. Il a dix-sept ans. Il doit à ce premier professeur la belle rondeur de ses notes graves. De plus, son appui ne le quittera jamais. Il partage son temps entre son travail de bureau, ses cours de chant, la chorale de l'église et ses amis.

Puis, un jour, il doit quitter Louis Gravel qui repart faire un séjour d'études en Europe. Omer Létourneau, organiste à Saint-Sauveur, le dirige vers Émile Larochelle qui a ouvert un studio privé, rue Saint-Jean, et qui vient de créer des cours de solfège à la faculté des Arts; l'École de

Musique donne ses cours dans les salles « du parler français ». Roméo Jobin s'inscrit pour l'année 1924-1925. Il a dix-huit ans.

Très vite il devient l'élève que tout professeur attend pour se faire un nom. Il travaille le répertoire des jeunes ténors. Dans la ville de Québec, on apprend très vite que le professeur Larochelle a trouvé un oiseau rare.

En 1925-1926, Roméo s'inscrit à l'école de musique de l'université Laval, Côte Sainte-Famille. Alexandre Gilbert y a succédé à Gustave Gagnon à la direction. Outre ses cours d'art vocal dans la classe d'Émile Larochelle, le jeune chanteur suit assidûment les cours théoriques : harmonie, contrepoint, et dictée musicale.

Émile Larochelle explique clairement à ses élèves l'art de poser sa voix. Il exige de tous des connaissances de solfège, théorie et dictée musicale, qui selon lui forment l'oreille.

Roméo commence à songer à une carrière de chanteur. Son travail ne l'intéresse plus tellement et il néglige un peu ses amours. Louisa est jalouse lorsqu'il signe les autographes après la grand-messe. Trop de filles l'entourent et aiment sa voix. Elle lui signifie un jour cet ultimatum : « C'est ta carrière ou moi ! » Mais sa carrière aura toujours la priorité; il est travailleur et ambitieux. C'est la rupture.

Son ami Paul Lesage racontera, cinquante ans plus tard : « Nous sommes devenus amis dans la classe d'Émile Larochelle à l'École de Musique. La ville de Québec est renommée pour l'abondance de ses belles voix. Les nombreuses chorales, tant de la basse ville que de la haute ville, étaient alimentées par les studios privés. Ceux de Mmes Berthe Roy et Jeynevald Mercier rivalisaient avec ceux de MM. Louis Gravel et Émile Larochelle. Roméo Jobin est devenu très vite populaire. Il avait beaucoup d'amis et on recherchait sa compagnie; il était délicat et bien élevé. Il était aussi travailleur et très ambitieux. M. Gauvin, l'imprésario de Québec, invitait les plus grandes vedettes de l'époque et les meilleures troupes de théâtre. Nous allions les entendre. Il les comparait entre eux et se demandait si un jour il pourrait atteindre à un tel niveau de perfection. Son plus grand plaisir était d'entendre les musiciens de Québec, les membres de la Symphonie, composée de quelques professionnels et de beaucoup d'amateurs. Plusieurs étaient de nos amis. »

Les professeurs de chant de Québec avaient une excellente réputation. Ainsi, Berthe Roy, musicienne accomplie, donnait des récitals de ses élèves au château Frontenac. Jeynevald Mercier, née Isabelle Besson, était française. En 1909, à Lyon, elle épousait le ténor québécois Xavier Mercier. En 1913, le ménage ouvrait à Québec l'institut d'Art vocal, d'où sont sortis de brillants élèves.

A Québec, la vie musicale était intense. En plus du chant choral, les groupes de musique de chambre étaient nombreux et très actifs. On se réunissait le soir dans les familles et on jouait des sonates, des quatuors à cordes et des partitions pour instruments à vent. Le chimiste et mathématicien Jean A. Anctil, celui à qui est dédié ce livre, était le type même du musicien amateur de belle formation musicale. Parallèlement à ses études de chimie et de mathématiques, il suivait les cours à l'École de Musique. Il jouait admirablement du violoncelle.

Joseph Vézina, compositeur et organiste à l'église irlandaise Saint-Patrick, a été l'âme de la musique à Québec. Il fonda la Symphonie de Québec en 1903, la première au Canada. Ses livrets d'opérettes sont très appréciés des jeunes chanteurs.

Le 22 novembre 1927, il y a un grand concert au bénéfice des pauvres de la Conférence Saint-Vallier. Roméo a écouté avec attention les deux mélodies chantées par la jeune Thérèse Drouin, avec un obligato de violon joué par sa jeune sœur Rachel... Le 27 décembre, on demande à Roméo de chanter dans un concert de charité donné au profit des orphelins de l'hospice Saint-Charles. M. Larochelle lui conseille Thérèse Drouin comme accompagnatrice. Il lui téléphone aussitôt, ignorant que Thérèse le confond avec Ovide Dion, autre jolie voix de ténor du studio. Elle a peine à cacher son étonnement lorsqu'elle voit Roméo Jobin.

C'est ainsi que sous le prétexte de faire de la musique ils se rencontrent deux à trois fois par semaine. Roméo parle de son désir de partir à l'automne poursuivre ses études à Paris. Elle l'encourage. Elle connaît son talent et elle croit en sa réussite. Mais comment faire accepter cette idée à ses parents ? Car il devra quitter son travail et il n'a pas d'économies.

Ils en discutent avec Omer Létourneau qui promet de l'aider dans la mesure de ses moyens. Omer Létourneau est une figure de proue dans la vie musicale québécoise. En 1913, il obtenait le prix d'Europe, section orgue. Son premier séjour à Paris était interrompu par la guerre 1914-1918. A cette même époque, le jeune Montréalais Wilfrid Pelletier étudiait également avec les grands maîtres parisiens.

En collaboration avec l'imprimeur Hector Faber, précieux mélomane, Omer Létourneau met sur pied la revue *Musique* qui tire son premier numéro le 15 janvier 1919. Le mauvais financement de la revue met fin à la publication en 1924. Les principaux collaborateurs étaient les grands noms du monde musical québécois : Ernest et Henri Gagnon, J.A. Gilbert, Robert Talbot, J.A. Bernier, Louis Gravel, etc. Chacun des douze numéros contenait des comptes rendus de concerts, des nouvelles, des monographies de musiciens canadiens et étrangers, une chronique, bref, tout ce qui pouvait intéresser les musiciens et leurs amis.

L'organiste de Saint-Sauveur demeure le centre de la vie musicale de Québec et c'est à la procure générale de musique de Québec, 9, rue d'Aiguillon, que se côtoient les professeurs et leurs élèves du Tout-Québec musical.

Omer Létourneau accompagne tous les dimanches Roméo Jobin à

l'orgue de Saint-Sauveur et très souvent dans les soirées de charité. Il a même écrit une mélodie, *La chanson grise,* qu'il a dédiée au jeune chanteur qui la fera connaître au long de sa carrière. Omer Létourneau l'encourage dans son projet d'études à Paris : « Je vais d'abord en parler au curé Magnan et, s'il est d'accord, je lui demanderai de parler à vos parents. Si le curé est d'accord, il n'y aura pas de problèmes. Après nous irons au Parlement voir le député et quelques amis afin d'essayer d'obtenir une bourse. Ne vous en faites pas, j'irai parler à votre père avec Larochelle. »

Roméo se rend au Parlement avec Omer Létourneau et ensemble ils font le tour des amis et relations, dont le député. En fin de compte, on lui refuse la bourse bien que la famille Jobin soit de vieille souche libérale. Il ne lui reste plus qu'un recours, son père.

L'idée du départ pour l'Europe faisait lentement son chemin dans la tête du tavernier qui, un jour, demanda à son fils : « Ça coûterait combien pour aller à Paris ? Et quand partirais-tu ? Ta mère a des économies et on pourrait t'aider pendant deux ans. Après, tu pourrais être maître de chapelle comme tu le désires. »

Roméo Jobin n'en croit pas ses oreilles. Il en informe aussitôt Thérèse, Émile Larochelle et Omer Létourneau. Bientôt tout Québec est au courant.

Le 18 septembre 1928, ils sont venus en foule à la salle Saint-Pierre pour le grand concert d'adieu, « à l'occasion du départ pour l'Europe de M. Roméo Jobin, élève distingué de M. le professeur Émile Larochelle ». Il est accompagné au piano par Omer Létourneau. Font aussi partie de la soirée, Violette Delisle (soprano), Thérèse Drouin (contralto), Oscar Paquet (baryton) et Rachel Drouin (piano solo). Émile Larochelle prononce les paroles d'adieu : « Très peu de nos Canadiens ont l'avantage de pouvoir développer un talent. C'est ce qui m'amène à souhaiter à M. Roméo Jobin les vœux les plus sincères de plein succès dans son voyage d'études à Paris. »

Puis ce sont les préparatifs. Le 26 septembre 1928 sonne l'heure du départ.

II

6 octobre 1928. A l'aube, les côtes de France se dessinent à l'horizon. Comme on est loin des rives sauvages du Saint-Laurent ! Ici, les feuilles sont à peine jaunies, l'air est doux, les fleurs embaument. Le matin est frisquet, le brouillard se lève. Les pêcheurs leur font des signes amicaux. Comme tout est sympathique et comme on les accueille chaleureusement, les Canadiens ! La Grande Guerre est terminée depuis dix ans et on les reçoit toujours en vainqueurs. Ils flânent sur le port de Cherbourg en attendant le train de Paris.

Le trajet Cherbourg-Paris leur révèle la beauté de la campagne normande. Tout le monde circule en bicyclette. Les routes sont droites et ombragées de grands arbres. Ils arrivent de nuit à Paris.

Le lendemain, Roméo et Henri Vallières s'installent à l'hôtel Lutetia qui devient vite trop cher. Ils se rendent ensemble à la Maison canadienne de la cité universitaire internationale, boulevard Jourdan, pour y trouver un logement à prix relativement bas. Ils comprennent vite l'impossibilité d'y demeurer, les étudiants ayant besoin de calme et de silence. La musique, les gammes et les vocalises les empêcheraient de travailler.

Paris n'accueille pas facilement les musiciens. Après quelques jours de recherches, Roméo s'installe dans un petit hôtel de la rive gauche, l'hôtel Trianon, 5, avenue du Maine, où on lui loue une chambre au sixième. On l'autorise à avoir un piano et à travailler de 10 heures du matin à 8 heures du soir. Enfin, il peut s'occuper de ses études. Il a précieusement gardé les lettres de recommandation de son professeur, Émile Larochelle — l'une pour Mme Rousset-d'Estainville et l'autre pour M. Marc de Ranse, directeur des « Chœurs mixtes de Paris ».

Il se présente chez Mme d'Estainville qui l'accueille avec une grande gentillesse. Il racontera à Thérèse sa première audition : « J'essayais de mettre en valeur toutes mes ressources vocales en prenant une voix de stentor pour lui chanter les choses les plus difficiles et même certains airs d'opéra dont celui de *Paillasse*... Cette chère Madame avait un sourire au coin des lèvres car elle avait tout de suite compris que je voulais l'impressionner et lui en jeter plein la vue. "Cher monsieur, me dit-elle, il y a certainement quelque chose à faire avec votre voix qui est fort jolie, mais la somme de travail sera considérable puisque vous n'avez que deux années devant vous." »

Le premier mois, il se rend chaque jour chez Mme d'Estainville. Il ne travaille que la voix. Elle lui conseille d'attendre encore quelques mois avant de se présenter chez Marc de Ranse. Il s'inscrit à l'Institut grégorien de Paris et prend des leçons avancées de solfège et d'harmonie. Son emploi du temps est déjà serré mais ne l'empêche pas de se rendre deux fois par semaine au cours de mise en scène de Mme Abby Chéreau.

L'automne est agréable à Paris, Roméo et Henri Vallières remarquent que les étudiants parisiens ont tous des cannes.

« Vite, on doit s'acheter chacun une canne et un chapeau melon... »

Les achats sont rapidement faits et nos deux nouveaux Parisiens posent pour une photo sur les bords de la Seine.

Roméo se rend compte, en écoutant parler ses camarades français, que son vocabulaire est pauvre. Il lit tous les jours deux à trois pages du dictionnaire Larousse, ce qui lui attire les moqueries de son ami. Il cherche à s'instruire davantage. Il a tout à apprendre et à découvrir. La vie à Paris n'est pas celle de Québec. Les premiers mois sont difficiles. Aux beaux jours ensoleillés d'octobre et novembre succèdent les pluies de l'hiver. Il a froid dans sa chambre du sixième. Il a la nostalgie de Québec, de ses amis, de Thérèse. Il écrit tous les jours de longues lettres sur sa vie parisienne, ses découvertes, ses études, ses difficultés de tous ordres. Il revoit régulièrement l'abbé Destroismaisons. Un jour qu'il se promène devant l'Opéra avec un groupe d'étudiants canadiens, il déclare avec sérieux ; « Un jour, je chanterai ici. »

La bonne blague ! En fait, ils ne l'ont jamais entendu et tous méprisent un peu l'opéra. Eux sont des musiciens. Ils font du piano, de l'orgue, du contrepoint et étudient Bach. Ils considèrent l'opéra comme un art mineur. « L'opéra c'est du réchauffé, c'est toujours la même chose... C'est de l'histoire ancienne, de la musique de musée... » Roméo Jobin prend le parti d'en rire.

Il attaque avec confiance l'année 1929. Mais la vie coûte cher à Paris et, un jour, il demande à Mme d'Estainville s'il ne pourrait pas chanter pour se faire un peu d'argent. Elle acquiesce et lui dit que, maintenant, il peut auditionner pour Marc de Ranse.

Celui-ci, favorablement impressionné, l'engage immédiatement comme membre du double quatuor des « Chœurs mixtes de Paris ».

Pour Roméo Jobin, l'expérience est extraordinaire. Un concert par semaine, et quelle musique : les oratorios de Bach, Haendel, Haydn, les messes solennelles, les cantates, etc., en compagnie des plus grands solistes. Tout le répertoire allemand, italien ou anglais est chanté en français. C'est à partir de ce moment que toute cette musique classique devient la base de son travail quotidien. Dans l'oratorio *Judas Macchabée*

22

de Haendel, il chante aussi bien le rôle du soprano que celui du ténor; les récitatifs des *Passions selon saint Matthieu* et *selon saint Jean* de Bach lui servent d'exercices. « Ce sont d'excellents moyens, dira-t-il à Thérèse, pour placer la voix et surtout l'assouplir en insistant sur l'articulation. »

Le jeudi 15 juin 1929, il participe à « l'Audition d'Élèves Artistes » donnée par Mme d'Estainville à la salle du Majestic, avenue Kléber. Le programme de la soirée est composé de mélodies, en première partie, et ensuite de scènes d'opéras. Roméo Jobin chante une scène de *Roméo et Juliette* et une scène d'*Henri VIII*, de Saint-Saëns.

Les cours sont terminés et ce sont ses premières vacances. Roméo décide de partir à la découverte de la France. Il voyage en Normandie, notamment à Caen où, vingt ans plus tard, il offrira gracieusement son concours à la restauration de l'université détruite par les bombardements alliés, et en Bretagne. Il continue sur La Rochelle, Bordeaux et Lourdes, où il retrouve d'autres pèlerins canadiens accompagnés du père Lelièvre, apôtre du Sacré-Cœur de Saint-Sauveur à Québec. Il parcourt ensuite l'Alsace et la Lorraine ; il se recueille à Verdun où sont morts des amis de son père pendant la guerre de 1914-1918. Après deux mois d'absence, il rentre enfin à Paris.

Paris a perdu l'air de fête qu'il avait au début de l'été. Le travail a repris ses droits. C'est un jeune homme très sûr de lui qui se présente chez Mme d'Estainville en octobre 1929.

Les activités du Chœur mixte de Paris reprennent. Roméo assiste aux meilleurs des concerts et des spectacles lyriques de la saison. A l'Opéra et à l'Opéra-Comique, c'est au « poulailler » qu'il s'installe avec sa partition en main et quelquefois aux places sans visibilité. Peu importe ! Il prend des notes sur les chanteurs et en discute avec ses camarades. Depuis septembre, son compagnon préféré est le dernier prix d'Europe de piano de la province de Québec, Jean-Marie Beaudet, qui adore le chant, les chanteurs, le répertoire lyrique, la musique française. Ils deviennent de grands admirateurs de Georges Thill dont la splendeur vocale les éblouit. Pour eux, c'est un modèle parfait. Il a toutes les qualités d'un grand chanteur : la diction, l'émission vocale directe, une musicalité rare; le tout sans artifice ni trucage.

C'est ensemble qu'ils entendront pour la première fois *Boris Godounov*, de Moussorgsky, le 16 février 1930, en matinée, au théâtre des Champs-Élysées. L'œuvre est présentée en version concert dans la série de l'association des Concerts Pasdeloup sous la direction de Cyrille Slaviansky d'Agreneff, directeur de l'Opéra russe de Paris. Ils applaudissent chaleureusement Felipe Romito, Argentin de la Scala de Milan et du Théâtre royal de Madrid, dans le rôle écrasant de Boris. Romito deviendra plus tard un ami de Raoul Jobin.

L'année 1929 se termine joyeusement. Les étudiants canadiens et américains de Paris ont bien appris la chute des cours à la Bourse de New York mais n'en sont pas encore affectés. L'avenir est souriant et Roméo veut profiter des derniers mois d'études qui lui restent pour tout voir et tout entendre. Il élargit son cercle d'amis. Avec Henri Vallières et Jean-Marie Beaudet, il se rend un soir chez Robert de Roquebrune où il fait la connaissance de Léo-Pol Morin, critique musical pour le journal *Le Canada* de Montréal. Il rencontre Roy Royal, Charles Baudoin, le pianiste Jean Doyen qui deviendra un ami très cher, et des musiciens français. Ils discutent des mérites de Gieseking, Nat, Casadesus, Cortot, tous les grands pianistes de l'heure !

Début mars, Mme d'Estainville demande à Roméo s'il consentirait à chanter dans un concert de charité. Il accepte volontiers et met à son programme deux mélodies d'Henri Busser, chef d'orchestre à l'Opéra.

— Pourquoi n'allez-vous pas chanter ces deux mélodies devant M. Busser ? lui dit Mme d'Estainville. Je suis certaine qu'il ne vous refuserait pas les indications nécessaires à la bonne interprétation de ses compositions.

Roméo a la chance d'être reçu par le compositeur, qui l'accompagne lui-même au piano. A peine le jeune ténor termine-t-il la première mélodie que Busser s'arrête de jouer et lui dit...

— Que faites-vous à Paris ?

— J'étudie le chant depuis dix-huit mois et j'en ai encore pour six mois avant de rentrer au Canada.

— Vous ne retournerez certainement pas au Canada, avant que moi je ne vous présente à l'Opéra, mon ami. Dès maintenant, je vous mets en relation avec Mme Krieger. Vous travaillerez avec elle pour préparer une audition, audition que je vous obtiendrai, vous pouvez en être sûr.

Roméo hésite. Il n'a jamais vraiment songé à l'Opéra et il est à Paris pour peu de temps. Pourtant, il sait qu'au Canada il ne pourra jamais faire une carrière lyrique. Il ira donc auditionner à l'Opéra.

Quinze jours plus tard arrive le « jour J » : devant Jacques Rouché, directeur de l'Opéra de Paris, Roméo chante un air de *Tosca* en français, et le grand air de *Sigurd* de Reyer. Rouché perçoit immédiatement, dans l'air de *Sigurd,* l'étendue de l'échelle vocale du jeune homme. La voix est « sans passage » — du haut médium à l'aigu — tout en gardant une facilité étonnante, une clarté et une sonorité qui s'amplifient à mesure qu'il atteint les notes les plus aiguës.

— Je vous offre le contrat que l'on offre aux Premiers Prix du Conservatoire de Paris, lui dit Rouché. C'est-à-dire, 800 francs par mois plus 10 francs supplémentaires à chaque représentation. Cela vous convient-il ? Vous ferez partie de la Maison à partir de juillet prochain. D'ici là, on vous convoquera pour mettre quelques rôles en place.

C'est ainsi qu'à « 23 ans et dix mois » il entre à l'Opéra de Paris avec un contrat en poche. Une seule audition lui a valu cet honneur. Il n'est pas passé par le Conservatoire national de Paris. L'avenir est à lui !

Roméo s'empresse d'écrire à ses parents. Le tavernier de Saint-Sauveur brûle d'orgueil. Les journaux de Québec s'emparent de la nouvelle. Un « p'tit gars » de Saint-Sauveur engagé à l'Opéra de Paris ! Inimaginable ! Les uns s'enthousiasment du succès d'un des leurs tandis que d'autres, mettant en doute la véracité du fait, vont jusqu'à écrire à la direction de l'Opéra. Jacques Rouché met lui-même Roméo au courant d'une lettre qu'il a reçue d'un Québécois : « J'ai l'impression que vos compatriotes ne se réjouissent guère de votre venue à l'Opéra, mon ami. Je n'ai pas répondu à ce monsieur mais faites-le vous-même, Jobin. J'y ajouterai un post-scriptum de circonstance. »

Pour Roméo, l'incident est sans importance. Ce qui importe, c'est qu'il chantera à l'Opéra de Paris... Thérèse est folle de joie à la lecture d'une lettre qui lui apprend la nouvelle et sa venue pour les vacances. Pourtant, à une amie, elle avoue ses craintes : « Je demeure très perplexe car je comprends que sa vie s'orientera désormais en Europe et que la petite amie de Québec risque de tomber dans l'oubli ! J'étais un peu triste et ma mère à qui je faisais part de mes impressions m'a dit : "Pauvre enfant, ne sois pas triste. Je crois plutôt qu'il revient au Canada non seulement pour des vacances, mais pour stabiliser sa vie avant d'entreprendre une telle aventure et c'est plutôt le mariage qu'il vient te proposer." Je n'y crois absolument pas mais j'attends tout de même son retour avec impatience. »

Roméo fait de nouveau le trajet Paris-Cherbourg. Il a peu de bagages. Si Thérèse consentait à l'épouser, comme il serait heureux ! Il craint un refus des parents de la jeune fille devant la perspective de la voir partir dans les vieux pays. Y serait-elle heureuse ?

Il fait une traversée mouvementée sur un bateau de la Cunard Line, l'*Ascania*. Le fleuve est encore pris dans les glaces. Il débarque à Halifax, où il prend le seul train qui peut le conduire chez lui. Le *Grand Tronc* met onze heures à traverser la Gaspésie, la vallée de la Matapédia, et la rive sud du Saint-Laurent jusqu'à Lévis. Enfin Québec. Ils sont tous là, le cœur serré, sur le quai de la traverse de Lévis. Thérèse, les yeux baissés, se tient un peu à l'écart.

III

3 mai 1930. L'*Empress of Scotland* les emmène, nouveaux mariés, vers leur destin.

Déjà le château Frontenac et la citadelle s'estompent dans le lointain. Thérèse se souvient des paroles de son père : « Ma fille, tu ne dois jamais oublier que, dans les vieux pays, les gens ne vivent pas comme nous. Regarde, observe et réfléchis longuement avant de parler ou de porter un jugement. »

Ensemble, ils se remémorent les événements des dernières semaines depuis le moment où Roméo apparaissait sur le quai de la traverse de Lévis — heureux et timide. « Je viens vous chercher », furent ses premières paroles. La mère de Thérèse avait vu juste.

Les jours qui suivirent furent consacrés à la musique. Ses amis Omer Létourneau, Émile Larochelle, Oscar Paquet organisèrent un récital dans la salle de bal du château Frontenac à l'occasion de son vingt-quatrième anniversaire, le 8 avril. On le présenta : « Roméo Jobin de l'Opéra de Paris. » C'était son premier récital professionnel dans sa ville natale. Il y avait salle comble.

Oscar Paquet avait programmé des mélodies françaises et des airs d'opéras, dont celui de *Sigurd*. La population québécoise réserve un succès triomphal au jeune ténor, comme elle devait toujours le faire par la suite. Sur le programme, on pouvait lire :

« Je désire remercier sincèrement ceux qui ce soir me font l'honneur d'assister à ce concert. Tout canadien que je suis, je mettrai en pratique la devise de tous :

Je me souviens.

    Roméo Jobin

      de l'Opéra. »

Pour son « récital d'adieu », le soir du 24 avril 1930, la salle du marché Saint-Pierre était trop petite. Omer Létourneau accompagnait son protégé des premières heures. Oscar Paquet prêta son concours pour le duo des *Pêcheurs de perles* et la soirée se termina avec « l'air de la fleur » de *Carmen*.

La période des fiançailles fut brève et le mariage fut célébré le 22 avril

1930, dans l'église Saint-Roch de la basse ville de Québec. L'abbé Léon Destroismaisons bénit son union avec Marie-Thérèse Drouin.

Thérèse sourit au souvenir de l'incident qui troubla quelques instants Roméo au moment où ils franchissaient le portail de l'église. Ils arrivaient aux voitures qui les attendaient, lorsqu'une femme, jeune et jolie, se détacha de la foule et souffla à l'oreille du nouveau marié :

« Je t'aurai ou je mourrai ! »

Elle disparut aussitôt. La connaissait-il ?...

Pour Thérèse, la vie à bord du navire ressemble à la vie de château. Elle est comblée. Roméo est si tendre ! Elle voudrait que ce voyage ne se termine jamais. La traversée est calme, romantique et, le soir du huitième jour, ils accostent au port de Cherbourg.

C'est un Paris gris et désert de dimanche matin que découvre Thérèse à la descente du train. Elle est déçue. Très vite elle oubliera ses premières impressions. Elle apprend à vivre à la parisienne, à faire son marché tous les jours, les réfrigérateurs ne faisant pas encore partie des intérieurs français.

Depuis son retour, Roméo Jobin partage son temps entre les répétitions à l'Opéra, les cours de grégorien, les leçons particulières et les visites de Paris avec Thérèse. La Comédie-Française révèle aux jeunes Québécois une comédienne de talent, Madeleine Renaud, dans *Le chandelier* de Musset. Ils y applaudissent aussi Cécile Sorel dont le style emphatique les étonne et les ravit.

Le 28 mai 1930, on affiche Roméo Jobin au théâtre des Champs-Élysées. C'est son premier grand concert. C'est aussi la première audition en France de l'oratorio de Franz Liszt, *Christus*, que dirige Ernst Lévy à la tête de l'orchestre Straram et du Chœur philharmonique de Paris. La critique fait l'éloge des chœurs, de la direction et de l'homogénéité des solistes.

Par reconnaissance pour Mme d'Estainville, il accepte de participer à son audition d'élèves le 20 juin. Il rend hommage à son protecteur, Henri Busser, en interprétant une de ses mélodies, *Ronde flamande*, et se joint à Mme Novia et M. d'Andigné dans des airs des *Pêcheurs de perles*.

Roméo Jobin se demande ce que Jacques Rouché a à lui dire, peu de temps après les premières répétitions de *Roméo et Juliette* à l'Opéra. Veut-il lui enlever le rôle de Tybalt ?

— Mon ami, lui dit Rouché, je ne voudrais pas vous blesser, mais votre prénom, Roméo, me gêne un peu. En France, on ne s'appelle pas plus Roméo que Napoléon. Verriez-vous une objection à changer votre nom ?

— Je n'y ai jamais songé, je vous avoue. Je tiens à garder « Jobin ». Je pourrais prendre le nom de mon père : Raoul Jobin. Qu'en dites-vous ? Je lui dois tout.

— Parfait, mon ami. Nous afficherons les premiers temps Monsieur Jobin. Peu à peu, les gens s'habitueront au changement.

Thérèse s'amuse du récit que lui fait son mari. Rouché a sans doute raison. Pour elle, cependant il sera toujours Roméo. Pour les autres, le grand Raoul Jobin était né.

Le 3 juillet 1930, Raoul Jobin débute à l'Opéra dans le rôle de Tybalt de *Roméo et Juliette*. Henri Busser est au pupitre. Son aîné, Franz Kaisin, chante Roméo et le soprano norvégien, Eidé Norena, est une très sensible Juliette.

Depuis le grand Rodolphe Plamondon qui s'était illustré dans *Hippolyte et Aricie*, de Rameau, en 1908, aucune voix masculine canadienne ne s'était fait entendre sur la scène du palais Garnier. Tout va bien, Raoul fait un bon travail. La direction et la régie de l'Opéra sont « satisfaites »... Thérèse écrira : « Rien d'étonnant qu'un jeune ténor, dans un second rôle, soit passé sous silence à Paris. La voix paraissait mince dans l'immense vaisseau du palais Garnier. Il comprend qu'il faut un soutien du souffle et une meilleure projection vocale, qualités primordiales au développement de la musculature des cordes vocales et qui donnent l'ampleur dont les chanteurs, dits d'opéra, ont besoin pour mener leur carrière à bonne fin. Roméo comprend qu'il a un métier à apprendre et il y met toute sa volonté. »

L'emploi du temps de Raoul est très chargé : tous les jours il doit se rendre au théâtre. Il n'aura pas de vacances cette année; pas de grand voyage comme l'année précédente, mais de petites excursions dans les environs de Paris. Il reprend *Roméo et Juliette* avec plus d'assurance et, le 28 juillet, chante le premier marchand dans *Marouf, savetier du Caire*, d'Henri Rabaud.

« On me demande d'apprendre, en moins d'une semaine, trois nouveaux rôles : Borsa de *Rigoletto*, Tavannes des *Huguenots* et le messager de *Samson*. Ces rôles me semblent assez courts, mais on veut me mettre à l'affiche avec Nicias pour le 27 août... Pourrai-je y arriver ? » confie-t-il à son épouse.

Excellente pianiste, Thérèse déchiffre les partitions et lui fait mémoriser les rôles. Ce jeu la passionne. Raoul sera prêt, le 25 août, lorsqu'il rentrera en scène, dans le rôle de Borsa, au côté de John Brownlee. Pour ses débuts dans *Thaïs* de Massenet il chante Nicias, le 27 août, avec Mireille Berthon et André Pernet dans le rôle d'Athanael.

« Monsieur Jacques Rouché m'a demandé d'ajouter à mon répertoire le chanteur italien du *Chevalier à la rose*. Richard Strauss viendra lui-même diriger son œuvre le 29 octobre prochain, et, le 5 novembre, je chanterai, toujours sous sa direction, le rôle du premier Juif de sa *Salomé* avec Geneviève Vix, Forti et John Brownlee. Il m'a aussi demandé de travailler le rôle de Iopas des *Troyens à Carthage* de Berlioz que je chanterai avec

Georges Thill qui sera rentré d'Amérique du Sud. N'est-ce pas formidable ? Trouves-tu que j'en fais trop ? »

Désormais, Raoul est titulaire du rôle de Nicias, étape intermédiaire dans la carrière des ténors. Six ans plus tôt, Jacques Rouché ne confiait-il pas ce rôle à Georges Thill ? Raoul Jobin devra son ascension rapide à sa grande facilité d'apprendre. Souvent à l'épreuve, c'est toujours dans ces moments qu'il donnera le meilleur de lui-même. On n'est pas sans remarquer, à l'Opéra, la belle formation musicale acquise aussi bien à Québec qu'à Paris.

Le soir du 5 septembre, alors que Thérèse l'attend comme à l'accoutumée à la sortie des artistes après une représentation de *Marouf*, il sort précipitamment et lui dit :

— Vite, partons, je crois que j'ai fait quelque chose de pas très catholique ! C'est la première fois que je chantais les deux rôles — le premier marchand et le fellah. Tu sais combien la partition est difficile. Voilà qu'au deuxième tableau l'orchestre s'est perdu, et c'est le violon solo qui a tout rétabli. Inutile de te dire ce qui se passait sur le plateau.

— Mais nous n'avons rien vu de la salle, dit-elle. Il y avait beaucoup de mouvement et d'excitation, mais ça semblait normal.

— Tant mieux, répond-il, mais j'ai dû, tout de même, faire une bêtise. Je me suis caché après l'acte car M. Rabaud me cherchait pour m'engueuler. Il m'a fait appeler et j'ai fait le sourd.

Raoul Jobin écrira et dira plus tard à ses élèves du Conservatoire : « Une leçon se dégage de cet événement. Un artiste n'a jamais le droit de perdre contenance, de laisser paraître son désarroi. Notre métier est trop beau pour ceux qui sont de l'autre côté de la rampe. Pour l'artiste, ce métier est parfois très dur. En dépit des répétitions, d'une solide préparation et d'une connaissance sérieuse du rôle, au dernier moment les nerfs peuvent flancher, occasionner des absences de mémoire, ou rendre sourd, aveugle, muet, que sais-je encore ! L'artiste est aussi à la merci de tous les accidents physiques de la vie : fatigue, maladies, rhumes. Qu'importe, il doit résister. Il ne doit pas décevoir son public. »

A la rentrée de septembre, Raoul Jobin se demande comment il arrivera à respecter son programme : cours de chant le matin, répétitions l'après-midi, parfois même le soir, rôles à apprendre avec le chef de chant, spectacles, leçons chez Mme d'Estainville, cours de grégorien. Raoul Jobin n'oublie pas qu'il est à Paris pour acquérir une formation qui l'orientera vers l'enseignement.

Les cours de mise en scène chez Mme Abby Chéreau lui sont d'une grande utilité pour le travail qu'il fait à l'Opéra avec son mari, Pierre Chéreau, régisseur général, qui se lie d'amitié avec le jeune Jobin.

« Je me croyais doué d'une "grande" voix très puissante, écrit Raoul à son père. J'ai même cru chanter trop fort le soir de mes débuts. Ce soir-là, en réalité, on m'entendait à peine dans la salle. Il est vrai que je chantais pour la première fois avec un orchestre de quatre-vingt-dix musiciens. On m'a même rembourré de partout pour que je ne passe pas inaperçu. Ici, on me trouve un peu maigre, chétif.

Il faut que je vous explique que l'Opéra est également une usine où travaillent des centaines de personnes : artistes lyriques, musiciens, choristes, danseurs, machinistes, mécaniciens, ouvriers de toutes sortes. L'Opéra comprend aussi des ateliers de couture, de costumes, des bijouteries, des armureries et des bureaux d'administration. C'est une ruche bourdonnante d'activité où se préparent chaque jour les spectacles, représentation ou reprise d'une œuvre connue, création d'une œuvre nouvelle, ballets, etc. C'est dans cette ruche que j'apprends mon métier, inlassablement et humblement. »

Raoul Jobin est engagé pour chanter la première fois à Radio-Paris, le 9 septembre 1930, dans une œuvre d'Alfred Bruneau, *L'attaque du moulin*, que dirige Raoul Labis. Il doit à nouveau ce contrat de 500 francs à Henri Busser, qui l'a recommandé pour chanter le rôle de Dominique. L'enregistrement se fait à l'auditorium de la Radio, en direct.

Raoul découvre la partition des *Maîtres chanteurs* et l'ampleur wagnérienne avec le rôle de Moser qu'il interprète au côté du ténor wagnérien français, Paul Franz (Walther), de Marcel Journet (Hans Sachs) et de Germaine Lubin (Eva). Puis ce sont les répétitions de l'œuvre d'Hector Berlioz, *Les Troyens à Carthage*. Georges Thill revient à Paris chanter Énée. C'est un événement. Thill est l'idole du public et des femmes. Ne dit-on pas, dans les coulisses de l'Opéra, qu'en Argentine, au théâtre Colon, les femmes riches lui lancent leurs brillants sur la scène ? Raoul Jobin a une admiration sans bornes pour ce ténor. Il représente tout à ses yeux. Et quelle gentillesse avec les camarades et les débutants !

Les journaux de Québec parlent fréquemment de Raoul Jobin. A Montréal, le 20 septembre 1930, *La Presse* publie le témoignage d'Alice Raymond, élève montréalaise de Mme d'Estainville :

« On lui a fait un très bel accueil. Ce fut un beau début dans le rôle de Tybalt de *Roméo et Juliette*. Son talent promet beaucoup comme en font foi les représentations auxquelles il a participé par la suite, celles de *Thaïs*, de *Marouf* et des *Huguenots*. »

Le 14 novembre, Thérèse est éblouie par le spectacle des *Troyens à Carthage* que dirige François Ruhlmann. A part Georges Thill, splendide Énée, elle est impressionnée par trois voix féminines : Marisa Ferrer, Jeanne Manceau et Jane Laval. Heureuse, c'est le cœur en fête qu'elle attend Roméo ce soir-là rue Scribe. Ne possède-t-elle pas le plus beau secret du monde ?

De retour à l'appartement, Thérèse lui apprend qu'il sera père en mai...

Depuis quelques jours, les camarades, à l'Opéra, remarquent une grande nervosité chez le jeune ténor. Il a chanté tous les soirs depuis la première des *Troyens*. Un jour, il raconte à Thérèse qui n'a pas été au théâtre ce soir-là : « Il m'est encore arrivé une catastrophe. J'attendais dans la coulisse que l'orchestre attaque mon entrée tout en suivant la partition avec le chef de chant. Au moment propice, j'entre, je salue la reine Didon et, crac... je ne me rappelle plus, mais absolument plus, les premiers mots du texte. Ce flottement a duré au moins trente secondes, et ça, je ne l'oublierai jamais de ma vie, car trente secondes en scène, sans action, c'est long. J'ai eu le temps de voir les occupants des loges se pencher pour tâcher de comprendre ce qui n'allait pas. Durant ce temps, des coulisses, le chef de chant me criait : "Échappé à grand-peine..." Mais j'étais devenu sourd, je n'entendais rien. C'est le souffleur qui a sauvé la situation en m'envoyant seulement un "CCCHHHAAPP..." qui m'a remis sur la route. »

Thérèse lui fait part de l'invitation de leur ami de Québec, Antoine Montreuil, violoniste, élève de Maurice Hayot, de l'École normale de Musique de Paris, à participer à une soirée musicale à la Maison du Canada, avec Oscar Auger. Il accepte et ils élaborent un programme comprenant « le Rêve » de *Manon*, l'air d'Énée des *Troyens*, et quelques mélodies. Un étudiant boursier fait parvenir un compte rendu de cette soirée au journal *Le Droit* d'Ottawa, et *L'Événement Journal* de Québec le reproduit quelques jours plus tard :

« Paris, 19 décembre 1930.

Vendredi, le 19 décembre, en la nouvelle et si jolie salle du parc Montsouris de Paris, avait lieu un magnifique concert auquel prirent part trois de nos artistes canadiens étudiant actuellement sous la direction des plus grands maîtres européens... Ce concert, donné sous le patronage distingué du Dr Grondin, directeur des "Boursiers" canadiens à Paris, a remporté un succès tel que le très brillant auditoire qui assistait applaudit fortement ces talents qui semblaient leur révéler ce côté artistique chez nos Canadiens, côté si souvent ignoré sur le continent... Les interprètes, rappelés à maintes reprises, durent s'exécuter de bonne grâce devant l'enthousiasme de la salle.

On ne saurait dire si M. Jobin plut davantage dans l'une ou l'autre des pièces qu'il chanta. Toutes semblaient être choisies très heureusement pour faire ressortir tantôt l'ampleur, tantôt la subtile cadence, mais toujours la justesse de sa merveilleuse voix de ténor. Il chanta en rappel *Chanson triste* d'Omer Létourneau et *Blés dorés* de Rachmaninoff. Il fut très discrètement mais très habilement accompagné au piano par sa charmante épouse. »

Le 26 janvier 1931, les deux Québécois sont fous de joie. Raoul Jobin se rend comme tous les jours à l'Opéra où il prépare, pour le 16 février, une zarzuela de Raoul Laparra, *L'illustre Fregona* avec Fanny Heldy dans le rôle de Costanza et, dans celui de Carmencita, la célèbre danseuse espagnole Laura de Santelmo. Jacques Rouché règle lui-même une mise en scène vivante et pittoresque avec utilisation du plateau tournant, merveilleuse innovation à l'Opéra de Paris. Le programme de la soirée se terminera avec *Prélude dominical* et *Six pièces à danser*, de Guy Ropartz.

Raoul Laparra, qui est originaire de Bordeaux, retrouvera Raoul Jobin quelques années plus tard. Laparra a donné à l'Opéra-Comique de sombres et hallucinants drames lyriques mais il se produit pour la première fois à l'Opéra avec une pièce amusante, dans laquelle le dialogue intervient largement. Il l'a tirée d'une nouvelle de Cervantes et l'a traitée en zarzuela-farce comme celles que l'on joue en Espagne sur les tréteaux forains et dans lesquelles se mêlent paroles, chants et danses. *L'illustre Fregona*, spectacle entraînant et éclatant, se taille un beau succès.

Au retour d'une représentation du *Chevalier à la rose* où Germaine Lubin avait, une fois de plus, conquis le public par son interprétation d'Octavian, Thérèse lui remet un télégramme en provenance de Montréal, daté du 6 février 1931 : « "Canadian Opera Company" vous offre engagement pour chanter Tybalt le 5 mai à Montréal avec Johnson, Mario et Pelletier du Metropolitan, spécifiez honoraires, câblez réponse. Victor Brault. »

« Baptême ! s'exclama Roméo, je dois cependant refuser, je suis lié par contrat à l'Opéra. Mais, maintenant qu'on me juge assez bon pour chanter à Montréal, je peux peut-être demander une bourse. Qu'en penses-tu ? »

Raoul Jobin a gardé toute sa vie quelques expressions de son pays. Pour lui, « baptême » remplaçait les « cinq lettres » de ses camarades français. Il décide d'écrire à son ami Louis Gravel à Québec :

Mon cher Louis,

Ici tout marche bien, je n'ai pas été malade depuis l'automne dernier. Je t'ai dit, je crois, ce que j'ai eu à ce moment-là et pourtant, depuis, j'ai travaillé et beaucoup. Je n'ai pas arrêté. Tous les jours répétitions, quelquefois le soir avec orchestre et, depuis fin août, j'ai soixante-deux représentations à mon crédit en plus de Rigoletto *au Trocadéro et deux concerts symphoniques chez Colonne, et là je viens d'en accepter un autre pour le Samedi saint chez Colonne aussi. Comme tu vois, je ne perds pas mon temps si on considère que j'ai déjà plusieurs œuvres de mises en scène et que j'étudie le grégorien. Il faut dire que je suis un peu fatigué et que j'escompte un congé pour l'été et l'automne, mais je préférerais l'été pour me reposer tout à fait. Cela se décidera début avril.*

Maintenant, j'ai à te parler d'un sujet plus sérieux. Je veux travailler pour avoir une bourse car tu sais que mon salaire ici n'est pas très élevé. Je n'ai manqué de rien jusqu'ici, mes parents m'ont envoyé régulièrement 150 dollars par mois, quelquefois plus, pour subvenir à mes dépenses. Comme mes parents ne sont pas très riches et qu'ils ont de plus en plus d'obligations, je pense que le gouvernement pourrait m'aider un peu, alors je suis décidé à écrire à l'Honorable A. Taschereau pour le lui demander. Je vais me procurer des certificats de mes professeurs et des lettres des premiers chefs d'orchestre de l'Opéra pour appuyer ma demande...

Tu sais comme moi que mon but n'est pas de passer ma vie à l'Opéra de Paris. Mon seul désir est de perfectionner mes études de chant et d'acquérir une solide expérience de la scène afin d'être utile plus tard à ma province, soit en travaillant à tes côtés à la formation de bons élèves, soit en remplissant les rôles de ténor à l'Opéra de Montréal qu'on est en train de former...

Ton ami, Roméo.

Quelques jours plus tard, il envoie les trois lettres de recommandation de ses professeurs — Henri Potiron, maître de chapelle de la basilique du Sacré-Cœur de Montmartre et professeur à l'Institut grégorien de Paris, Jeanne Krieger, chef de chant à l'Opéra depuis 1915, et François Ruhlmann, chef d'orchestre à l'Opéra qui a écrit : « Je soussigné, déclare que M. Jobin peut espérer le plus bel avenir dans la carrière lyrique. Doué d'une très belle voix, il est de plus excellent musicien et possède des dons scéniques indéniables. Je m'intéresse à lui depuis son entrée à l'Opéra de Paris et je n'ai cessé d'avoir en lui une confiance que ses débuts ont justifiée. » (Paris, le 2 avril 1931.)

Pour la seconde fois, la bourse demandée lui sera refusée.

A l'affiche, en mars : Martial Singher dans le rôle d'Athanael, et Raoul Jobin dans son premier grand rôle à l'Opéra, le duc de *Rigoletto*, au côté de John Brownlee et Eidé Norena. Henri Busser dirige l'orchestre.

Thérèse ne verra pas la « première » posthume dont on parle tant, *Guercœur*, d'Albéric Magnard, revu par Guy Ropartz. Raoul Jobin chante l'Ombre d'un poète, et le baryton Arthur Endrèze débute à l'Opéra dans le rôle-titre. Américain, le baryton a été l'élève du grand ténor Jean de Reské : il fera don à Raoul Jobin du costume que celui-ci portait au premier acte de *Lohengrin* avec le bouclier, l'épée, le casque et la cotte de mailles. Raoul Jobin s'en servira avec fierté toute sa carrière.

Le 11 mai 1931, une petite fille naît. Quelques semaines plus tard, le bébé est baptisé à Notre-Dame et prénommé Claudette, en hommage à Claudette Colbert, l'actrice de cinéma française.

En dépit des quelques nuits blanches inévitables chez de jeunes parents, Raoul Jobin participe aux représentations de *Tristan* en allemand, avec les artistes du Staatsoper de Berlin, Frida Leider, Lauritz Melchior, Ivar Andresen, sous la direction de Leo Blech.

A l'occasion de l'Exposition Coloniale Universelle de Paris, du 12 au 21 juin 1931, Raoul Jobin rencontre l'imprésario de Québec, J.A. Gauvin, Il saiue son jeune compatriote qui vient de chanter en première audition une œuvre de A. Petiot, *Évocations africaines* : « Je suis heureux, Jobin, d'avoir eu l'occasion de vous entendre en concert avec l'orchestre Colonne. Je m'en souviendrai lorsque vous reviendrez au Canada. Je ne quitterai pas Paris sans avoir été à la soirée de gala des Ballets de l'Opéra voir la grande danseuse Ida Rubinstein dans *Nocturne* de Borodine où j'aurai encore l'occasion de vous entendre. Les concerts suscitent toujours beaucoup d'intérêt à Québec mais je dois renoncer à faire venir des troupes de théâtre françaises à cause des difficultés qu'a créées le cinéma parlant. Les salles de cinéma se remplissent et le théâtre perd son public. »

Le samedi 4 juillet 1931, dans le vieux palais Mazarin, Raoul Jobin chante la cantate (sujet imposé : *L'ensorceleuse*, texte de Paul Arosa) d'un des candidats au Prix de Rome, Henriette Roget, qui remporte le deuxième Second Prix. Il est à noter que, cette année-là, le jury refuse de décerner la moindre récompense au jeune Olivier Messiaen...

Le 15 juillet, après la reprise d'*Otello* où il campait un excellent Cassio au côté de Paul Franz, Martial Singher et Eidé Norena, on lui remet un message de Jacques Rouché qui désire le voir.

— Jobin, lui dit-il, votre contrat se termine prochainement et je veux vous le renouveler à des conditions très avantageuses. Je quadruplerai votre salaire. Je sais que vous avez de nouvelles charges familiales et que votre épouse est d'un très grand soutien pour vous. Je termine les distributions pour la saison prochaine et je voudrais y voir votre nom pour certains ouvrages que nous voulons reprendre.

— Merci, monsieur, de l'honneur que vous me faites. Nous l'apprécions, Thérèse et moi. Toutefois, si je n'obtiens pas la bourse demandée à mon gouvernement, mes parents devront continuer à nous aider malgré votre offre généreuse. Je dois leur faire part de mon désir de prolonger mon séjour en France avant de prendre une décision. Ils comprendront, je crois, que c'est notre intérêt à tous et que cette chance est unique.

Mais la mauvaise nouvelle arrive en septembre. Sa mère leur demande de rentrer à Québec. Elle est malade. Et Louis Gravel n'a pas répondu au sujet de la bourse. Ils n'arrivent pas à croire qu'ils devront renoncer à Paris, que le travail et les efforts des derniers mois ne serviront à rien. Désespérés, ils font le bilan des quinze derniers mois : Raoul a chanté dans cent onze représentations de seize opéras différents, sans parler des programmes de grands concerts et de radio. Où aurait-il eu l'équivalent ? Tant pis ! La piété filiale l'emporte. Il annonce à Rouché qu'il ne peut pas accepter le renouvellement de son contrat à l'Opéra. « Je suis prêt à quintupler votre salaire pour vous aider, lui dit Rouché. Mais je comprends ces raisons qui vous honorent. Néanmoins, mon ami, sachez que la porte vous sera toujours ouverte. »

Raoul Jobin termine ses engagements : le 23 septembre 1931, il chante dans *Marouf* et, le lendemain, interprète le chanteur italien du *Chevalier à la rose*.

Ils sont tristes et silencieux dans le train qui les ramène vers Cherbourg. Le *Montrose* quitte la France et les côtes normandes en fin d'après-midi, ce 25 septembre.

IV

26 septembre 1931. Trois années se sont écoulées jour pour jour, depuis son premier voyage. Aujourd'hui, à vingt-cinq ans, il retourne au pays avec une compagne et un bébé de quatre mois, se demandant avec angoisse ce que le Québec aura à lui offrir.

Ils relisent et commentent une coupure de journal qu'on leur a fait parvenir quelques jours avant leur départ : il s'agit du résumé d'une conférence donnée par Hector Faber, imprimeur mélomane de Québec, à la Société des Arts, Sciences et Lettres, sur les gloires canadiennes dans le monde du théâtre et des concerts, en Europe, au Canada, et aux États-Unis.

Si la carrière légendaire d'Emma Albani était déjà connue des deux jeunes Québécois, ils en apprennent davantage sur les grands chanteurs que furent Rodolphe Plamondon, Béatrice Lapalme, Xavier Mercier, Germaine Manny, Ernestine Gauthier, Paul Dufault, Louise Advina et, plus près d'eux, Georges Dufresne, Joseph Royer, Abel Godin, et le folkloriste Charles Marchand. « Il fallait que nos premiers artistes aient véritablement le feu sacré pour s'aventurer dans la carrière, dit Roméo. Au Canada, ils se trouvaient dans une situation singulièrement difficile. Aujourd'hui encore, bien que les conditions soient un peu meilleures, nous n'avons toujours pas de théâtres réguliers jouissant d'une subvention de l'État ou de la ville. Notre enseignement musical pèche par la base, il manque à tous la connaissance du solfège. »

Marie-Louise-Emma Lajeunesse, née le 1er novembre 1852 à Chambly, connue sous le nom d'Emma Albani, est incontestablement la plus grande artiste lyrique canadienne française.

Le jour même de ses dix-huit ans, elle faisait ses débuts au théâtre de Messina dans le rôle-titre de *La somnambule* de Bellini, après des études avec le grand maître milanais du « bel canto », Lamperti, dont l'excellente méthode a discipliné tant de belles voix. Ce fut le commencement de sa gloire. Elle chanta les plus beaux et les plus grands rôles du répertoire européen avec les plus grands chanteurs du monde. En 1876 elle signa un engagement avec le Covent Garden de Londres, engagement qui devait se renouveler chaque année pendant vingt ans qui furent la période la plus glorieuse de sa vie d'artiste.

Elle revint plusieurs fois en Amérique. A la suite d'un concert à Québec, le 1er février 1889, Guillaume Couture écrivit :

« Impossible de rien rêver d'aussi fini; le contour du phrasé, la délicatesse du trille, la justesse de l'attaque, l'égalité du timbre et la pureté du style, jamais toutes ces qualités n'ont été réunies chez une même personne à un plus haut degré que chez Albani. »

Elle fit de grandes tournées qui la conduisirent en Russie, en Australie et en Afrique du Sud. Elle retourna en Angleterre pour n'en plus sortir et, en 1912, à son concert d'adieu, à l'Albert Hall de Londres, le public lui fit une véritable apothéose. Comblée d'honneurs et de décorations par les rois et les reines de l'Europe, l'humble fille des campagnes canadiennes devait être, en 1874, présentée à la reine Victoria d'Angleterre.

A sa mort, survenue le 3 avril 1930, elle avait soixante-dix-huit ans.

A Paris, Raoul Jobin a aussi entendu de nombreux éloges de la part de ceux qui ont connu le ténor Rodolphe Plamondon, qui y vécut de 1895 à 1920. Il est le premier Canadien qui ait signé un engagement avec l'Opéra de Paris. Toutefois, ce n'est pas au théâtre qu'il a conquis la renommée, mais plutôt au concert, dans l'oratorio, le poème lyrique, la symphonie, avec soli et chœurs, et dans ce qu'il est convenu d'appeler « la musique spirituelle », c'est-à-dire les cantates et les messes des grands maîtres. Au concert, ses qualités de chanteur s'épanouissaient plus librement et sa belle voix de ténor lyrique d'une douceur incomparable et d'un timbre exquis y fit merveille pendant près de vingt ans.

Comme ténor wagnérien, il chanta neuf saisons consécutives à San Sebastian. Il parcourut presque tous les pays d'Europe, où il eut l'occasion de se faire apprécier par la plupart des grands de ce monde.

Il y eut aussi Béatrice Lapalme qui a interprété le rôle de Musetta au côté de Melba, de Scotti et de Marcel Journet à Covent Garden et qui a créé, à l'Opéra-Comique, *Aphrodite* de Camille Erlanger. Elle a également chanté à Montréal avec Edmond Clément et sa carrière aurait été beaucoup plus importante encore si elle n'était morte si jeune, à quarante-deux ans. Son mari, Salvatore Issaurel, s'est fixé à Montréal où il enseigna le chant.

Xavier Mercier, quant à lui, a obtenu de francs succès à l'Opéra-Comique avant de revenir s'établir à Québec, sa ville natale, avec sa femme française Isabelle Besson, plus connue sous le nom de Isa Jeyneveld. Ils y ont formé de bons chanteurs.

Charles Marchand donna ses lettres de noblesse à la chanson canadienne française. Il trouva en Marius Barbeau un folkloriste rigoureux et un appui. Avec ses « troubadours de Byton », le quatuor vocal qu'il avait formé, il parcourut tout le Dominion et une très grande partie des États-Unis. Il attira l'attention des musiciens du Canada sur le folklore d'origine française : toute une floraison d'œuvres prend sa source dans nos vieux chants du terroir. Son art était fait d'observation, de finesse et d'humour.

Raoul Jobin est fier de constater l'importance et l'ampleur des talents de son pays. Néanmoins, il constate avec amertume que tous ont dû vivre à l'étranger pour pouvoir s'exprimer dans leur art. Ne fait-il pas une erreur en rentrant trop tôt à Québec ? Pourra-t-il y vivre de son chant ? Silencieux et angoissés, Thérèse et lui se rendent sur le pont assister au lever du soleil sur les rives colorées du Saint-Laurent. La lumière est claire et froide. Le *Montrose* glisse au large de la Malbaie : dans quelques heures, émus, ils verront surgir le cap Diamant et la vieille citadelle au détour de l'île d'Orléans.

La nouvelle du retour de Raoul Jobin, qui a retrouvé à Québec le nom de Roméo, se répand. Il reçoit une invitation de l'école de musique de l'université Laval pour un déjeuner en son honneur. Il est heureux de cette marque de sympathie. L'ancien élève est entouré d'universitaires et de professeurs, et il gardera longtemps en mémoire cette date du 20 octobre 1931 et les paroles chaleureuses du directeur, l'abbé Chrysologue Desrochers :

« Déjà, en 1926-1927 et 1927-1928, alors que vous commenciez à vous initier à l'art vocal dans la vieille maison plus que deux fois séculaire de la Côte Sainte-Famille, votre voix au timbre riche, souple, sympathique, votre ardeur au travail, la culture et la correction qui marquaient tous vos efforts, un tempérament musical bien équilibré, tout, en un mot, faisait pressentir les plus belles espérances. Vos professeurs et amis admirateurs de vos talents n'ont pas été déçus. Au nom de l'école de musique dont vous êtes l'hôte distingué, je vous dis l'admiration que tous ont de vos talents, les souhaits, les vœux sincères qui s'échappent de tous les cœurs pour que se réalisent les ambitions et l'idéal que vous désirez atteindre. »

L'enfant du pays retrouve son public de la salle Saint-Pierre, le soir du 2 novembre, pour un concert de charité. Il se relève à peine d'une mauvaise laryngite. Néanmoins, c'est un triomphe. Louis-Philippe Roy écrit le lendemain dans le quotidien *L'Action Catholique* : « L'indifférence n'est plus chez nous le tombeau du talent artistique. L'accueil enthousiaste dont M. Roméo Jobin a été l'objet, hier soir, le démontre irréfutablement. Sorti de l'ombre par des professeurs consciencieux, il y a quelques années à peine, cet élève gagna très vite les faveurs populaires. Les amateurs applaudissaient ses succès, mais les connaisseurs rêvaient pour lui de succès plus grands. M. Jobin avait la voix un peu couverte, selon l'expression courante, cela ne l'a pas empêché de prouver une amélioration dans sa technique, dans son articulation, dans sa prononciation. »

38

Mais le journal ne disait pas tout. Écoutons Henri Vallières : « Jobin électrisait ses auditoires. Il n'y en avait que pour lui. Lorsqu'il chantait, c'étaient des tonnerres d'applaudissements. La salle s'est littéralement vidée lorsque nous avons joué, Gaby Hudson et moi. Personne ne nous écoutait. »

Henri Vallières l'accompagnait de nouveau, le 20 novembre : il était invité par l'Alliance française d'Ottawa. Quelques minutes avant le concert, le premier dans la capitale de son pays, la vaste salle des conférences débordait de monde. Plusieurs des personnages les plus en vue de la capitale rehaussaient de leur présence l'éclat de cette manifestation. C'est à cette occasion que Raoul Jobin se lia d'amitié avec le juge Thibaudeau-Rinfret qui devait devenir un de ses plus fervents admirateurs.

Au représentant du journal *Le Droit* qui lui demandait ses projets d'avenir au Canada, il répondit : « Comme artiste de concert, c'est possible, mais les perspectives sont peu attrayantes pour faire de l'opéra. Non pas que le talent manque au Canada. Je crois que nous pourrions réunir assez d'artistes pour interpréter n'importe quel opéra, mais où trouverions-nous le bailleur de fonds ? Si l'État pouvait subventionner un Opéra national, ce serait la plus belle impulsion à donner aux artistes et à la musique au Canada. Sur une échelle plus restreinte ne voit-on pas, un peu partout en France, des représentations artistiques subventionnées par les villes ? Plusieurs États subventionnent un Opéra national. Paris est le meilleur centre d'études pour un Canadien. Nos étudiants jouissent de l'estime des Français. »

Toute sa vie, Raoul Jobin devait défendre cette idée d'Opéra national permanent. Jamais il ne réalisera son rêve, le rêve de ses vingt-cinq ans.

Les deux musiciens quittent, ravis, la capitale fédérale et reprennent la route de Québec. Malgré une infection à la gorge, il se taillera un beau succès au deuxième concert de la saison du « Quebec Ladies' Musical Club » au château Frontenac, le 1ᵉʳ décembre, avec les quatre-vingt-dix musiciens de la « Société symphonique de Québec » que dirige, depuis 1924, Robert Talbot, compositeur et professeur à l'École de Musique.

En décembre 1931, il retrouve son public du *Minuit chrétien* et, jusqu'au lendemain des Rois, ce ne sont que fêtes de famille et réunions d'amis.

C'est à l'occasion d'un voyage à New York qu'il rencontre pour la première fois le pianiste-répétiteur montréalais, Wilfrid Pelletier, à l'occasion d'un concert qu'il dirige avec Georges Thill en soliste. A la suite d'une audition pour WABC-New York Radio, Roméo Jobin est engagé pour deux émissions. A son retour à Québec, il fait part de ses impressions à ses proches : « J'ai reçu un accueil très sympathique de Wilfrid Pelletier du Metropolitan; il m'a invité au concert qu'il dirigeait. Après le concert, je passais chez le concierge pour l'attendre et le remercier quand soudain

Georges Thill apparaît en frac, tuyau de poêle, et entouré de jolies femmes avec qui il allait à une party. Je me tenais à l'écart quand il m'a soudain aperçu. Il écarte tous les gens et se jette sur moi qui, en fait, le connaissais très peu puisque à ce moment je n'étais qu'un débutant qui avait chanté avec lui quelques représentations à Paris. Il m'embrasse, très heureux de me revoir, et me demande de l'accompagner à la fête. J'ai refusé, vous pensez bien, mais le lendemain midi nous avons déjeuné ensemble et passé l'après-midi à jouer une partie de belote. »

L'hiver tire à sa fin et Roméo Jobin n'a pas encore parlé à ses parents de ses projets. A part quelques petits concerts et quelques récitals à la radio CHRC, il ne se passe rien. Fin avril, la compagnie d'opéra franco-italienne de New York, G. De Feo, est à l'affiche au théâtre Capitol avec *Carmen, Roméo et Juliette, Tosca, Mignon* et *Faust*. C'est l'événement de la saison. Roméo Jobin et Lucien Darveau, son camarade d'études au collège, aperçoivent l'imprésario Gauvin qui vient vers eux en courant :

— Ah ! Jobin, je vous cherchais, dit-il. Notre ténor, Georges Trabert, est malade. Je serai obligé d'annuler la représentation. Accepteriez-vous de le remplacer ? Je vous offre 100 dollars pour la soirée ! Vous n'aurez pas de répétitions avec l'orchestre mais vous connaissez la partition, je crois.

— Je la connais, répond-il, quoique je n'aie pas encore chanté le rôle de Roméo sur une grande scène. Néanmoins, j'accepte vos conditions.

Ce soir-là, deux femmes tremblent dans la salle : Thérèse, qui craint un trou de mémoire, et Louisa Marceau, une amie d'enfance de Roméo venue réentendre la voix qu'elle avait connue dix ans plus tôt.

Elle en sortira bouleversée. Beaucoup plus tard, sous le nom de Louisa Godin, elle reverra l'ami de sa jeunesse, ses premières amours, et ils évoqueront les souvenirs de ces belles années. Veuve encore jeune, trois fils feront sa joie et l'un d'eux, Gérald Godin, sera poète et homme politique.

Le lendemain les journaux de Québec ne tarissent pas d'éloges, éloges légèrement teintés de chauvinisme.

C'est encouragé par ce succès que Roméo Jobin reprend la partition de *Roméo et Juliette* pour chanter le rôle-titre au côté de Lucy Monroe dans cette même salle du Capitol, le 20 juin; J.O. Dussault, directeur du Conservatoire national de Québec, dirige les solistes, le chœur et l'orchestre. L'auditoire manifeste tout particulièrement son plaisir de réentendre le jeune ténor dont la voix, claironnante dans le registre élevé, est chaude et douce dans le médium.

Depuis son retour à Québec, Roméo Jobin correspond régulièrement avec Mme d'Estainville. Par elle, il apprend que l'Europe traverse une période de crise à laquelle ni la musique ni la danse n'échappent. En Europe centrale, le public est chaque jour plus clairsemé. A Berlin, le metteur en scène Max Reinhardt a été contraint de renoncer à ses projets. A Paris, les recettes de l'Opéra ont baissé de moitié depuis six mois et Jacques Rouché a comblé plus d'une fois de ses propres deniers les déficits de l'illustre Maison.

Raoul Jobin a la plus vive admiration pour ce mécène qui a fait plus pour lui que pour ses camarades français. Il apprécie de plus la valeur humaine et artistique de ce directeur qui maintient, depuis seize ans, la plus belle troupe de chanteurs d'Europe.

A la rentrée de septembre, Thérèse informe son mari qu'elle est enceinte et que des amis lui ont fait savoir qu'on cherchait un maître de chapelle à l'église Saint-Dominique. Fort de son diplôme de l'Institut grégorien de Paris, il pose sa candidature. Sa déception est grande lorsqu'il apprend qu'on lui préfère un amateur sous prétexte qu'il demande des honoraires trop élevés, des honoraires de professionnel. « Je vais tenter du côté de l'enseignement, dit-il à Thérèse. C'est la dernière possibilité que m'offre Québec pour gagner ma vie. Je vais annoncer l'ouverture d'un studio dans les journaux locaux. »

Il doit y renoncer. L'inquiétude le gagne peu à peu et Québec lui paraît sans avenir pour sa carrière. Pourtant, il a l'estime de ses concitoyens : c'est encore à lui qu'on fait appel pour le grand concert de gala qui inaugurera la nouvelle salle de spectacle de Québec, le palais Montcalm, le 22 octobre 1932. Un auditoire nombreux, où l'on remarque la présence du Premier Ministre, l'Honorable L.A. Taschereau, applaudit ce premier concert. La critique de Québec se montre élogieuse pour la Société symphonique de Québec dirigée par Robert Talbot, de même que pour les solistes, Jeanne Dusseau, soprano, Roméo Jobin, ténor, accompagnés respectivement au piano par Jean-Marie Beaudet et Henri Vallières. Louis-Philippe Roy écrit : « A qui notre population doit-elle d'avoir reçu sur la scène hier soir M. Roméo Jobin ? Ce ténor a conquis Québec dans le rôle de Roméo le printemps dernier; notre compatriote a gardé l'admiration de tous. C'est que cet artiste n'est inférieur à aucun des grands ténors étrangers que nous avons pu applaudir récemment. Les Québécois sont fiers de lui et pour une fois le proverbe a menti : M. Jobin est prophète chez lui... pourvu qu'on lui fournisse l'occasion de se faire entendre. »

Roméo Jobin est de nouveau invité, le 20 décembre, par le Quebec Ladies' Musical Club. Les 1 000 habituées accueillent avec sympathie les jeunes artistes canadiens : Roméo Jobin, son accompagnateur attitré, Henri Vallières, et Jean-Marie Beaudet, organiste à l'église Saint-Dominique. L'auditoire québécois connaît peu Debussy, inscrit au programme, mais c'est un succès; le jeune pianiste Jean-Marie interprète en rappel *La cathédrale engloutie*.

Le 24 décembre 1932, les journaux de Québec publient une nouvelle qui réjouit les mélomanes : « Québec, le vieux Québec avec son atmosphère bien à lui, va participer, ce soir, au premier programme de la Commission canadienne de la Radio, et un réseau de postes canadiens ira porter aux confins de la province et aussi dans les provinces sœurs les chants de Noël si beaux et grands dans leur simplicité. » Il y aura deux programmes de la Commission, ce soir-là. Le premier sera la messe de minuit à l'église de la Miséricorde à Paris et le second à Montréal et à Québec. Enregistrées par CHRC et CKAC, les deux cérémonies sont radiodiffusées dans les deux Amériques par Radio-Canada*.

Le 20 janvier 1933, Thérèse donne naissance à un fils, André. C'est une responsabilité de plus pour le jeune ténor qui décide un matin : « Thérèse, je crois que je vais accepter l'invitation de nos amis de Paris installés à Montréal et que je vais aller voir de ce côté quelles sont les possibilités de travail. Je vais essayer d'organiser quelques concerts, de rencontrer des gens; et au printemps on pourra s'établir avec les enfants. Je dois aussi préparer pour les pauvres de la paroisse un autre récital conjoint avec Henri Vallières à la salle Saint-Pierre pour le 1er février. On me reproche de chanter dans les salles de la haute ville et pour les dominicains de la Grande Allée et de négliger les vieux amis. Je suis aussi invité par le capitaine O'Neil pour un concert au palais Montcalm avec le Quebec Philharmonic Orchestra. Après ces concerts, je partirai pour Montréal. »

Ces débuts tant redoutés à Montréal eurent lieu le 16 février 1933, où il partagea une matinée du Ladies'Morning Musical Club, au Ritz Carlton Hotel, avec deux solistes, Harriet McCammon, contralto, et Muriel Jackson, pianiste. Il est nerveux car la critique ne le ménage pas. Toutefois, c'est avec plus d'assurance qu'il affronte le public moins sophistiqué du Tudor Hall, le 25 février, accompagné de son ami et compagnon d'études de Paris, Jean-Marie Beaudet. La critique y est plus chaleureuse : « L'impression qu'a créée à sa première apparition à Montréal ce jeune et talentueux ténor de Québec restera profondément imprimée dans l'esprit des fervents. La belle réputation dont jouissait M. Jobin s'est affermie. » (La Presse)

Il reprend confiance. « Ça y est, déclare-t-il à Thérèse et à ses parents, j'ai une invitation de M. Gauvin et Fortune Gallo pour faire mes débuts à Montréal avec la San Carlo Opera Company, en mai prochain, dans le rôle de Faust, au Théâtre impérial. J'ai aussi trouvé un appartement à Outremont. D'ici là, je dois retourner plusieurs fois à Montréal pour des émissions de radio à CKAC pour "L'Heure Provinciale" et à CFCF pour "Canada Starch" et une série de programmes en anglais. Tout ça est positif et nous nous en sortirons peut-être. »

---

* Le *Minuit chrétien* que chanta Raoul Jobin fut entendu jusqu'en Amérique du Sud.

Si Roméo Jobin annonce qu'il veut s'établir à Montréal, il n'abandonne pas Québec pour autant. A l'occasion de l'Année sainte, il organise avec Henri Vallières deux soirées qui seront vendues à guichet fermé. Le cardinal Villeneuve honore de sa présence l'exécution de l'oratorio de Charles Gounod, *La Rédemption*, en l'église de Notre-Dame-du-Chemin, que dirige Robert Talbot à la tête de la Société symphonique de Québec et de la chorale Haendel; les solistes sont Thérèse Jobin, Marthe Lapointe, Gabrielle Bisson, Roméo Jobin, Louis Gravel, l'abbé Déchène, avec à l'orgue Henri Vallières.

La San Carlo Opera Company offre au public montréalais, du 8 au 12 mai 1933, dix des œuvres les plus populaires du répertoire lyrique : *Madame Butterfly, Les contes d'Hoffmann, Aïda, Paillasse, Carmen, Rigoletto, Le trouvère, Cavalleria rusticana, Roméo et Juliette, Faust.*

L'imprésario qui donne à Raoul Jobin sa chance dans l'opéra de Montréal le connaît depuis ses débuts à Québec. Il sait aussi que les Montréalais, qui le savent l'idole des Québécois, seront peu portés à l'indulgence. Peut-on qualifier de téméraire le jeune ténor de vingt-sept ans qui accepte de chanter pour la première fois dans *Faust* avec des artistes éprouvés ? Après tout, il a bien chanté à l'Opéra de Paris au côté des plus grands chanteurs français et allemands ! Eugène Lapierre écrit dans *Le Canada* : « Il n'y a rien de difficile pour un artiste canadien comme de jouer devant un auditoire... canadien. Il est extrêmement rare qu'il y rencontre la sympathie qui l'aide à donner sa mesure. Cela dit, nous déclarons tout net que le rôle de Faust est trop ingrat pour que nous jugions Jobin dans ce seul rôle. »

C'est pourtant un succès. Fortune Gallo et J.A. Gauvin décident alors d'afficher le San Carlo à Québec, au palais Montcalm; mais ils s'y prennent trop tard, ce qui leur vaut un important déficit. Roméo Jobin, à vingt-sept ans, est à l'affiche dans *Faust, Roméo et Juliette* et le rôle du duc de *Rigoletto* qu'il chante en français au côté des Italiens.

Un témoin de ces soirées, René Arthur, racontera trente années plus tard à Radio-Canada :

« Le public québécois a toujours ovationné Jobin mais jamais avec autant de frénésie que durant ces années. A la représentation de *Rigoletto* du San Carlo, il s'est mis à applaudir dès la fin de l'introduction d'orchestre, avant même qu'il attaque "Comme la plume au vent", qu'il a dû bisser ! Et ce fut le même délire pour *Paillasse*. »

Ce dont Québec parlera longtemps c'est du nouveau tour de force de son ténor favori. Pour remplacer Aroldo Lindi, malade, Roméo Jobin a dû apprendre, le jour même de la représentation, le rôle de Canio, ce pauvre Paillasse trompé. Thérèse se met au piano et, ensemble, ils préparent le rôle. Quels seront ses points de repère pour le jouer sur scène, sans répétitions, ni avec les autres chanteurs, ni avec l'orchestre ?

La mémoire. Il a vu ses camarades de l'Opéra-Comique dans ce rôle. A la représentation, ce que le public ne sait pas, c'est que Thérèse, des coulisses, lui souffle tout le texte en français. Il ne fait aucune erreur. Lorsqu'il chante la douleur de Paillasse en italien, l'air « Ridi Pagliaccio », c'est le délire dans la salle.

A cette occasion il déclare au journal montréalais *Le Canada* : « Nous avons assez d'artistes puisque, par malheur, les meilleurs d'entre eux sont obligés de s'expatrier, cependant que ceux qui restent sont obligés de dépenser le meilleur de leur talent et de leur force dans des travaux humiliants. Le remède serait de créer un théâtre subventionné par le gouvernement autour duquel on grouperait les principaux artistes du chant et de la scène et qu'on doterait aisément — nous en avons tous les éléments — d'un orchestre symphonique de premier ordre qui permettrait l'utilisation de précieux talents. »

Peu de temps après, Charles Goulet et Lionel Daunais le présentent à Mme Simpson qui, depuis 1932, succède au fondateur Honoré Vaillancourt à la tête de « La Société canadienne d'Opérette ». Faute de mieux il signe un contrat pour *Mademoiselle Nitouche, Le secret de Polichinelle, Le barbier de Séville*, et *Le voyage en Chine*. Les représentations se donnent au Théâtre impérial. Ce sera sa seule expérience dans l'opérette.

L'automne ramène à Montréal plusieurs de leurs amis des premières années à Paris. Ils retrouvent Laurette Larocque qui signe maintenant ses écrits sous le pseudonyme de Jean Desprez et son mari Jacques Auger qui se fait un nom au théâtre. Par eux, ils font la connaissance de Fulgence Charpentier, journaliste au *Droit* d'Ottawa et commissaire municipal, qui devient vite un admirateur et un ami.

Le 23 octobre 1933, Ottawa assiste à l'ouverture de la saison artistique et littéraire de l'Alliance française avec, comme invité, Roméo Jobin, accompagné de Paul Larose au clavier. C'est son deuxième concert dans la capitale fédérale. Le public, sensibilisé à la culture française, fait un accueil enthousiaste au jeune Canadien français. Un diplomate français lui offre un numéro du *Courrier Musical de Paris*, daté du 15 janvier 1932, avec en titre de couverture : « Le Ténor Jobin de l'Opéra ». Il lit avec émotion l'article signé M.L.G. : « Après une brillante audition en mars 1930, le jeune Canadien Jobin est engagé à l'Opéra, présenté par son éminent professeur, Mme d'Estainville-Rousset, à qui l'avait envoyé le réputé maître de Québec, M. Larochelle. Cet artiste très musicien, lisant une partition à livre ouvert, a une des plus jolies voix de ténor que l'on puisse rêver : étendue, homogène, brillante, au timbre délicat. Voix bien placée, belle méthode sûre. Il sait chanter et cherche toujours la perfection. Il débuta en 1930 à l'Opéra dans *Roméo et Juliette* puis il chanta Nicias de *Thaïs*, le duc de Mantoue de *Rigoletto*. Créations et répertoire, il chante constamment. Ses chefs apprécient sa musicalité, sa

44

sûreté vocale. Aux Concerts Colonne, il se fait applaudir dans la *Neuvième Symphonie*. On le demande pour une cantate des envois des Prix de Rome, il y remporte un gros succès. Sa tournée de concerts classiques est une série de triomphes au Canada. Nous espérons bientôt son retour et ce sera une joie pour tous les amateurs du bel canto et pour les musiciens de l'entendre à nouveau à l'Opéra... »

En dépit de ses efforts, Roméo Jobin n'arrive pas, malgré son talent, à joindre les deux bouts, et il doit toujours compter sur l'aide de ses parents. Il songe de plus en plus à retourner en France. La demande de bourse qu'il a faite à Québec en 1931 lui ayant été refusée, il se tourne vers Ottawa. Fernand Rinfret, secrétaire d'État et maire de Montréal, est le frère du juge Thibaudeau-Rinfret qui a la plus grande estime pour son talent. Il obtient des rendez-vous et défend sa cause. Mais rien ne se passe. Puis un jour Thérèse dit calmement :

— Roméo, j'en ai assez. Il faut retourner en France. Ici, tu n'y arriveras jamais. A part les émissions à la radio, les funérailles et les messes de mariage que te fait chanter Charles Goulet, en te levant à 6 heures du matin pour 3 dollars, quelques concerts et un peu d'opérette où on te rend ridicule, il n'y a rien pour ta voix, pour tes capacités. Les amis qui t'ont vu et entendu à Paris le pensent aussi. Fais le concert prévu pour le 5 mars avec « Les Disciples de Massenet » à la Palestre nationale pour faire plaisir à Charles Goulet, puis pars, et je te rejoindrai avec les enfants dès que tu seras installé.

— Bon, dit-il, je vais aller à Québec parler à mes parents. Cette fois-ci ils comprendront. On ne peut pas vivre toute notre vie en dépendant d'eux financièrement.

Il a dû, dira Thérèse, emprunter un peu d'argent à son ami le Dr Lucien Gélinas, son laryngologue, pour aller discuter avec ses parents. Le voyant aux abois, ces derniers consentent à le laisser partir et lui offrent le billet sur le transatlantique qui quitte Québec en mai. Roméo Jobin n'ignore pas que c'est sa dernière chance.

« Maintenant, c'est ma carrière qui passe en premier. Ce ne sont ni mes parents, ni ma femme, ni mes enfants. Je veux me sentir libre de tout. Ce n'est pas possible autrement ! »

Thérèse est prête à se sacrifier, elle sait bien que la vie de la femme d'un ténor est une vie d'abnégation : donner des conseils et rester dans l'ombre, ne jamais lâcher, ne pas se décourager. Être toujours là.

V

4 mai 1934. La première séparation est douloureuse. Roméo est très attaché à sa famille. Il emporte avec lui les partitions du répertoire courant dont il réapprendra les principaux rôles durant les dix jours de la traversée.

A Paris, il s'installe à l'hôtel de l'Univers, 63, rue Monsieur-le-Prince. Ses premières visites sont pour Mme d'Estainville et Jacques Rouché. Comment ce dernier le recevra-t-il ? En septembre 1931, Raoul l'avait quitté brusquement en dépit de l'offre exceptionnelle qu'il lui avait faite. Aussi se présente-t-il à l'Opéra avec une certaine anxiété. « Jobin, lui dit Rouché, je n'ai rien à vous donner pour cet été ni pour l'automne; les rôles sont déjà complets. Allez donc faire un répertoire en province, et ensuite vous rentrerez par la grande porte à l'Opéra. »

Il est à Paris depuis quelques semaines et, en dépit de toutes ses démarches, il n'a toujours rien trouvé. Un jour à l'Opéra où il est venu voir ses camarades, on lui dit...

— Vite, monte à la régie, on a besoin de toi.

— Jobin, lui annonce Pierre Chéreau, celui qui chante le duc de *Rigoletto* est malade, ainsi que ses deux doublures. Seriez-vous prêt à chanter ?

Raoul Jobin est donc à l'affiche cet été-là pour trois représentations de *Rigoletto*. Il découvre également la Provence au Théâtre antique d'Orange où Paul Paray l'invite à chanter Nicias de *Thaïs* avec Mlle Lorcia, danseuse étoile de l'Opéra, et le matelot de *Tristan*, dans la traduction française de Gustave Samazeuil.

Après Orange, il se rend au casino de Contrexéville où il chante le rôle d'Alfredo de *La Traviata* avec le soprano belge, Clara Clairbert, qui a été une des plus belles Violetta de son époque.

Raoul Jobin est aussi invité pour un concert et un *Faust* à Carmaux. Son été est déjà bien rempli. Rouché, de son côté, l'encourage à continuer sa tournée en province.

Mme d'Estainville l'introduit auprès de René Chauvet et Georges Mauret-Lafage, codirecteurs des théâtres de Bordeaux et de Vichy, pour une audition. Il est engagé immédiatement au Grand Théâtre municipal de Bordeaux pour ne chanter que des premiers rôles. Le 6 septembre, il signe un contrat qui l'engage à chanter huit fois dans le mois pour la somme de 5 000 F plus 500 F par représentation supplémentaire et ce à partir du 17 octobre 1934 : les costumes seront fournis à M. Jobin, à l'exception des chaussures, maillots, coiffure, linge de corps.

Répertoire que M. Jobin est prêt à jouer après une répétition : *Roméo et Juliette, Faust, Rigoletto, Paillasse, La Traviata, Thaïs.*

Ouvrages que M. Jobin est prêt à chanter après deux répétitions : *Werther, Carmen, Manon, Tosca, Cavalleria Rusticana, Lakmé, La vie de bohème.*

Ouvrages que M. Jobin prépare et qu'il sera prêt à chanter après un délai d'un mois : *Les contes d'Hoffmann, Louise, Madame Butterfly, Mireille, Marouf.*

Le présent contrat ne sera exécutoire qu'autant que M. Jobin, Canadien français, aura obtenu sa carte de travail.

Peu de temps après, il s'installe à Bordeaux, 41, rue Boudet, et il enjoint par lettre à Thérèse de prendre le bateau le plus rapidement possible avec les enfants.

Le ciel s'éclaircit. A vingt-huit ans, Raoul Jobin gagnera sa vie comme chanteur professionnel et pourra enfin subvenir aux besoins de sa famille. Il s'empresse d'en informer ses parents en les remerciant de tout ce qu'ils ont fait pour lui depuis six ans. Il leur en sera toujours reconnaissant.

En novembre 1934, Thérèse et les enfants s'embarquent sur l'*Empress of Britain,* dernier paquebot qui part de Québec avant l'hiver.

A Bordeaux, ils ont leur petit « home » bien à eux et rien dorénavant ne viendra troubler leur vie de famille. Toutefois, Raoul Jobin n'oubliera jamais les années d'insécurité qu'il vient de vivre et qui influenceront certaines de ses décisions ultérieures.

Le Grand Théâtre de Bordeaux a été construit de 1773 à 1780 par Victor Louis, architecte du maréchal-duc de Richelieu. Il a été consacré dès le début aux chefs-d'œuvre du répertoire, classiques, lyriques et dramatiques, interprétés par les premiers artistes de l'époque. La direction du plus beau théâtre français de province est la même, depuis quatorze ans, que celle du Grand Casino de Vichy. Les artistes qui font la saison à Bordeaux du 15 octobre au 15 avril participent l'été suivant au festival de Vichy.

Durant la saison 1934-1935, Raoul Jobin chante cinquante représentations de seize premiers rôles de seize opéras différents, ce qui était prévu par contrat, plus quelques concerts et créations.

Parmi les événements lyriques où Raoul Jobin est en vedette, on relève : *Thérèse* avec le baryton belge José Bechmans et Suzanne Duman dans le rôle-titre; *Manon* avec Clara Clairbert; le gala pour le soixante-quinzième anniversaire de l'entrée de *Faust* au répertoire du

Grand Théâtre avec Jane Laval, Arthur Endrèze et Paul Cabanel; la création en France d'*Adrienne Lecouvreur*, de Francesco Cilea, en français, où il chante le rôle du comte de Saxe, le rôle-titre étant incarné par Marthe Nespoulos : c'est un drame d'amour et de passion ayant pour cadre le milieu de la Comédie-Française; l'exécution de l'œuvre d'Henri Rabaud, l'auteur de *Marouf, Rolande et le mauvais garçon* où, sous la direction du compositeur, Raoul Jobin reprend le rôle de Gaspard créé précédemment par Georges Thill à l'Opéra de Paris. Le lendemain de la première, on pouvait lire dans *La Liberté* : « La création de M. Jobin, le mauvais garçon, est la meilleure de toutes celles qu'il a faites depuis le début de la saison. En admettant qu'incarner un jeune et pétulant garçon convienne parfaitement à son âge et à son tempérament, il faut constater que M. Jobin suit une courbe ascendante très sensible. »

Il chante le rôle de Froh dans la saison allemande qui programme l'intégrale, en français, de la *Tétralogie* de Wagner, où alternent au pupitre Ernest Montagné et Georges Razigade. Les wagnériens sont nombreux à Bordeaux et plusieurs d'entre eux font le pèlerinage annuel à Bayreuth. Monter ce monument lyrique en dépit de la crise du spectacle qui sévit depuis quelques années est le couronnement de la collaboration de René Chauvet et de Georges Mauret-Lafage.

Pierre Monteux invite Raoul Jobin pour le concert de gala, organisé à la mémoire de Camille Saint-Saëns par la Société Sainte-Cécile, qui a lieu au Grand Théâtre, le lundi 14 janvier 1935. Mme Saint-Saëns, âgée de quatre-vingts ans, assistait à ce concert où était interprété, par Léoné Mortini et Raoul Jobin, *Les nuits persanes,* œuvre pour soli, chœurs et orchestre.

Quelques jours avant sa première apparition dans *Les contes d'Hoffmann,* Raoul Jobin a un moment de défaillance dû au surmenage des répétitions. Il a un trou de mémoire, il ne sait plus où il est, M. Streliski doit le faire reconduire à son domicile. Il se repose quelques jours avant de reprendre les répétitions et, le soir de la première, la critique remarque « sa forme excellente » : « M. Jobin, lit-on dans *La France,* apparaît pour la première fois dans le personnage romantique d'Hoffmann. Son organe aux sonorités claires, tour à tour doux et puissant avec un égal bonheur, se meut avec facilité dans une partition qui est loin de dépasser ses moyens. »

Puis c'est le concert, « Adieux de la Troupe », qui clôture la saison, le 16 avril 1935.

Le 20 février il avait signé un nouveau contrat : « Le contrat est renouvelé pour la saison lyrique 1935-1936, aux conditions mensuelles de 6 000 F pour six représentations, cachets supplémentaires à 800 F. Six mois de saison, mêmes clauses que le précédent contrat. M. Jobin pourra disposer d'un mois de congé, après le premier mois, à son gré, en prévenant la direction, un mois avant l'ouverture de la saison fixée au mercredi 16 octobre 1935. »

Peu de temps après, Jacques Rouché lui téléphone :

— Jobin, vous allez venir à l'Opéra durant l'été et, la saison prochaine, j'aimerais bien vous avoir avec nous.

— Je regrette, monsieur Rouché, mais j'ai déjà signé à Bordeaux pour la saison.

— Jobin, je vous avais dit de venir me revoir.

— Je croyais que c'était une façon délicate de me dire que vous n'aviez pas besoin de moi.

— Quoi qu'il en soit, je vous veux pour l'été et je vous propose de venir vous joindre à la troupe de l'Opéra qui se rendra à Florence, invitée par « Le Mai florentin ».

Sa première saison bordelaise terminée, Raoul Jobin part donc en Italie. C'est avec empressement qu'il a accepté l'offre de Jacques Rouché, dont la troupe représentera *Castor et Pollux*, opéra-ballet de Rameau. Le déplacement ne comprend pas moins de cent soixante-seize personnes (directeur, régisseurs, choristes, électriciens, accessoiristes, habilleuses, machinistes, danseurs, etc.) et vingt tonnes de décors et d'accessoires. La venue de la première troupe française à Florence est un événement.

Les habitués du Théâtre communal de Florence applaudissent les danseurs, Serge Lifar et Mlle Lorcia, au côté de Germaine Lubin, Germaine Hoerner, Yvonne Gall, Miguel Villabella, M. Rouard, Raoul Jobin, Claverie, sous la direction de Philippe Gaubert. L'accueil du public italien est enthousiaste : la critique fait l'éloge des décors et costumes de Dresa et de la mise en scène de Pierre Chéreau. En échange, l'Opéra de Paris accueille les artistes de Florence, en juin, avec *Norma* que dirige Vittorio Gui, et les chanteurs Gina Signa, Tancredi Passero, Gianna Federzini, et le *Requiem* de Verdi sous la baguette de Tullio Serafin.

Raoul Jobin conservera un souvenir ébloui de Florence : « A mon arrivée, je n'ai pas été emballé mais il a fallu peu de temps pour que je sois pris par la beauté de cette ville de la Renaissance. Tout dans ces lieux est beauté, art et poésie. Son charme lentement s'infiltre en vous par les yeux et prend votre âme. Tout cet ensemble concourt à vous attacher profondément et à vous faire désirer d'y passer votre vie et d'y mourir. »

Il se réinstalle à Paris pour la saison d'été, comme le désirait M. Rouché, qui lui fait promettre de ne pas signer un troisième contrat avec Bordeaux sans lui en parler. C'est au cours de cet été 1935 que Raoul Jobin chante *Faust* à l'Opéra pour la première fois, et, à la suite d'un accident de voiture de Georges Thill, *Roméo*. Il le remplace également dans le rôle de Nicias pour cinq représentations. Suivent cinq *Rigoletto*.

Il alternera ses spectacles à l'Opéra avec des invitations en province. C'est avec *Manon* qu'il débute au festival de Vichy, le 6 juillet, suivi de

Faust et *Cavalleria rusticana*. Puis il chante à Rouen, à Contrexéville, à Châtelguyon, à Nantes et à Amiens.

A l'automne, la famille Jobin s'installe 27, rue Chauffour à Bordeaux. Ils engagent une employée qui deviendra « la fidèle Louise ».

La seconde saison bordelaise n'accapare pas autant le jeune ténor. Il a une trentaine de représentations, cependant il est déjà très demandé par les autres grands théâtres de province. Il a signé un accord avec Carrié, directeur de l'Opéra de Lyon, pour douze représentations de huit opéras en février, qui est son mois de congé annuel.

De plus, l'excellente impression que Raoul Jobin a laissée l'année précédente dans *Faust* et *Rigoletto* à Toulouse lui vaut une invitation de Henry Combaux et Jean Cadayé pour la saison. Il aime ce Capitole de Toulouse, sa façade du xviiie siècle, son donjon médiéval et le quadrilatère de sa vaste place. Sanctuaire de l'art lyrique, on n'y jouait pas uniquement l'opéra mais aussi la tragédie : Talma, Mlle Georges, Mlle Mars y connurent le triomphe, et Franz Liszt y joua devant une salle en délire. Aujourd'hui, les plus grands chanteurs y sont invités et le public est l'un des plus exigeants du monde.

Après un *Roméo* au côté de Ritter Ciampi à l'Opéra, Raoul Jobin apparaît, le 18 décembre, au théâtre de Carcassonne dans *Carmen* avec Odette Renaudin et Chauny-Lasson, spectacle qu'il reprendra à Toulouse en janvier 1936. Puis on lui demande de remplacer au dernier moment l'interprète prévu de *Werther*, malade, pour les débuts de la Toulousaine Géori Boué dans le rôle de Charlotte. Il se liera d'amitié avec cette belle chanteuse et son mari Roger Bourdin. « Je n'étais pas très emballé, racontera-t-il, de remplacer un artiste adoré du public de Toulouse; je risquais les sifflets. Mais, déjà après l'annonce du changement par le régisseur qui avait mis "des gants blancs", j'ai senti que le public me serait favorable. Ils n'ont rien dit et quelques-uns ont même applaudi. C'est là-dessus que j'ai commencé ma représentation.

Le premier acte a bien marché. Au début du second, j'ai eu un trou de mémoire au début de l'air "J'aurais sur ma poitrine" et je m'en suis sorti en chantant des la-la-la-la durant une vingtaine de mesures. Tout en chantant, je me disais, ils vont me siffler, mais ce fut le contraire et il m'a fallu bisser. Ce fut ainsi jusqu'à la fin. Il m'a fallu bisser tous les airs et la représentation s'est terminée, "humblement triomphale". »

Il chante encore à Nantes, à Angers, à Tours, à Monte-Carlo le rôle d'Eumolpe dans *Perséphone* de Stravinski, le rôle-titre étant dansé par Ida Rubinstein, orchestre placé sous la direction de Freitas Branco. Il enregistre *Les amours du poète* de Robert Schumann à la radio ARCA de Bordeaux. Toutefois, c'est à l'Opéra de Lyon qu'il battra un des records de sa carrière en chantant successivement *Carmen*, *Faust*, *Roméo et Juliette*, *Werther*, *Tosca*, *La bohème*, *Manon* et *Les contes d'Hoffmann*.

Ce mois de février lyonnais restera inscrit dans sa mémoire : « Que de souvenirs amusants je garde de cette ville ! C'est là qu'on me servit les bonnes blagues traditionnelles de l'opéra. Pour la "première" qui était *Roméo*, mes costumes que j'avais expédiés de Bordeaux n'étaient pas arrivés. J'ai chanté avec des costumes pris dans la garde-robe du théâtre, costumes qui étaient trop justes pour moi et, de plus, au lieu de cinq costumes je n'en ai trouvé que deux. Il m'a fallu porter le même costume durant les quatre premiers actes. Au début de chaque acte, j'attendais une réflexion du public dans le genre "encore", mais ce fut au dernier que cela se produisit, cette fois, ce fut un "ENFIN" qui vint de la salle... Un peu plus tard je chantais *Manon*. Au début de l'émouvante scène de Saint-Sulpice, au moment des adieux du comte à son fils, le chevalier Des Grieux, au moment le plus pathétique et avant que j'aie eu le temps de dire mon texte qui est "Adieu mon père", j'entends du haut des balcons quelqu'un qui crie d'une voix flûtée : "Adieu papa !",.. Ne connaissant pas la tradition de l'opéra, il me fallut quelques secondes pour comprendre ce que cette voix venait de dire et c'est à grand-peine que je réussis à dominer le fou rire qui me gagnait pour attaquer le grand air qui suit... Quelques jours plus tard nous jouions *La bohème*. Au moment où Rodolphe demande à Marcel : "Quelle heure est-il ?", une voix traverse la salle et répond : "Cinq heures vingt", c'était en matinée... En soirée, la même voix répondait : "Onze heures vingt"... C'est à Lyon que j'ai appris les blagues de ce genre, elles n'ont rien de bien méchant. Par contre, d'autres ne peuvent être dites qu'en petit comité. »

Le Dr Pierre Jobin, de Québec, faisait alors un stage à Lyon. Il se lia d'amitié avec Raoul Jobin. Dans une lettre à son père il commenta le succès de son concitoyen :

J'ai vu hier soir un spectacle que je ne suis pas près d'oublier. Vous avais-je dit que Roméo Jobin devait venir chanter à l'Opéra de Lyon ? Je suis allé le chercher à la gare, car c'est son premier voyage à Lyon. Je lui avais d'ailleurs écrit à Bordeaux pour lui souhaiter la bienvenue dans notre ville, où le public a la réputation d'être un critique sévère pour les artistes. Nous dînons ensemble et nous allons nous habiller, lui en Roméo, moi en toxedo*. Les Dugal et moi avons reçu trois billets de parterre. Nous nous installons de bonne heure, très anxieux.

Le premier acte est beau pour le soprano qui réussit si bien que le public la bisse et lui lance des fleurs (voyez-vous ce public lyonnais, d'ordinaire si froid, se réchauffer à ce point — la salle est comble) mais le ténor n'a pas une belle partition, aussi Roméo chante-t-il doucement sans donner sa voix, se réservant pour plus tard. Dès son entrée en scène, je remarque avec plaisir qu'il est très à l'aise. Au second acte, au contraire, c'est lui qui a la

_____
* Smoking.

*belle partition. A la scène du balcon, il a tellement bien chanté « Ah !
lève-toi soleil » que le public frappait à tout rompre, non seulement des
mains mais des pieds et les « bravos » volaient de partout. Jusqu'à la fin, ce
fut un délire d'applaudissements.*

*Il chante avec facilité et sa voix a pris beaucoup d'ampleur. L'améliora-
tion de son jeu et de sa voix en font aujourd'hui un type sûr de lui, qui passe
facilement à travers de durs obstacles et avec brio. Pendant les entractes, je
suis allé le voir dans sa loge, il paraissait content du public et de lui-même.
Pour un début dans une ville, il vaut toujours mieux réussir et ne prêter le
flanc à aucune critique. Il a entièrement gagné le public qui ne cessait de
l'applaudir, de crier « encore »...*

*A la sortie des artistes, il y avait toute une foule qui attendait pour
l'acclamer, lui demander d'autographier un programme ou réclamer une
photo de Roméo. C'était la première fois qu'il voyait une telle démonstra-
tion d'enthousiasme à son égard. (2 février 1936.)*

Pour la saison 1935-1936, les plus grands artistes du chant, français et
étrangers, étaient invités sur la scène bordelaise qui comptait 36 soprani,
7 mezzo-soprani, 31 ténors, 10 basses, tous chanteurs de premier plan.
Parmi les « événements », on peut signaler la présence à Bordeaux de la
célèbre cantatrice italienne, vedette de la Scala de Milan, Rosetta
Pampanini, interprète, en italien, de Madame Butterfly au côté de
l'élégant Pinkerton de Raoul Jobin; la création en France de *Faublas*,
œuvre posthume de Camille Erlanger dans une orchestration de Paul
Bastide; Georges Thill et Yvonne Gall dans *Les maîtres chanteurs*;
Gwendoline d'Emmanuel Chabrier avec Marthe Nespoulos; *Fidelio* et
Don Giovanni avec la troupe de l'Opéra de Vienne; *L'enfant prodigue* de
Claude Debussy avec Raoul Jobin; la venue de l'Opéra russe de Paris sous
la direction de maître Cyrille Slaviansky d'Agreneff qui dirige *Khovant-
china* et *Boris Godounov*, avec Alexandre Mozjoukine dans le rôle-titre.

Avant l'expiration de son contrat à la mi-avril, Raoul Jobin reçoit une
lettre de Jacques Rouché :

Monsieur,
*Comme je vous l'ai dit, j'envisage de faire appel à votre concours la
saison prochaine. Je vous propose un engagement aux appointements de
cinq mille francs par mois (5 000 F) pour quatre représentations à partir de
la réouverture du Théâtre qui aura lieu sans doute le 1ᵉʳ novembre
prochain.*
Veuillez agréer, Monsieur, l'assurance de mes sentiments sincères.
Jacques Rouché, 21 mars 1936.
M. Raoul Jobin : ACCEPTÉ.

Le 6 avril 1936, on fête joyeusement son trentième anniversaire et son récent engagement à l'Opéra de Paris parmi « les premiers ténors » de la maison qui en compte une dizaine à cette époque.

Thérèse est heureuse à Bordeaux. L'air marin convient aux bronches de Roméo et à la santé des enfants. La vieille ville lui rappelle son Québec natal et les enfants l'accompagnent fréquemment dans ses longues promenades à travers les ruelles médiévales. Le dimanche, le jeune ténor entraîne sa famille vers le port de la Lune regarder les navires venus de tous les ports du monde et, plus loin, les bateaux où s'entassent les poissons et les crustacés les plus divers qu'elle retrouvera sur les marchés de la ville. Elle raconte aux enfants, comme dans un livre d'images, l'histoire de cette capitale de l'Aquitaine : la Grosse Cloche et le quartier Saint-Pierre rappellent la guerre de Cent Ans, le mariage d'Aliénor d'Aquitaine; le Grand Théâtre et la statue de Tourny racontent l'histoire des rois de France... Les Colonnes rostrales, le pont de pierre et le monument des Girondins disent l'époque révolutionnaire et romantique.

Une seule ombre au tableau : Thérèse est trop femme pour ne pas sentir que Roméo est distrait et souvent rêveur... Elle devine qu'un jeune soprano du théâtre y est pour quelque chose... Elle est intelligente, elle l'aime; elle comprend qu'un brillant ténor soit adulé et recherché. Mais elle préfère se taire...

Après deux années de vie bordelaise, Thérèse quitte cette ville accueillante à regret. Ils s'installeront, dès juin, à Paris, 54, rue Rennequin. Elle retrouve néanmoins avec bonheur l'animation de la vie parisienne et reprend le chemin de l'Opéra, des salles de concerts, des musées, et de tout ce qu'offre ce Paris des années trente. Une nouvelle vie commence.

Jusqu'à la rentrée de novembre à l'Opéra, le calendrier de Raoul Jobin est très chargé. Il a signé un contrat avec la direction du théâtre de La Rochelle, pour une série de représentations à Bayonne, à Angoulême, à La Rochelle, et pour les spectacles lyriques des foires de Marans et d'Agen. Il est de nouveau invité au festival de Vichy qui le sollicite pour quatre représentations d'opéra et deux grands concerts, *Le chant de la cloche* de Vincent d'Indy et le *Requiem* de Berlioz et la création de l'œuvre de Nangues, *Quo Vadis*. Il chante un *Faust* à Albi où la cathédrale fortifiée l'éblouit, un *Roméo* au Théâtre romain d'Arles; une *Bohème* à Knokke-sur-mer en Belgique, puis à Rouen, Toulouse, Nîmes, Nantes, etc.

Depuis le 29 juin, les spectacles de l'Opéra se donnent au théâtre Sarah-Bernhardt, le palais Garnier faisant l'objet de travaux importants qui se prolongeront jusqu'à l'hiver. Raoul Jobin est à l'affiche pour trois *Roméo*, un *Faust* que dirige Paul Paray et deux *Rigoletto*. Le 12 septembre, il succède à Georges Thill dans le rôle de Raoul de Nangis des *Huguenots* de Meyerbeer, au côté de Germaine Hoerner.

Parmi les nouvelles qu'il reçoit de ses amis de Québec, une coupure de presse l'informe de la création des « Festivals de Montréal ». Raoul Jobin se réjouit d'une telle initiative. Il y voit le départ d'une nouvelle vie musicale pour Montréal où les mélomanes sont nombreux : « Le 15 juin 1936, un auditoire distingué s'était rassemblé dans la chapelle du collège Saint-Laurent, pour entendre la *Passion selon saint Matthieu,* sous la direction du célèbre chef d'orchestre Wilfrid Pelletier. Les solistes étaient Rose Bampton et Nicolas Massue, et le chœur des Cathedral Singers était préparé par Alfred Whitehead.

Le 12 octobre 1936, Raoul Jobin reçoit dans sa loge du théâtre Sarah-Bernhardt l'Honorable Mackenzie King, durant l'entracte de *Roméo et Juliette.* A cause du récent incendie de l'Opéra, les spectacles se poursuivent plus longtemps que prévu au Sarah-Bernhardt où les membres de la délégation canadienne à la Société des Nations sont les invités du gouvernement français.

Depuis quelques années, les théâtres subventionnés sont l'objet des critiques de la presse. Pour éviter une fermeture plus longue que lors des grèves précédentes, le gouvernement du Front populaire annonce la nomination d'Edouard Bourdet, secondé par quatre metteurs en scène, Gaston Baty, Louis Jouvet, Charles Dullin et Jacques Copeau, à la direction de la Comédie-Française, en remplacement d'Émile Faure. A l'Opéra, Jacques Rouché est maintenu dans ses fonctions de directeur et se voit octroyer la direction de l'Opéra-Comique.

Ce décret devait influencer la carrière de Raoul Jobin.

VI

1er novembre 1936. Raoul Jobin, qui a trente ans, entre dans la troupe de l'Opéra de Paris comme « premier ténor » dans le rôle du duc de *Rigoletto* avec Vina Bovy et Solange Delmas, qui jouent alternativement Gilda, et José Beckmans et Louis Musy, qui interprètent Rigoletto, et son ami et protecteur de la première heure, Henri Busser.

L'Opéra affiche pour la saison *Lohengrin, Aïda, Hérodiade, Alceste, Fidelio, Samson, Marouf, La Traviata, La damnation de Faust, Boris Godounov, Les maîtres chanteurs, Ariane* de Massenet et *Ariane et Barbe-Bleue* de Paul Dukas. Le nom de Raoul Jobin voisine avec ceux de Georges Thill, José de Trevi, Georges Jouatte, Georges Noré, P.H. Vergnes, Rambaud, Friand, Rouard, Germaine Hoerner, Marthe Nespoulos, Germaine Lubin, Jane Laval, Marisa Ferrer, Albert Huberty, Arthur Endrèze, Martial Singher, José Beckmans, Vina Bovy, Vanni-Marcoux, Jeanne Montfort, Marcelle Denya, E. Schenneberg, André Pernet, André Baugé, Lily Djanel, Marjorie Lawrence, Fanny Heldy, Paul Cabanel, Pierre Froumenty, etc., et José Luccioni, dont l'ascension coïncide avec celle du ténor canadien.

Au début de sa saison 1936-1937, l'Opéra présente ses spectacles lyriques et chorégraphiques au théâtre Sarah-Bernhardt. Le 28 novembre, le théâtre des Champs-Élysées prend la relève avec *Les huguenots* de Meyerbeer où Raoul Jobin chante le rôle de Raoul de Nangis. Les travaux étant terminés, Jacques Rouché fixe la réouverture de l'Opéra au 21 février : c'est une soirée de gala présidée par Léon Blum, président du Conseil, entouré de ses ministres du Front populaire. Le programme est brillant : Germaine Lubin et Georges Thill dans le premier acte de *Lohengrin* et le second acte d'*Ariane*, et les danseurs Serge Lifar, Serge Peretti, Yvette Chauviré, Suzanne Lorca, dans des suites de danses sur de la musique de Chopin. Au pupitre alternent Philippe Gaubert, Paul Paray et François Ruhlmann. Raoul Jobin et tous ses camarades de l'Opéra sont heureux de réintégrer les murs de l'illustre Maison.

Depuis quelques mois, Raoul Jobin s'impose une nouvelle discipline de vie. Le pianiste répétiteur, Jean Morel, se rend tous les matins au domicile des Jobin. Ensemble ils travaillent les nouveaux rôles qu'il doit chanter au concert, à la radio ou à l'Opéra. De plus Mme d'Estainville ne lui ménage pas ses conseils, non plus qu'à Thérèse qui suit également les cours de mise en scène de Mme Abby Chéreau. Elle prépare activement un récital qu'elle doit donner en juin prochain, salle Pleyel.

Raoul Jobin est sollicité par Radio-Paris pour une série d'enregistrements. Il chante pour la première fois le rôle d'Ulysse dans *Pénélope* de Gabriel Fauré où il obtient un beau succès. Il enregistre *Naila* de Philippe Gaubert, *Titania* de Georges Hue, *La lépreuse* de Sylvio Lassari, *Tarass Boulba* de Samuel-Rousseau, *Komor* de A. Pirion, et *Benvenuto Cellini* que dirige Roger Desormières. Pour Radio-P.T.T., il chante dans *Boris Godounov,* que dirige D. Ingelbrecht, ainsi que dans un « festival Alfred Bruneau ». Il enregistre encore pour Radio-Tour Eiffel les deux couplets du « récit du Graal » de *Lohengrin.*

Étant sous contrat avec l'Opéra de Paris, il doit demander une autorisation avant d'accepter les offres de la province ou de l'étranger. C'est donc avec l'accord de Jacques Rouché qu'il participe à Montpellier au centenaire de la création de l'œuvre de Meyerbeer, *Les huguenots,* invité par Boucoiran, directeur de l'Opéra municipal. Puis ce sont deux *Carmen* à Genève, les 29 et 31 janvier 1937, au côté de Germaine Pape et Paul Cabanel, sous les auspices de « la Société romande de Spectacles du Grand Théâtre de Genève », et sous la direction d'Ernest Ansermet à la tête de l'orchestre de la Suisse romande. Les Genevois accueillent chaleureusement le ténor canadien comme le prouve cet article de *La Tribune de Genève* : « Raoul Jobin passe à bon droit pour une des plus belles voix de ténor à l'heure actuelle. A l'Opéra de Paris où il débuta en 1930, Raoul Jobin alterna sur l'affiche avec Georges Thill, à qui beaucoup de connaisseurs le préfèrent. Si nous n'avons jamais eu l'heur de l'entendre à Genève, sa réputation l'y a précédé, et c'est ce qui explique la rapidité avec laquelle se couvre la feuille de location pour les deux représentations. »

Le 6 février 1937, Raoul Jobin chante à l'Opéra de Paris le rôle de Prinzivale de l'œuvre d'Henry Février, *Monna-Vanna,* au côté de Marisa Ferrer et Vanni-Marcoux. Le public parisien l'accueille avec enthousiasme.

Quelques jours plus tard, il reçoit un mot d'Henry Février : *Je tiens à vous dire combien j'ai apprécié votre juvénile et sensible interprétation, combien je vous sais gré d'avoir traduit avec tant d'éloquence et de parfait sens scénique toute ma pensée. Je pense que ce rôle de Prinzivale vous portera bonheur et vous permettra de traduire naturellement toutes les hautes facilités vocales et dramatiques qui sont en vous. Bravo !*

Peu de temps après, le régisseur général de l'Opéra, Pierre Chéreau, le convoque : « Jobin, Thill ne se sent pas très bien — travaillez donc la partition d'*Ariane*. Vous avez huit jours pour apprendre le rôle de Thésée, musicalement et scéniquement. »

Le 3 mars 1937, Raoul Jobin chantait Thésée, rôle créé en 1906 par le célèbre Muratore et repris par Georges Thill en 1936; Paul Paray est à la direction d'orchestre. Raoul Jobin est entouré de Germaine Lubin, Marisa Ferrer, Martial Singher, les ballets étant dansés par Yvette Chauviré et Serge Lifar. Il reprendra le rôle aux mois de mai et d'août. Entre-temps, il chante Hoffmann avec la troupe de l'Opéra en Hollande, à La Haye et Rotterdam, spectacles que dirige Paul Paray.

Avec les beaux jours du mois de mai, les Jobin déménagent au 8, rue Lalo dans le XVIe arrondissement. Durant ce mois qui le retient à Paris, Raoul Jobin a enfin le loisir de mieux apprécier la vie de famille. Il a fait l'acquisition de sa première voiture, une 11 CV Citroën avec des « roues à rayures rouges » qui fascinent André, qui a trois ans. Les enfants font de fréquentes promenades au bois de Boulogne et ils sont fiers et heureux du temps que leur consacre un père si souvent absent. C'est durant ce mois de mai qu'il revoit à l'Opéra son compatriote du Metropolitan de New York, Wilfrid Pelletier, qui lui présente sa nouvelle épouse, le mezzo-soprano Rose Bampton, en route pour l'Italie, en voyage de noces.

Les saisons artistiques des villes thermales — Sète, Vichy, Aix-les-Bains, Contrexéville et autres, rendez-vous annuels de l'Europe couronnée et de la haute bourgeoisie — sont très fréquentées. La plus renommée est Vichy où, à la fin du siècle dernier, Napoléon III et l'impératrice Eugénie faisaient de fréquents séjours. La saison s'étend de juin à la mi-septembre au Grand Casino des Fleurs, au kiosque de l'hôpital et sur la terrasse du casino.

Aucune ville d'Europe ne présente un festival aussi prestigieux. Pour la saison 1937, René Chauvet invite Raoul Jobin pour *Faust, Carmen, Manon, Les pêcheurs de perles* et *La damnation de Faust,* en concert, que dirige Louis Fourestier. Ce sera la troisième saison consécutive de Raoul Jobin à Vichy.

Pour lui, l'événement de l'été sera une représentation des *Huguenots* au Théâtre antique de la Cité, à Carcassonne, le 11 juillet. Longtemps après la fin de sa carrière, Raoul Jobin racontera l'histoire de cette nuit d'été : « La représentation des *Huguenots* au Théâtre antique fut sensationnelle, du fait du cadre surtout... Mais ce qui a été amusant est la nuit qui a suivi. Nous ne pouvions pas nous changer et, au lieu de rentrer à l'hôtel, nous sommes allés directement au restaurant. A 3 heures du matin, nous étions dans les rues de Carcassonne en costume, chapeau à plume, épée au côté, grandes bottes, etc. Je crois que si les gens de la ville nous avaient vus à ce moment-là ils se seraient demandé s'ils rêvaient ou quoi ! Deux jours après je chantais *Faust* à l'Opéra et j'ai dû prendre froid à Carcassonne car avant de partir au théâtre la voix n'était pas très bonne et je suis allé voir le médecin qui m'a prescrit un traitement. »

Avant de partir retrouver les siens en vacances, Raoul Jobin chante, pour la première fois, le rôle entier de *Lohengrin,* le 29 septembre, au côté de Germaine Lubin et sous la direction de Philippe Gaubert. Avant de quitter Paris, il signe le renouvellement de son contrat pour une deuxième saison à l'Opéra comme premier ténor, et il accepte l'offre de Jacques Rouché de chanter aussi à l'Opéra-Comique, théâtre consacré au répertoire d'ouvrages de « demi-caractère ».

Jacques Rouché, qui cumule alors les fonctions de directeur de l'Opéra et de l'Opéra-Comique, est entouré d'Antoine Mariotte, Daniel Lazarus, Eugène Bigot, et des compositeurs Gustave Charpentier, Georges Auric, Arthur Honegger, Jacques Ibert, Charles Koechlin, Darius Milhaud et Max d'Ollone. Certains artistes de l'Opéra participent à la saison de l'Opéra-Comique tandis que d'autres sont liés davantage au théâtre. Le répertoire comprend une soixantaine d'ouvrages que se partagent les chefs d'orchestre Eugène Bigot, Albert Wolff, G. Gloez, Reynaldo Hahn, Roger Désormière, Henri Tomasi, Jean Morel et Max d'Ollone.

Raoul Jobin débute à l'Opéra-Comique le 6 novembre 1937 dans *Carmen,* au côté de Renée Gilly. Albert Wolff dirige l'orchestre.

Lors de la reprise de *Louise,* créé en 1900, Gustave Charpentier est à la tête de l'orchestre au premier et au troisième acte, alternant avec Eugène Bigot, le soir de la première. Raoul Jobin se liera d'amitié avec le compositeur. Il interprétera le rôle de Julien douze fois au cours de la saison et, tout au long de sa carrière, sur les deux continents. Durant cette première saison à l'Opéra-Comique, il chante, pour la première fois sur cette scène, *Werther* et le chevalier Des Grieux de *Manon,* tandis qu'on le voit dans *Faust* et *Rigoletto* à l'Opéra.

Au concert et à la radio, Raoul Jobin est toujours recherché. C'est à lui que fait appel Charles Munch pour un enregistrement du deuxième acte de *Pénélope,* le 4 novembre 1937, avec l'Orchestre national à Radio-Paris. Il est également invité pour les émissions publiques que dirige D. Ingelbrecht : *Le roi David* d'Arthur Honegger; deux concerts radiodiffusés de *Boris Godounov,* salle Gaveau; *Mille et Une Nuits* d'Arthur Honegger, *Les djinns* de Louis Vierne, salle Pleyel; *Œdipus Rex* que dirige l'auteur, Igor Stravinsky. Raoul Jobin gardera un contact amical avec ce dernier qu'il reverra fréquemment. Il sera le premier Canadien à chanter sous sa direction et à deux autres occasions, en Amérique, il interprétera cette œuvre.

Les jeunes musiciens canadiens, les prix d'Europe et les boursiers provinciaux, sont toujours nombreux dans les studios des professeurs parisiens. Pour l'année 1937-1938, Violette Delisle, soprano de Québec, et Madeleine Raymond, de Montréal, chanteuse de carrière et nièce de la célèbre Eva Gauthier, étudient chez Mme d'Estainville. La pianiste de Québec, Gaby Hudson, étudie chez Yves Nat sur les conseils de Jean-Marie Beaudet, professeur à l'École de musique de l'Université Laval; elle habite chez les Jobin depuis la rentrée. « Jobin, confiera-t-elle, était un travailleur. Il avait une volonté de fer. Il voulait arriver, et il est arrivé ! Il était très exigeant pour lui-même et pour les autres. A l'Opéra et à l'Opéra-Comique, il y avait les "thillistes" et les "jobinistes". J'y allais fréquemment avec Mme Jobin. »

Les Canadiens de passage à Paris vont applaudir Raoul Jobin à l'Opéra et ils sont fiers de son succès. Un soir, après une représentation de *Faust,* il reçoit, dans sa loge, la visite d'un vieux camarade du collège de La Pérade, en voyage de noces à Paris, son ami Horace Arcand qu'il croyait toujours célibataire.

Pour le public français, il sera un « ténor français ». Combien de fois les officiels canadiens n'ont-ils pas rectifié dans les journaux le qualificatif de « grand ténor français » en affirmant qu'il était « canadien » — confondant « style français », « école de chant français » et nationalité !

Depuis quelque temps, un Canadien parcourt l'Europe avec une caméra en bandoulière. L'abbé Maurice Proulx, pionnier du cinéma québécois, filme longuement l'Italie fasciste et la montée du nazisme en Allemagne. Il a ses entrées partout, aussi bien au Vatican, par les prêtres canadiens étudiant à Rome, que dans les couloirs de Mussolini. Il connaît la situation périlleuse de l'Europe et en discute longuement, rue Lalo, avec Jean Desy et Pierre Dupuy, de la légation canadienne, tous deux amis et admirateurs de Raoul Jobin. Tous déconseillent au ténor d'accepter l'offre de Barcelone pour mars 1938. La situation en Espagne se dégrade depuis 1936. En France, cependant, on ne veut pas croire à l'éventualité d'une guerre.

Après des hésitations, Raoul Jobin signe l'engagement avec les représentants du Patronato Artistico du gouvernement de la République espagnole, pour la saison 1938 du grand théâtre du Liceo de Barcelone. Il s'agit de trois représentations de *Manon* et trois de *Louise,* entre le 8 et le 17 mars. Mais, peu de temps auparavant, il reçoit une lettre de Louis Morok, secrétaire de l'Union des Artistes dramatiques, lyriques, cinématographiques...

Monsieur et Cher Camarade,
Certaines circonstances, tout à fait particulières, nous ayant permis d'apprendre que MM. Planas et Goyola, directeurs du PATRONATO ARTISTICO du gouvernement de la République espagnole, avaient signé un contrat avec vous pour des représentations d'Opéra-Comique à BARCELONE, nous avons tenu à prendre des renseignements sur les

possibilités qu'il y aurait pour nos adhérents à partir au mois de mars en Espagne.

Nous nous permettons de vous informer qu'il y a grand danger pour vous, dans les circonstances actuelles, de jouer à Barcelone. Estimant qu'il est de notre devoir de vous le rappeler, nous vous prions d'agréer, Monsieur et Cher Camarade, l'expression de nos sentiments les meilleurs.

Raoul Jobin et ses cinq camarades de l'Opéra-Comique quittent néanmoins Paris le 6 mars 1938. Seule Thérèse est angoissée. Pourtant, elle ignore ce qui se passe vraiment à Barcelone, centre de la résistance des républicains aux nationalistes de Franco. Ces jours de mars 1938 furent les plus difficiles de la guerre à Barcelone et la troupe française dut annuler le dernier spectacle de *Louise*. Aucun obus n'est tombé sur le théâtre quoique la ville fût considérablement endommagée et la population civile très touchée. Raoul Jobin précisera : « Lorsque les bombardements avaient lieu de nuit ou le soir, pendant une représentation, la première nouvelle que nous en avions était que l'électricité était coupée. L'obscurité complète dans le théâtre, sauf les lumières de secours. Le public restait dans l'édifice et nous en scène. L'orchestre attaquait alors à chaque fois l'hymne national catalan, puis l'hymne national espagnol, et finalement *La Marseillaise*. »

Il écrira plus tard : « Durant la période 1936-1939, j'ai chanté un peu partout en France, Belgique, Hollande, Suisse, etc., et c'est durant cette période que je suis allé à Barcelone. Nous avons eu quelques émotions durant ce séjour. Un soir que nous devions chanter *Faust* à la radio, il y a eu une alerte dès les premières mesures de l'ouverture. Elle a duré jusqu'à 3 heures du matin. Je crois que ce fut un des plus gros bombardements de Barcelone de toute la guerre. Nous avons été assez chanceux de ne pas être touchés, mais il s'en est fallu de peu, les bombardements avaient lieu d'une altitude de 15 ou 16 000 pieds, et le théâtre en face de celui où nous étions réfugiés a été complètement démoli. C'est une fraction de seconde qui nous a sauvés.

Barcelone fut conquis par Franco en 1939. C'est en Espagne que Mussolini et Hitler, armant les nationalistes de Franco, prouvèrent l'efficacité de leurs armes. Nous avons été tellement touchés par la détresse du peuple espagnol qui se réfugiait dans les couloirs du métro que nous avons sensibilisé nos camarades artistes au retour, et que nous avons fait parvenir à Barcelone un wagon entier de denrées alimentaires. Nous avons dû annuler la représentation de *Louise* prévue pour le 17 mars. Nous sommes tous rentrés sains et saufs. »

Le 8 avril 1938, ils sont tous là, rue Lalo, pour le trente-deuxième anniversaire du rescapé de Barcelone. Dans ce Paris de fêtes et d'amusements, on ne se soucie guère du drame vécu par les pays voisins. Et pourtant, l'orage gronde...

Raoul Jobin reprend ses spectacles à l'Opéra et à l'Opéra-Comique, un concert au grand amphithéâtre de la Sorbonne consacré à Hector Berlioz, *Benvenuto Cellini* et le *Carnaval romain,* ainsi que des enregistrements à Radio-Mondial. Jean Ysaye, du Bureau de Concerts Marcel de Valmalète, l'invite à donner cinq représentations lyriques françaises au mois d'août, à Rio. Il doit refuser cette tournée en Amérique du Sud, sa santé ne lui permettant pas d'envisager un tel déplacement. Il a besoin de vacances et, avec Thérèse, ils sont décidés à les prendre à Québec.

Thérèse et les enfants partent à la mi-juin, pensant retrouver Raoul en septembre. Mais il les rejoint plus tôt que prévu. A la suite d'une pneumonie, son état de santé ne s'améliorant pas, il demande un congé à Jacques Rouché. Il annule ses engagements pour le festival de Vichy, les représentations en province et le mois d'août à l'Opéra. Il retrouve Québec après quatre ans d'absence.

Un récital de Raoul Jobin, le 13 octobre au palais Montcalm ! La nouvelle s'est répandue dans Québec. C'est l'événement de la saison. Les billets s'arrachent.

« Québec est fière de Roméo Jobin ! titre *L'Action Catholique.* R. Jobin remporte un triomphe — enthousiasmés, ses auditeurs se lèvent et l'acclament. Québec est donc fière de son fils. Disons mieux : Québec est fière de ses fils car Jean-Marie Beaudet qui a contribué au succès de son grand ami partage son triomphe et nous le considérons encore comme un des nôtres. Nous le félicitons de sa nomination, que les journaux annoncent aujourd'hui même, au poste de directeur musical de la Société Radio-Canada. »

Dans la carrière de Raoul Jobin, les triomphes à Québec deviendront une habitude. Il était l'enfant du pays. Pour les Montréalais, c'était autre chose. Comment accueilleront-ils le ténor québécois dans *Carmen* que « Les Variétés lyriques » présenteront à leur public à l'occasion du centenaire de la naissance de Bizet ? Raoul Jobin n'a pas oublié l'année difficile qu'il a vécue avant son second départ pour Paris. Raoul et Thérèse se joignent à Anna Malenfant et à Lionel Daunais pour les répétitions qui se font sans accrochages. Après la première, la presse se montre favorable.

Raoul Jobin fera l'éloge de la production montréalaise de *Carmen,* à son retour à Paris, où il chante cette même œuvre à l'Opéra-Comique. Il consent, avant son départ, à donner un concert conjoint avec Thérèse et sa sœur Rachel, au palais Montcalm : « La salle était enthousiasmée, peut-être plus encore que le soir du premier concert de Jobin, il y a quelques semaines... Thérèse Drouin-Jobin possède également toutes les qualités qui sont l'apanage des grandes artistes. Elle sait tirer de sa voix une infinité de ressources qui lui font aborder l'opéra avec une grande aisance. Il faut signaler particulièrement le talent avec lequel elle accompagna son mari dans le duo du premier acte de *Carmen* et dans le duo Saint-Sulpice de *Manon* qui fut comme l'adieu vivant, déchirant peut-être, de ces deux beaux artistes qui vogueront ce soir vers l'Europe, vers Paris, vers d'autres études et sûrement vers d'autres triomphes. »

VII

16 décembre 1938, C'est soirée de gala à l'Opéra-Comique. Paris accueille Grace Moore, vedette de la scène et de l'écran, en même temps que l'une des premières cantatrices du Metropolitan. Elle va y interpréter *Louise,* de Gustave Charpentier, qu'elle vient de tourner à l'écran avec Georges Thill et André Pernet. Raoul Jobin chante le rôle de Julien. Grace Moore fera sa rentrée en janvier au Met dans ce rôle qu'elle veut roder à Paris. Raoul Jobin retrouvera sa nouvelle partenaire, dans les années à venir, pour des représentations de l'œuvre dans les deux Amériques.

La saison parisienne 1938-1939 à l'Opéra et à l'Opéra-Comique voit défiler les grands artistes de l'heure : Kirsten Flagstad, Bruno Walter, Wilhelm Furtwaengler, Hans Hotter, René Maison, ainsi que de grands artistes français dans les œuvres du répertoire courant, les reprises et les créations dont la plus importante de la saison est *La chartreuse de Parme,* d'Henri Sauguet avec Germaine Lubin et Raoul Jobin.

Depuis son retour du Canada, début novembre, on a pu voir Raoul Jobin à l'Opéra-Comique dans *Carmen, Werther, Manon, Tosca, Louise* et *Les contes d'Hoffmann.* Il est également à l'affiche dans *Carmen* pour les deux soirées de la saison les plus courues par les Parisiens et les provinciaux en vacances, le réveillon du 24 décembre et la soirée du 1er janvier.

Rue Lalo, la vie est au beau fixe et la maison est toujours le lieu d'accueil des Canadiens de passage. Ils savent que Thérèse et Raoul auront toujours un gîte et un couvert pour eux.

Malgré ses succès à Montréal et à Québec et les cours qu'elle continue de suivre chez Mme d'Estainville, Thérèse sait qu'elle ne fera jamais la carrière qu'elle pourrait rêver. Roméo s'y oppose. Il n'en a été question qu'une fois, à leur retour de Bordeaux, lorsqu'elle a manifesté le désir de retravailler sa voix. Raoul Jobin avait été ferme avec Mme d'Estainville : « Je veux que vous lui enseigniez comme à une professionnelle, mais je ne veux pas qu'elle fasse carrière. Quand je rentre à la maison, je ne veux pas que ma femme parte chanter à Toulouse ou à Marseille. » Il refuse qu'elle chante Mélisande à l'Opéra-Comique. Égoïstement, il accepte qu'elle étudie pour mieux le conseiller. Elle sera toujours un critique sévère pour Raoul Jobin qui, plus d'une fois, lui dira après le succès d'une soirée : « Tu as vu la salle enthousiaste et le succès de ce soir. Si tu me dis que j'ai mal chanté, c'est toi que je croirai. »

C'était sa récompense à elle. Son rôle est d'être toujours présente et de bien conseiller. Elle dira : « C'est rare que l'on puisse chanter ensemble — il y en a toujours un qui abdique pour le succès de l'autre. Mon mari, je lui ai toujours donné de bons conseils. Il a toujours eu une très grande confiance en mes jugements. Je n'ai jamais regretté d'avoir dû renoncer à ma carrière et c'est mon choix d'avoir refusé les postes d'enseignement que l'on m'a offerts par la suite. Toutefois, je n'ai jamais refusé un bon conseil à un chanteur. »

La saison 1938-1939 sera marquée par l'un des événements que Raoul Jobin jugera parmi les plus importants de sa longue carrière — la création à l'Opéra de *La chartreuse de Parme.*

« Fabrice est un rôle écrasant, écrit Raoul Jobin à un ami. Toute l'action repose sur moi. Je suis constamment en scène. Le livret conçu par M. Lunel en fait un opéra en quatre actes, onze tableaux et j'ai dix changements de costume. Nous avons travaillé la partition au piano durant cinq mois et depuis deux mois et demi nous travaillons la mise en scène avec M. Chéreau. En plus, j'ai mes spectacles à l'Opéra-Comique et des grands concerts à préparer. Il n'est pas besoin de te dire que l'étude d'une partition d'opéra ne se fait pas dans huit jours, pas plus qu'on ne peut apprendre une mélodie, si facile soit-elle, dans deux lectures. Il faut souvent plusieurs mois de piano pour apprendre un rôle et, lorsque le rôle est su, il faut deux et même trois mois de travail sur scène. »

Pour cette grande première parisienne, Jacques Rouché fait appel à Germaine Lubin pour le rôle de Gina, duchesse de Sanseverina, à Jacqueline Courtin, Arthur Endrèze et Albert Huberty. La direction musicale est confiée à Philippe Gaubert, les décors au peintre Jacques Dupont, et les danses sont réglées par Albert Aveline. La responsabilité de la mise en scène revient à Pierre Chéreau.

Pierre Chéreau est originaire de Nantes et c'est comme journaliste qu'il a débuté. Ses comptes rendus de l'affaire Dreyfus, en 1899, à Rennes, l'ont sorti de l'ombre. Attiré par le théâtre, il entre à l'Opéra-Comique en 1913, et Jacques Rouché l'engage à l'Opéra en 1921. Depuis, il a fait la création scénique de plus de vingt-cinq œuvres lyriques. Il a l'estime de tous, et Raoul Jobin est lié d'amitié avec ce grand professionnel de la scène depuis l'année de ses débuts en 1930. Cela fait plusieurs mois qu'il travaille sur la partition d'Henri Sauguet qui demeurera une œuvre maîtresse de la carrière du compositeur français.

Quelques semaines avant la présentation de son œuvre au public, Henri Sauguet déclarait au représentant du *Figaro :* « C'est en 1927, me trouvant à Monte-Carlo, où je faisais répéter mon ballet, *La chatte,* aux ballets de Serge Diaghilev, que, parlant avec Armand Lunel (qui est mon professeur de philosophie au lycée de Monaco) du projet que j'avais d'écrire un ouvrage lyrique sur l'époque préromantique, il me proposa de tirer un livret de *La chartreuse.* J'ai mis dix ans à composer la musique de cet ouvrage, qui unit la formule d'opéra à celle du drame lyrique... Commençant dans la fantaisie d'une époque gracieuse, aventureuse et frivole, elle se poursuit de plus en plus dramatiquement pour se terminer dans l'expression émouvante du renoncement de Fabrice à un amour impossible et au monde qui l'a trompé... Après avoir terminé l'ouvrage en 1937, j'ai demandé à M. Rouché de bien vouloir l'entendre. Il m'a fait alors l'honneur et la joie de le recevoir à l'Opéra. Il est entré en répétition il y a un an à peine : le voici maintenant sur le point d'être créé et, heureuse coïncidence, cent ans après la publication du roman... Enfin, M. Rouché m'a donné la joie d'appeler, pour la partie décorative extrêmement importante de l'œuvre, le peintre Jacques Dupont, dont le travail est si proche du mien que je n'en conçois pas la représentation sans sa collaboration. »

Puis c'est le soir de la grande première. Paris applaudit le ténor qui vient de fêter son trente-troisième anniversaire. Le lendemain, Darius Milhaud écrit dans *Ce Soir :* « Voilà de la musique qui vient du cœur, qui va à l'âme. Je connais peu, depuis *Pelléas* et *Pénélope,* d'œuvres lyriques de cette qualité. Un "souffle mélodique" ininterrompu nous entraîne du début à la fin... »

A l'Opéra, *La chartreuse de Parme* sera affichée pour sept représentations pour ensuite disparaître du répertoire régulier.

Parallèlement à ses représentations lyriques, Raoul Jobin est sollicité au concert par les plus grands chefs d'orchestre. Charles Munch l'invite pour un festival Fauré au tout nouveau théâtre du palais de Chaillot, dans des fragments de *Prométhée.* « La Société des Concerts », dont Charles Munch assume la direction depuis le début de la saison, y donne son premier concert. Il fait de nouveau appel à Raoul Jobin pour une œuvre de Desrez, *Retour du printemps,* et deux exécutions de la *Neuvième Symphonie* de Beethoven, dont la seconde clôture la saison, le 23 juin 1939, au palais de Chaillot. Paul Paray fait également appel au ténor canadien pour le *Requiem* de Verdi aux Concerts Colonne. Henri Rabaud le dirige dans le *Magnificat* de Bach, toujours chez Colonne.

Il est sollicité de partout et son « étoile » brille jusqu'à l'étranger. Il vient de signer, avec Louis Masson, ex-directeur de l'Opéra-Comique devenu impresario, un engagement pour la saison française des mois d'août et de septembre du Théâtre municipal de Rio de Janeiro. Et la Stats-radiofonien de Copenhague lui offre de chanter la partie de ténor solo des *Béatitudes* de César Franck, le 5 octobre. L'agenda de Raoul Jobin pour ce dernier mois de juin d'avant-guerre est :

9 juin — Opéra, *La chartreuse de Parme,* direction Louis Fourestier.

11 juin — Opéra-Comique, *Manon,* direction Eugène Bigot.

23 juin — Palais de Chaillot, *Neuvième Symphonie,* direction Charles Munch.

24 juin — Opéra-Comique, *Louise,* direction Gustave Gloez.

30 juin — Opéra-Comique, *Carmen,* direction Gustave Gloez.

Mais la situation internationale s'envenime de jour en jour.

Gaby Hudson et Henri Vallières sont en voyage de noces et Thérèse accueille avec une chaleureuse amitié les vieux amis de Québec. Elle leur offre d'habiter rue Lalo lorsque Roméo aura conduit les siens à Hossegor pour l'été, début juillet. Henri Vallières et Gaby Hudson en parleront plus tard : « Nous étions en voyage de noces à Paris et les Jobin nous ont offert d'habiter leur appartement en leur absence. Thérèse devait s'installer au bord de la mer avec les enfants jusqu'au retour de Raoul Jobin qui partait pour l'Amérique du Sud. A la fin du mois d'août, la légation canadienne nous a demandé de partir vers l'Angleterre — ce n'était plus sûr... Nous nous sommes retrouvés sur le dernier voyage de l'*Empress of Britain* avec Claire Pageau, sa sœur Thérèse préférant demeurer encore en Normandie... Le soir du départ de Southampton, le capitaine avait été informé que le *Lusitania* de la Cunard Line avait été coulé par les Allemands. Nous-mêmes en avons été informés seulement à notre arrivée à Québec, en même temps que de la déclaration de la guerre. Le voyage a été plus long que prévu, — les sous-marins allemands rôdaient, et le capitaine a réussi à éviter le pire en "zigzaguant" sur son itinéraire habituel... »

Début juillet, tout est prêt pour les deux grands départs vers le Sud. Tous prennent place à bord de la Citroën. On file tôt le matin vers le soleil de la côte Atlantique, heureux de revoir les amis de Peyrestortes à quelques kilomètres d'Hossegor. Roméo remplit ses poumons d'air marin.

Il retrouve ses camarades de l'Opéra-Comique sur le vieux port de Marseille. Le *Mendoza,* courrier d'Amérique du Sud des Transports Maritimes, lève l'ancre le lendemain après-midi. Il a à son bord deux sortes de personnalités chargées de la propagande française à l'étranger : une mission scientifique et une mission artistique.

La mission scientifique, qui se rend à l'université de Rio pour une série de conférences, compte dans ses rangs les Prs Poirier, Gilbert et Oubradous. La troupe lyrique engagée par Louis Masson comprend : le chef d'orchestre Eugen Szenkar, Mmes Margit Bokor, Jeanne Mattio, Renée Mazella, Solange Petit-Reneaux, Jeanne Manceau, Stella Roman, Mlles Marthe Angelici et Janine Micheau, MM. Raoul Jobin, René

66

Talba, Francis Lenzi, Paul Cabanel, Lucien Marzo, René Herent et Charles Paul; le chef d'orchestre Jean Morel, aux États-Unis avec sa jeune femme américaine, les rejoindra à Rio, fin juillet. Le 14 juillet, le *Mendoza* fait escale à Dakar. Le 23 juillet, tard dans la soirée, c'est la baie illuminée de Rio qui s'offre à leurs yeux. Le lendemain, ils s'installent à l'hôtel Central.

Le Théâtre municipal de Rio de Janeiro, construit depuis 1909, a la forme extérieure « en miniature » de l'Opéra de Paris. L'intérieur du théâtre compte parmi les plus luxueux du monde; les marbres italiens et belges, les onyx, les bois rares, les bronzes et les candélabres dorés, les sculptures et les peintures, les parquets de marqueterie et les meubles Louis XV du foyer, les loges et salons privés, les fauteuils du parterre et les chaises des loges recouverts de velours, le rideau de scène, tout témoigne de la splendeur de ce théâtre, qui a vu les grands bals du Carnaval de Rio, dont l'acoustique est parfaite et qui peut contenir deux mille personnes.

La saison 1939 programme des ballets, des concerts et des récitals, des œuvres lyriques en italien, dont *Rezurrezione* de Franco Alfano, d'après Tolstoï, une œuvre du compositeur brésilien Carlos Gomes, *Fosca*, et les œuvres du répertoire français : *Carmen, Les contes d'Hoffmann, Faust, Lakmé, Louise, Thaïs* et *Werther*. Les répétitions s'enchaînent rapidement avec Jean Berger pour le répertoire français et les régies scéniques d'Otto Erhardt, Carlos Marchese et Charles Karl. L'humidité du climat sud-tropical est lourd pour les Parisiens, et Raoul Jobin lutte contre une infection à la gorge.

Il fera néanmoins la première de *Werther*, le 8 août, au côté de Jeanne Manceau, et sous la direction de Louis Masson. Sa santé ne s'améliorant pas, il doit se faire remplacer par le ténor Frederick Jagel pour la représentation de *Faust*. Le 24 août, en pleine possession de sa voix, il ravit le public et la critique dans *Louise* au côté de Solange Petit-Renaux. Le 1er septembre, c'est la première des *Contes d'Hoffmann* dans une mise en scène de Otto Erhardt. Raoul Jobin racontera : « A la demande du metteur en scène, je devais changer de costume et de maquillage entre la scène de la Taverne (la première scène) et l'acte de la Poupée — sans qu'il y ait d'entracte. J'avais donc très peu de temps et le régisseur devait me prévenir avant le lever du rideau. Après la première scène, je cours à ma loge et me change rapidement. J'étais prêt depuis déjà deux minutes lorsque j'entends crier : "Jobin, en scène"... Sans me presser, sachant que j'avais le temps, je quitte ma loge et j'entends de nouveau : "Jobin, en scène"... J'arrive sur le plateau et je n'entends pas l'orchestre. Surpris, je demande alors très fort : "Qu'attendez-vous pour commencer ? Ce n'était pas la peine de crier après moi si vous n'êtes pas prêt." Personne ne répond mais on me fait signe d'entrer en scène, c'est-à-dire dans le décor.

Je me rends compte alors qu'on a oublié de me prévenir que le rideau est levé, qu'on attend mon entrée. J'entre donc par la première porte qui se présente et j'aperçois le chef d'orchestre Jean Morel, le bras levé, les violons soutenant toujours la même note — chose heureusement possible à cet endroit. Jusque-là tout va assez bien, mais c'est le texte que j'avais à dire qui a tout gâché. Après m'être fait attendre deux minutes, je dis : « Je viens trop tôt peut-être ? » C'est un fou rire général : le chef est écroulé sur son pupitre, les musiciens ne peuvent plus jouer tant ils rient et les artistes sur la scène en font autant... Il fallut quelques minutes pour que le calme revienne et me permette d'enchaîner. »

Ils sont dans un restaurant brésilien de Copacabana, après ce spectacle du 1er septembre 1939, lorsqu'on leur apprend que les troupes allemandes ont envahi la Pologne. Raoul Jobin envoie d'urgence un télégramme à Thérèse à Hossegor : « Prends tes dispositions pour rentrer au Canada ! »

Thérèse se rend d'abord à Bayonne, où elle séjourne deux ou trois jours, à la recherche d'un bateau ou un avion pour l'Amérique. On lui conseille de prendre un bateau pour l'Espagne ou le Portugal. Le consulat portugais lui demande de revenir dans quelques jours. Elle retourne à Hossegor, où elle reçoit un télégramme de Rio l'informant qu'une agence a des places pour elle sur un avion portugais. Elle décide donc de se rendre au Portugal avec les enfants, mais elle ne veut pas quitter la France sans retourner à Paris où elle a laissé des documents officiels, les vêtements d'automne et d'hiver, la musique et des souvenirs personnels.

A Paris, elle ne reconnaît plus la Ville lumière. Tout est sombre : personne dans les rues le soir. Elle fait ses valises, récupère le maximum d'effets personnels et retire à la banque l'argent indispensable pour les mois à venir. Elle se rend à la légation du Canada, rue François-Ier, où leur ami Jean Désy lui dit : « Vous ne partirez pas en avion — on ne sait pas ce qui peut se passer. Donnez-moi quelques jours et je vous trouve une place sur un bateau. Ne dites rien à Roméo. Quand tout sera prêt, je lui télégraphierai. »

Quelques jours plus tard, il lui téléphone : « Thérèse, j'ai des places pour vous et vos enfants à bord d'un bateau américain, le *Shawnee,* qui partira de Bordeaux. Les Allemands n'ont aucun intérêt à couler un bateau américain. Vous voyagerez sous pavillon américain et vous serez en sécurité. J'ai acheté les places. »

Après dix jours de voyage angoissant et de mauvaise mer, ils arrivent à New York. Thérèse ignore que Jean Désy a envoyé un télégramme à Roméo, à Rio de Janeiro, lui donnant rendez-vous dans un hôtel de New York. Elle prend le premier train en partance pour Québec, et c'est en larmes qu'elle retrouve sa famille.

Pendant ce temps, la saison lyrique se poursuit au Théâtre municipal de Rio. Le 12 septembre, la saison d'opéras français se termine par *Les contes d'Hoffmann.* Surpris par la guerre, quelques artistes décident de prolonger leur séjour en Amérique du Sud. Jean Morel et Raoul Jobin font route ensemble vers New York à bord d'un avion qui n'en finit plus d'arriver.

Désespéré de ne pas retrouver Thérèse et les enfants à l'hôtel, comme prévu, il se rend à tout hasard au Metropolitan dans l'espoir de rencontrer son compatriote, Wilfrid Pelletier. Ce dernier travaille avec un jeune chanteur, dans son studio. C'est avec la plus chaleureuse sympathie qu'il accueille le ténor québécois. Mieux que quiconque, Wilfrid Pelletier peut comprendre l'angoisse et le désespoir de Raoul Jobin qui se retrouve sans travail après avoir connu les plus grands espoirs. Tout est à recommencer. En dépit de l'heure, 10 heures du matin, il propose au jeune ténor de le présenter aux directeurs qui seront sûrement heureux d'entendre le compatriote dont il leur a fait les plus grands éloges.

Edward Johnson et E. Ziegler répondent à l'invitation de Wilfrid Pelletier et se rendent immédiatement à son studio. On parle de Paris, de la saison de Rio de Janeiro, de New York, de la guerre : c'est un Raoul Jobin fatigué du voyage, inquiet sur le sort de sa famille et privé de tous ses moyens qu'ils entendent. Dans de telles conditions, l'impression ne peut être favorable. Wilfrid Pelletier l'excusera : « Vraisemblablement, il était un peu nerveux... et peut-être le studio était-il trop petit pour sa voix... »

Wilfrid Pelletier conseille à Raoul Jobin de téléphoner à Québec : Thérèse y est peut-être déjà ? puis de se remettre des angoisses qu'il vient de vivre et des fatigues du voyage. Il lui organisera une audition en bonne et due forme — dans la grande salle — ce à quoi Raoul Jobin se refuse énergiquement. Il a passé le temps des auditions : il est « premier ténor » à l'Opéra de Paris et personne en Europe ou en Amérique du Sud ne demande à l'entendre avant de lui offrir les plus beaux contrats. Wilfrid Pelletier sourit et se dit qu'il trouvera bien un moyen de l'aider malgré lui : « Tu as raison, lui dit-il, tu ne peux auditionner au point où tu en es dans la carrière. Tu vas chanter à mon programme — "Metropolitan Auditions of the Air". Je te ferai signe dès que j'aurai une date — le plus tôt possible. En attendant, retrouve tes esprits et ta famille. »

C'est bien à Québec que Raoul Jobin retrouve les siens. Ils sont désespérés, les possibilités de travail n'étant pas meilleures qu'en 1928 ou 1934. Que leur réserve l'avenir ? Les parents et les amis les encouragent. Thérèse se remet lentement des émotions qu'elle vient de vivre. C'est la joie au cœur qu'elle reçoit, mi-octobre, une première lettre de Mme d'Estainville qui la rassure sur les conséquences de son départ précipité :

> *Bien chère Thérèse,*
> *Bien reçu votre émouvante petite lettre, puis votre carte avant votre départ, et depuis ce moment, nous sommes constamment en pensée avec*

vous. Nous espérons que vous avez le même ciel bleu que nous et nous attendons avec impatience votre télégramme de New York... Nous pensons aussi à votre cher mari. Il s'est sûrement embarqué pour vous rejoindre. Notre joie sera grande lorsque nous vous saurons réunis !

Le courrier est lent mais les lettres de Paris arrivent régulièrement. Les amis français semblent croire que cette guerre sera l'affaire de quelques mois, le ton de leurs lettres est optimiste. Ils ont sans doute raison et les Jobin se prennent à espérer un prochain retour en France. En attendant, ils se remettent à travailler : leur ami l'abbé Gravel, vicaire à Saint-Roch, organise un récital conjoint pour le 11 décembre, au palais Montcalm. Les places se vendent rapidement mais une déception attend ce public fervent le soir du concert : Raoul Jobin est malade et ne peut quitter la chambre. Thérèse assume donc seule le programme de la soirée; son courage est salué par la presse qui ne manque pas de rappeler ses succès à Pleyel, en juin 1937, où elle était jugée par la critique « comme une artiste de grand avenir », et en mars 1938, où elle obtenait le même succès salle Gaveau.

De son côté, Jean-Marie Beaudet, directeur musical de Radio-Canada, invite son vieil ami Raoul Jobin à chanter *L'enfance du Christ* de Berlioz à Montréal, le 19 décembre. Il accepte. Entre-temps, Wilfrid Pelletier lui demande de participer à son programme, « Metropolitan Auditions of the Air », le 31 décembre. Il accepte également.

Depuis 1934, Raoul Jobin et sa famille n'ont pas vécu le vrai Noël québécois. Ils renouent de grand cœur avec les festivités traditionnelles : la messe de minuit à Saint-Sauveur où on le regarde maintenant comme un grand personnage, suivie du réveillon.

Le 27 décembre au matin, Raoul Jobin se présente au studio privé de Wilfrid Pelletier à New York. Ils ont quatre jours pour préparer le programme du dimanche : l'« Air de Jean », d'*Hérodiade* de Massenet, une mélodie de Reynaldo Hahn, *Si mes vers avaient des ailes,* et le duo de *Werther*, « Ciel, ai-je compris », avec Marcella Uhl de Louisville (Kentucky).

Devant le nombre croissant des candidats à travers les États-Unis qui ambitionnent de chanter un jour au Metropolitan, Wilfrid Pelletier, responsable des auditions, a trouvé une formule qui, de plus, informe le public sur la qualité et la quantité des chanteurs nord-américains. En accord avec la « National Broadcasting Company » et « Sherwin William Paints Co. », commanditaire pour une série de treize émissions, il lance un concours ouvert à tous. Il auditionne une quinzaine de chanteurs par semaine pour une première éliminatoire : deux seulement sont choisis par émission. A la fin de la série, le grand vainqueur reçoit une bourse du commanditaire et un contrat d'un an avec le Metropolitan. Le programme de Wilfrid Pelletier a une audience qui s'étend dans toute l'Amérique du Nord.

Ce dimanche, Thérèse écoute l'émission chez ses parents, à Québec. Après le thème de l'émission, l'ouverture de *Tannhäuser,* le maître de cérémonie, Milton Cross, présente l'invité d'honneur, Mack Harrell, gagnant du dernier concours, suivi des deux candidats du jour. Nerveuse, Thérèse constate avec plaisir que Roméo est en pleine possession de ses moyens et espère qu'il sera choisi pour les demi-finales. Rassurée, c'est avec joie qu'elle reconnaît la voix de son mari au téléphone, en début de soirée : « Attends, dit-il, quelqu'un veut te parler. » C'est Wilfrid Pelletier qui lui annonce que Raoul Jobin vient de signer un contrat avec le « Met » et qu'il débutera le 19 février prochain au côté de Grace Moore dans *Manon.* Il a été jugé « hors concours ». Edward Johnson, directeur du Metropolitan, a confié à Wilfrid Pelletier : « Est-ce bien là le même ténor que vous nous avez présenté fin septembre dernier ? Il a du métier, une carrière. Ce ne serait pas juste pour les autres de le laisser concourir. Nous l'engageons immédiatement. »

Le 10 janvier 1940, Québec fait une ovation sans précédent à son ténor et son épouse, au palais Montcalm, à l'occasion du « concert d'adieu » qui se termine par l'air de *Manon.* Il y aura dix rappels. L'enthousiasme est délirant, du jamais vu. « Ah ! fuyez douce image. »

DEUXIÈME PARTIE

VIII

19 février 1940. Raoul Jobin débute au Metropolitan dans le rôle de Des Grieux au côté de Grace Moore; Wilfrid Pelletier est au pupitre. Il est à un tournant de sa carrière : les années qui suivront le verront s'imposer parmi les ténors italiens, allemands et américains.

Si pour le ténor Raoul Jobin un début réussi à New York est d'une importance capitale, pour le fils Roméo Jobin la présence de ses parents et de Thérèse dans la loge d'Edward Johnson lui procure une joie sans pareille. Pour la première fois ils le voient sur scène ! Le tavernier Raoul Jobin de la basse ville de Québec n'en croit pas ses yeux ! A trente-quatre ans, leur Roméo chante à New York : pour eux c'est la gloire !

Avant de quitter Québec, le ténor avait confié : « Je savais que tôt ou tard j'aurais à édifier ma carrière de chanteur sur ce continent. Ce moment est peut-être arrivé et je suis aussi impatient de ce début que j'étais avide, il y a dix ans, d'inaugurer ma carrière entière alors que c'était le début d'un jeune chanteur qui venait de trouver sa voie. Mais aujourd'hui on exigera de moi infiniment plus. »

Début février, Raoul Jobin s'installe à l'hôtel Ansonia à New York et travaille tous les jours la mise en scène avec Désiré Defrère. De son côté, Wilfrid Pelletier le reçoit régulièrement dans son studio.

Les Canadiens qui veulent se faire un nom dans le domaine artistique à New York sont nombreux, notamment les peintres et les musiciens. En moins d'un mois, il sera le deuxième Canadien à débuter au Met, après Jean Dickenson, soprano colorature de Montréal. De son côté, le pianiste André Mathieu fait des débuts remarqués au Town Hall où, quelques mois plus tôt, le violoniste Arthur Le Blanc jouait en récital pour la plus grande joie des New-Yorkais. Raoul Jobin sera entouré de deux chanteurs qu'il connaît depuis Paris : Grace Moore et John Brownlee.

Le public des abonnements de gala accueille avec chaleur le jeune ténor. Après les applaudissements nourris qui suivent l'air « Ah ! fuyez douce image », Raoul Jobin le reprend. La presse new-yorkaise souligne le fait qu'elle qualifie d'« amateurisme ». Raoul Jobin devra se plier à d'autres traditions et exigences. Il comprendra qu'il ne doit pas toujours se soumettre aux désirs du public. La presse lui est néanmoins favorable.

« La première apparition de Jobin n'a pas eu les tâtonnements et les caractéristiques d'un début et il a fait preuve d'autant de confiance en lui que de métier. Sa voix est claironnante. » (*New York Post*) « Un nouveau ténor, Raoul Jobin, a fait ses débuts dans l'opéra de Massenet, *Manon*, au Metropolitan Opera. Il a été bien accueilli à cause de sa voix excellente et de son habileté scénique... Son débit de « Ah ! Fuyez douce image » fut particulièrement impressionnant et chanté dans le ton original, coutume qui n'était pas ordinairement observée ces derniers temps au Metropolitan. Le nouveau ténor était bien dans le ton de l'opéra et ses prochaines apparitions devront être surveillées. Sa voix n'est pas très douce, reposant plus sur son intensité que sur sa pureté naturelle. Son registre est très étendu... » (R.L., *New York Herald Tribune*)

Avant de quitter New York pour retrouver les siens à Québec, Raoul Jobin participe à un « Sunday Night concert » au Metropolitan au côté de chanteurs qui deviendront ses amis, Leonard Warren et Bidu Sayao. Après ce premier mois dans la métropole américaine, il retrouve Thérèse, sa mère et son frère Alfred qui l'attendent avec des admirateurs et des journalistes à la gare du Palais. Il fait part à Thérèse d'une invitation personnelle d'Igor Stravinsky qui le réclame pour *Œdipus Rex*, qu'il dirigera à Boston fin mars. C'est la seconde fois qu'il reprendra cette œuvre sous la direction du compositeur. Puis il discute des critiques new-yorkaises avec Thérèse qui en fait part à Mme d'Estainville. Peu de temps après, ils lisent les commentaires de leur professeur de chant :

Vous voyez, cher ami, qu'on vous reproche de pousser et de durcir vos notes du haut, ce que je vous ai dit si souvent. Vous les attaquez en dessous au lieu de les prendre par-dessus. Les vibrations ne portent plus assez loin et la voix se durcit tandis que par-dessus les vibrations restent souples et vibrent jusqu'au bout du son. De plus, en enflant le son, vous ne pouvez durcir. Prenez le son à demi-forte, et tout ce que vous donnez de souffle augmente la puissance et les vibrations. Vos notes du haut gagneront 90 % et seront « inégalables »...

Ainsi, vous allez revoir Stravinsky ? Il va être ravi de retrouver son interprète. Sa fille m'écrit qu'il vient de se remarier. Elle me dit qu'il va rester en Amérique jusqu'à la fin de la guerre.

Un ami est allé entendre Luccioni dans Werther. *Épatant, paraît-il, faisant maintenant des demi-teintes, des douceurs, ne « gueulant » plus et ne s'enrouant plus à la fin; il était emballé ! Mobilisé en Corse, il a dû retravailler et comprendre que les « piano » portent autant que les « forte ». C'est un vrai chanteur à présent, bien supérieur à Thill, a-t-il ajouté, ce dernier du reste ne se remonte plus.*

Dites tous mes bons souvenirs à Stravinsky. Je suis en correspondance suivie avec sa fille. Au revoir mon cher Jobin.

A son retour à Québec, Raoul Jobin chante, le 20 mars, l'oratorio de Beethoven, *Le Christ au mont des Oliviers*, à l'église des Saints-Martyrs canadiens, au côté de Violette Delisle, avec la participation de la chorale du Belvédère que dirige Maurice Montgrain, le jeune maître de chapelle de la paroisse, en présence du Premier Ministre de la province et du maire de Québec. Il accepte l'invitation de son cher ami de Paris, l'abbé Léon Destroismaisons, pour un récital conjoint avec Thérèse, le 23 mai, dans la salle du collège classique de Sainte-Anne-de-La-Pocatière.

Il est invité par Wilfrid Pelletier pour le concert final des « Auditions of the Air », à l'auditorium de Cleveland, le 25 mars. De là, il se rend à Boston où il retrouve Stravinsky, qui dirige le Boston Symphony Orchestra dans *Œdipus Rex,* et son ballet, *Apollon Musagète.* Le premier concert a lieu au Sanders Theatre de l'université Harvard à Cambridge et les deux autres au Symphony Hall de Boston.

Le 8 avril, jour de ses trente-cinq ans, lui parvient une lettre de Wilfrid Pelletier confirmant sa participation aux Festivals de Montréal pour *Pelléas et Mélisande* et la *Neuvième Symphonie.* Par le même courrier, son ami, la basse Gustave Dutoit, l'informe que certains artistes de l'Opéra sont en tournée pour *Faust* et *Carmen* à Bucarest et que le Ballet a fait des représentations à Bordeaux.

Il travaille la partition de *Pelléas* qu'il affectionne tout particulièrement. Ce sera la première fois qu'il interprétera le rôle et ce sera aussi la première du chef-d'œuvre de Debussy au Canada. La société des Festivals de Montréal, dont l'âme est Mme Athanase David, et Wilfrid Pelletier lui prouvent là leur confiance. Cette première canadienne sera une des plus grandes joies de sa carrière.

Mais les nouvelles d'Europe sont de plus en plus inquiétantes... Ils songent aux amis qu'ils ont laissés là-bas; ils vivent leur angoisse. La Hollande et la Belgique ont été bombardées et l'armée allemande se rapproche de la France. Le seul espoir est la résistance sur la ligne Maginot, espoir rapidement déçu.

Le 14 juin 1940, c'est la consternation générale à l'annonce de l'occupation de Paris par les Allemands. Au His Majesty's avant le lever du rideau, une salle émue chante les hymnes nationaux, *Canada, God Save The King* et *La Marseillaise.* L'émotion est à son comble lorsque le rideau se lève et que les premiers accords dévoilent une Mélisande en pleurs au bord d'une fontaine.

La distribution « historique » comprend : Marcelle Denya (Mélisande), Raoul Jobin (Pelléas), Mack Harrell (Golaud), Léon Rothier (Arkel), Lydia Summers (Geneviève), Lillian Raymondi (Yniold), Norman Cordon (un médecin). Les décors sont de Cecil West, la mise en scène de Désiré Defrère; le chef d'orchestre est Wilfrid Pelletier assisté de Pauline

Donalda pour le chœur. Le public fait un accueil sans pareil à l'œuvre et la presse montréalaise, francophone et anglophone, est enthousiaste :

« *Pelléas et Mélisande* représente pour nous l'esprit même de la musique française dans ce qu'elle a de plus clair, de plus lumineux et de plus fin... Et comment empêcher que l'esprit, que les souvenirs, en écoutant *Pelléas*, ne se portent pas de l'autre côté des mers, vers le pays de "Claude de France", où se joue un drame épouvantable ?... Il fallait assurément du cran pour monter *Pelléas et Mélisande* à Montréal en aussi peu de temps. Il en fallait également pour présenter une telle œuvre à un public en somme peu préparé à l'entendre. Mais n'est-il pas heureux que les directeurs du Festival de Montréal aient plus d'audace que de ressources financières ? Nous avons su qu'ils ne reculent devant aucune entreprise chanceuse et même téméraire pourvu qu'elle serve les intérêts les plus élevés de l'art. Connaissant l'extrême difficulté de cette partition, quelques-uns parmi nous redoutaient cette représentation de *Pelléas*... A l'exception de Léon Rothier, qui chantait le rôle du sage et bienveillant roi Arkel, tous les artistes de la distribution faisaient leur début dans *Pelléas*. Raoul Jobin, Pelléas ardent et passionné, a exulté de lyrisme dans le duo du quatrième acte, qui est l'une des scènes capitales de l'œuvre... Debussy a conquis bien des cœurs ce soir-là, et pour toutes sortes de raisons, cette représentation de *Pelléas* demeurera inoubliable. » (Léo-Pol Morin.)

Cette première canadienne de *Pelléas et Mélisande* demeurera parmi les grands moments de la carrière de Raoul Jobin. A la fin du spectacle, l'Honorable Athanase David lui déclare : « Mon cher Jobin, je réalise aujourd'hui plus que jamais que c'est à vous que j'aurais dû accorder la bourse il y a dix ans... C'est vous qui faites carrière et non le candidat à qui nous l'avons donnée ! Nous sommes fiers de vous, de vos succès, de l'honneur qui rejaillit sur notre peuple ! »

C'est seulement maintenant que Montréal le reconnaît, après Paris, Genève, Bordeaux, Barcelone, Rio de Janeiro et New York. Il croit plus que jamais en sa bonne étoile. Les témoignages de ce *Pelléas* inoubliable sont nombreux et le touchent au fond du cœur. Encore aujourd'hui, les étudiants de 1940, qui avaient trouvé place au « deuxième balcon », parlent avec émotion du *Pelléas* de Raoul Jobin.

La cinquième saison des Festivals de Montréal, fondés en 1936, affichait pour la première fois une œuvre lyrique. La programmation comprenait en plus : *la Passion selon saint Matthieu,* en anglais, *la Messe en ré, Missa Solemnis* de Beethoven, et sa *Neuvième Symphonie.* Depuis la fondation des Festivals de Montréal, Wilfrid Pelletier reprenait chaque année l'œuvre de Bach avec l'orchestre des Concerts symphoniques.

De retour à Québec, Raoul Jobin et les amis de la France écoutent à la radio l'Appel du général de Gaulle. Ils ne cachent pas leur émotion et Raoul Jobin affirme qu'« il défendra le répertoire lyrique français en

Amérique tant que la guerre durera, en reconnaissance de tout ce qu'il doit à la France ». Il tiendra parole.

Il installe Thérèse et les enfants au lac Saint-Joseph, près de Québec, pour l'été, en attendant de trouver un appartement à New York pour septembre. Il chante à cinq reprises au Zoo Opera de Cincinnati pour la « Summer Opera Association » et un concert au Chalet de la Montagne à Montréal. A New York, il signe un contrat avec le « Metropolitan Opera Association », pour un montant de 200 dollars par semaine, du 2 décembre au 26 janvier 1941. Il obtient son permis de travail et sa carte de séjour comme résident des États-Unis. Il trouve un appartement meublé au 50 Central Park West. Il prend comme imprésario pour cinq ans Michael Da Pace qui s'occupera dorénavant de ses engagements au Canada, aux États-Unis, au Mexique et en Amérique du Sud.

New York plaît à Thérèse et aux enfants. Ils organisent la vie de famille. Claudette, précoce pour son âge, a maintenant neuf ans. Le petit André, sept ans, prend le chemin de l'école pour la première fois. La maison de Raoul Jobin est ouverte aux nombreux amis et admirateurs, comme toujours.

Il chante avec Grace Moore au théâtre Pro Arte à La Havane. Puis c'est la grande saison de San Francisco, rendez-vous annuel de toutes les étoiles du bel canto. La légende musicale de San Francisco se souvient de la voix d'or de la Tetrazzini, du rossignol suédois, Jenny Lind, de Caruso chantant sur ses valises à Market Street, en avril 1906, le lendemain du grand tremblement de terre, de Patti, Melba, Edouard et Jean de Reszke, Scotti, Sembrich, Nevada, Nordica, Hauk, Albani, etc.

C'est en 1921 que Gaetano Merola, directeur de l'Opéra de San Francisco, s'établit dans cette ville. Né à Naples d'un père violoniste, il fit ses études musicales au Conservatoire royal de Naples. En 1899, il vint aux États-Unis pour la première fois. Il fut engagé au Met comme assistant du chef d'orchestre Luigi Mancinelli. L'année suivante, Oscar Hammerstein l'invita à la Manhattan Opera Company où il demeura jusqu'à la fusion de la compagnie avec le Met. Dès son arrivée à San Francisco, il organise une saison « plein air » au Stanford University Stadium, qui sera à l'origine de la « San Francisco Opera Association » qui verra le jour le 26 septembre 1923 avec une représentation de *La bohème,* suivie de deux spectacles dirigés par Wilfrid Pelletier : *Manon* et *L'Amore dei Tre Re* d'Italo Montemezzi.

Le 15 octobre 1932, Gaetano Merola inaugurait le « War Memorial Opera House » avec les plus grands artistes de l'époque dans *Tosca :* Claudia Muzio, Dino Borgioli, Alfredo Gandolfi, Louis d'Angelo, Marek Windheim, Marsden Argall, Eva Gruniger, dans des décors et une mise en scène d'Armando Agnini. Très rapidement la nouvelle salle devint le grand théâtre d'opéra de la Côte Ouest, où viennent régulièrement chanter les grands noms du monde lyrique.

Pour sa première saison à San Francisco, Raoul Jobin côtoie la plupart des chanteurs qu'il reverra chaque année durant dix ans : Ezio Pinza, Elizabeth Rethberg, Bidu Sayao, Jussi Bjoerling, Tito Schipa, Rise Stevens, Lotte Lehmann, John Brownlee, Lorenzo Alvary, Irra Petina, Richard Bonelli, Alexander Kipnis, Thelma Votipka, etc., et les chefs d'orchestre Erich Leinsdorf et Gennaro Papi. En cette année 1940, du 12 octobre au 1er novembre, Gaetano Merola a mis à l'affiche *Les noces de Figaro, Lakmé, Le chevalier à la rose, La bohème, Don Giovanni, Un bal masqué, Carmen, Rigoletto, Aïda* et *Manon*. Le 14 octobre, il dirige Raoul Jobin dans *Lakmé* au côté de Lily Pons. Raoul Jobin reçoit un accueil chaleureux du public et de la critique.

Suivent deux *Carmen* que dirige toujours Gaetano Merola avec Marjorie Lawrence, Raoul Jobin et Ezio Pinza. La presse musicale est élogieuse une fois de plus pour Raoul Jobin dont on souligne l'aisance vocale.

La saison lyrique terminée, le War Memorial accueille douze grands concerts du San Francisco Symphony Orchestra que dirige Pierre Monteux. Comme solistes invités, des grands noms du moment : les pianistes Sergei Rachmaninoff et José Iturbi, Isaac Stern, Dorothy Maynor, Paul Robeson, Marian Anderson, Fritz Kreisler, Zino Francescati, Arthur Rubinstein, Nino Martini, Helen Traubel, Jasha Heifetz, John Charles Thomas, Vladimir Horowitz, etc. Concerts, opéras, récitals affichent complets pour l'année au War Memorial Opera House de San Francisco.

Heureux et comblé, Raoul Jobin reprend le train qui le ramène vers New York. Comme toujours après une longue absence, les enfants sont heureux de retrouver leur père. Celui-ci constate avec plaisir que tous se sont mis à l'étude de l'anglais et que les progrès sont rapides. Thérèse a plus de difficultés.

Pour Thérèse et Raoul Jobin, la vie sociale new-yorkaise sera plus astreignante qu'à Paris. A New York, comme dans toutes les villes nord-américaines, chaque concert ou spectacle d'opéra est prétexte à un cocktail ou un souper après la soirée. Les dames de la Metropolitan Opera Guild fondée en 1935 par Mme August Belmont, organisent fréquemment des réunions mondaines dont les profits vont au Metropolitan qui vit et subsiste grâce à la bonne société de New York. Les artistes sont souvent sollicités et Raoul Jobin s'y prêtera toujours de bonne grâce.

En 1940-1941, le Metropolitan débute sa cinquante-sixième saison avec *Un bal masqué* que chantent, le 2 décembre, Mmes Milanov, Thorborg, Andreva et MM. Bjoerling, Moscona et le nouveau baryton hongrois, Alexander Sved, sous la baguette d'Ettore Panizza. Un autre baryton fait des débuts très remarqués dans *Don Pasquale* : Salvatore Baccaloni, première basse bouffe à la Scala de Milan. Deux grands spectacles attirent particulièrement l'attention de la critique : *Alceste* de Gluck avec Marjorie Lawrence, René Maison, Leonard Warren et Ettore Panizza à la direction d'orchestre, et *L'Amore dei Tre Re* d'Italo Montemezzi, qui dirige lui-même son œuvre. C'est une ovation qui salue la fin de la représentation que défendent Grace Moore et Ezio Pinza dans les rôles principaux.

Durant cette première saison au Met, Raoul Jobin côtoie Lauritz Melchior, Kirsten Flagstadt, Lotte Lehmann, Emanuel List, Jussi Bjoerling, Leonard Warren, Elizabeth Rethberg, Marcelle Denya, Nino Martini, Lawrence Tibbett, Richard Crooks, Helen Traubel, Stella Roman, etc. C'est au côté de Lily Pons et sous la direction de Wilfrid Pelletier qu'il chante *Lakmé*. Suivront *La fille du régiment* de Donizetti, absent depuis vingt et un ans de la scène new-yorkaise, *Manon, Le chevalier à la rose, Pelléas et Mélisande,* les « Sunday Night concerts », et le « Met Tour » en fin de saison.

C'est sous la direction d'Erich Leinsdorf et au côté d'Helen Jepson, John Brownlee, Alexander Kipnis et Nicola Moscona que Raoul Jobin chante les deux seules représentations au Met de *Pelléas et Mélisande* qu'il reprendra dans d'autres grands théâtres, dont le théâtre Colon de Buenos Aires. C'est encore sous la direction d'Erich Leinsdorf qu'il chante au côté de Lotte Lehmann, Rise Stevens, Eleanor Steber, Emanuel List dans *Le chevalier à la rose.*

La fille du régiment n'est certainement pas le plus grand opéra de Donizetti mais l'œuvre était rehaussée par la distribution. Soprano aux aigus et aux vocalises faciles, la coloratura française Lily Pons était la Marie rêvée. Pour cette reprise qui se termina en ovation, elle était entourée de Raoul Jobin, Salvatore Baccaloni, Irra Petina et Gennaro Papi à la direction d'orchestre.

Raoul Jobin accepte les invitations de Charles Goulet pour un récital à Montréal le 18 mars, et de Wilfrid Pelletier au concert final radiodiffusé des « Auditions of the Air » à Cleveland avant la tournée de printemps du Met. C'est une bande joyeuse qui quitte New York, Edward Johnson en tête : Lily Pons, Salvatore Baccaloni et Gennaro Papi pour les spectacles de *La fille du régiment* à Boston, Cleveland et Dallas; Jarmila Novotna, John Brownlee, Ezio Pinza et Wilfrid Pelletier pour la *Manon* de La Nouvelle-Orléans; Stella Roman, Lawrence Tibbett, Giovanni Martinelli, etc.

L'accueil est partout chaleureux. Pour Raoul Jobin, le « clou » de cette première tournée est le triomphe qu'il obtient à La Nouvelle-Orléans où il remplace au dernier moment Richard Crooks, malade. Il deviendra durant les années qui suivront le ténor favori de ce public.

Le retour de la tournée du Met, fin avril, marque la fin de sa première saison new-yorkaise. Raoul Jobin fera deux brèves apparitions à Montréal : un « Concert pour les enfants » que dirige Wilfrid Pelletier au Plateau et, au théâtre Saint-Denis, un enregistrement public. Fin juin, c'est le grand départ vers l'Argentine et le Brésil.

9 juillet 1941. Le somptueux théâtre Colon de Buenos Aires fait salle comble. Ce soir, c'est la grande première de *Carmen* présentée dans le style de l'Opéra-Comique, c'est-à-dire avec les dialogues parlés. Albert Wolff dirige le répertoire français de la saison. Les quotidiens espagnols, allemands, italiens, de même que les correspondants français et américains des revues musicales, font l'éloge du nouveau ténor.

Mais c'est dans *Werther* que Raoul Jobin fait la conquête d'un des publics les plus exigeants du monde. C'est en 1911 que *Werther* fut présenté pour la première fois au théâtre Colon dans sa version originale par Albert Wolff et la troupe de l'Opéra-Comique de Paris. En 1936, Georges Thill fut le premier ténor français à reprendre le rôle en alternance avec José Luccioni. Raoul Jobin reprend le flambeau au côté d'Albert Wolff, Lily Djanel et Felipe Romito. Le quotidien *Noticias Graficas* du 28 juillet commente : « Le ténor Raoul Jobin qui, dans son récent *Carmen*, n'avait pas eu l'occasion de démontrer toutes ses qualités de chanteur et d'acteur a donné hier, dans le rôle de Werther, une création de grand relief musical et scénique. Avec une voix étendue et bien timbrée, une articulation précise, une diction impeccable (son français très clair a permis de suivre le texte de la partition dans tous ses détails) et une école épurée, Raoul Jobin a donné vie à l'amoureux passionné, en vivant son personnage avec un tel équilibre que parfois il a atteint d'impressionnants accents, sans tomber dans des excès mélodramatiques. Son travail a mérité les chaleureux applaudissements dont il a été l'objet au cours et à la fin de la représentation. »

La saison lyrique 1941 du théâtre Colon affiche Erich Kleiber dans *Tancrède* de Rossini, *Les noces de Figaro* et *Les maîtres chanteurs;* Fritz Busch dans *Otello;* Ettore Panizza et Ferruccio Calusio dans les œuvres du répertoire courant. Margarita Wallmann, directrice de ballet, obtient de francs succès avec ses chorégraphies. Le Colon accueille aussi Arturo Toscanini pour un festival Beethoven, et Wagner, et un *Requiem* de Verdi, ainsi que Witold Malcuzynski dans un « hommage à Paderewski » à l'occasion de sa mort, événements auxquels assiste le président de la République d'Argentine.

C'est au cours de sa première saison à Buenos Aires que Raoul Jobin doit renoncer à enregistrer pour la RCA Company *Pelléas et Mélisande*, qu'aurait dû diriger Wilfrid Pelletier, son contrat le retenant en Amérique du Sud jusqu'à la mi-septembre.

Avant de quitter l'Argentine, Raoul Jobin termine sa saison, au côté d'Alexander Sved, avec *Rigoletto* que dirige Ferruccio Calusio, et participe à un concert d'opérette française dirigé par Albert Wolff au théâtre Cervantès. Puis c'est le départ vers Rio de Janeiro où il est attendu pour *Carmen, Werther, Manon*.

Sa saison sud-américaine terminée, Raoul Jobin rentre le 23 septembre à New York. Après des retrouvailles familiales chaleureuses, il rejoint la troupe de la San Francisco Opera Company pour l'ouverture de la saison à l'auditorium de Seattle où il remplace Tito Schipa dans *Manon*. Il y retrouve Grace Moore. Il est réinvité à La Nouvelle-Orléans pour un récital conjoint avec le mezzo-soprano italien, Bruna Castagna. Après les spectacles de San Francisco et de Chicago, il reprend la direction de la Côte Est pour la saison new-yorkaise prévue à la mi-décembre.

7 décembre 1941. Les Japonais ont bombardé Pearl Harbor et les États-Unis entrent en guerre.

Mais l'opéra continue. Pour son deuxième contrat avec le Metropolitan, Raoul Jobin doit chanter *Lakmé* et *La fille du régiment*, au côté de Lily Pons, *Faust* et *Carmen*, où chanteront respectivement Licia Albanese et Lily Djanel, sous la direction de Sir Thomas Beecham et de Wilfrid Pelletier. Il crée, le 20 février 1942, une œuvre de Gian Carlo Menotti, *Island God*, avec Astrid Varnay, Leonard Warren, Ettore Panizza à la direction d'orchestre, opéra qui sera repris à l'« Academy of Music » de Philadelphie où le compositeur italien est en résidence surveillée. Peu avant la « première », Raoul Jobin répond à quelques questions de la journaliste du *Soleil* de Québec, Germaine Bundock : « C'est une chose magnifique, affirme-t-il. Une histoire émouvante, de la musique splendide, une mise en scène et des décors imposants, une absence totale de chœur et de figurants, bref, un opéra à quatre personnages seulement. La musique est émouvante et de l'œuvre entière se dégage une mélancolie qui vous envoûte, un mysticisme qui vous empoigne. Il y a notamment au troisième acte un duo d'une farouche beauté et qui est à lui seul un véritable petit chef-d'œuvre. »

On le verra donc dans *Carmen*, avec Lily Djanel, à Baltimore, Boston, Cleveland, Dallas, et dans *La fille du régiment*, avec Lily Pons, à Atlanta et Richmond. Mais auparavant Raoul Jobin fera deux triomphes à Québec : le premier en janvier, dans la salle de bal du château Frontenac qui se révèle trop petite pour les habitués du Quebec Ladies' musical Club et les « fans ». Quelques semaines plus tard, il répond à l'invitation du Premier Ministre de la province, Adélard Godbout, pour un concert au bénéfice du deuxième Emprunt de la Victoire. Raoul Jobin dit à cette occasion quelques mots en faveur de l'achat des obligations de la Victoire et soutient les concerts en temps de guerre, tout en se référant à Sully Prud'homme : « Les hommes, sous l'emprise de la musique, oublient leurs querelles et cessent de se haïr, parce qu'ils ont rencontré un terrain commun d'entente. » De retour à New York, il reçoit une lettre personnelle du Premier Ministre :

Cher Monsieur Jobin,

Vous avez bien voulu vous rendre à notre invitation et venir à Québec contribuer au succès de l'Emprunt de la Victoire. Votre concert a été magnifique. Nous sommes fiers de vous. Nous applaudissons à vos succès au Metropolitan. Ceux d'entre nous qui peuvent aller vous entendre là-bas sont des privilégiés. La radio, du moins, nous apporte votre voix et vous avez ainsi des milliers et des milliers d'auditeurs invisibles, vos compatriotes et vos amis. Soyez sûr que je suis de ceux-là et parmi les plus enthousiastes.

Avec M. Wilfrid Pelletier, vous occupez à New York un poste de commande. Vous êtes l'ambassadeur de « l'art français », une voix canadienne française qui charme tous les cœurs. A mesure que la guerre rapproche toujours davantage les deux pays, le Canada et les États-Unis, nous sentons d'une manière plus pressante la nécessité de ne rien négliger de ce qui contribue à attirer vers nous la sympathie des habitants de la grande République. Je crois que les liens culturels que vous nous aidez à fortifier comptent parmi les plus précieux.

Veuillez agréer, cher Monsieur Jobin, pour vous et Madame Jobin, l'expression de mes sentiments distingués.

Adélard Godbout, 25 février 1942.

Une fois le Met Tour terminé, Montréal applaudit le ténor québécois dans *Roméo et Juliette* que dirige Sir Thomas Beecham au théâtre Saint-Denis.

La vie musicale de Montréal vivra son « âge d'or » durant ces années de guerre. Les talents fusionnent, le public répond largement aux efforts des organisateurs de concerts, les « Festivals de Montréal » et « France-Film » présentent d'excellents spectacles d'opéras, « Les Variétés lyriques » et l'« Opéra Guild » ont leur public, les concerts de l'« orchestre des Concerts symphoniques » et les récitals remplissent le Plateau. Ainsi les mélomanes montréalais ont pu applaudir successivement, durant ce mois de mai 1942, Raoul Jobin dans *Roméo et Juliette,* Jacques Gérard dans *Lakmé,* Irène Moquin dans *La damoiselle élue,* le pianiste Jean Dansereau, le violoniste Arthur Leblanc, etc.

Raoul Jobin entreprend à la mi-mai une deuxième saison à Buenos Aires. Il n'a rien laissé voir de son angoisse en quittant les siens mais il ne cesse de songer à Thérèse qui attend un troisième enfant pour la fin août. Après trois jours de voyage, ils arrivent fatigués.

La saison est chargée et les répétitions se succèdent à un rythme accéléré. Raoul Jobin doit donner quatre représentations de *Carmen* à partir du 5 juin, quatre d'*Œdipus Rex*, quatre de *Pelléas et Mélisande*, deux de *Manon*, deux de *Marouf* et un concert Massenet que dirigera Albert Wolff à la Société wagnérienne à l'occasion du centenaire de la naissance du compositeur. Il est chaleureusement accueilli par les directeurs Floro Ugarte et Grassi Diaz et retrouve avec joie ses amis de l'été précédent, dont Martial Singher qui sera l'Escamillo de *Carmen*.

Le 26 juin 1942 a lieu la première audition au Colon d'*Œdipus Rex*, que Raoul Jobin interprète pour la première fois dans une mise en scène. La soirée offre en seconde partie deux chorégraphies signées Margarita Wallmann : *Apollon Musagète* de Stravinsky et *Aubade* de Francis Poulenc. Raoul Jobin connaît déjà l'œuvre pour l'avoir interprétée à deux reprises, sous la direction du compositeur, à Paris et à Boston. La critique est enthousiaste.

Mais l'événement de cette saison 1942 est la reprise au Colon, le 14 juillet, de *Pelléas et Mélisande*. Trente et un ans plus tôt, le chef-d'œuvre de Debussy était révélé au public argentin par Albert Wolff et la troupe de l'Opéra-Comique qui comprenait Marguerite Carré (Mélisande), Fernand Francell (Pelléas), Henry Albert (Golaud), Félix Vieuille (Arkel), dans une mise en scène d'Albert Carré. Quelques années plus tard, en 1920, le théâtre Coliseo reprenait l'œuvre sous la direction d'Edoardo Vitale et la participation de Geneviève Vix et Armand Crabbé. En 1931, le théâtre Colon le mit à nouveau à son répertoire pour cinq représentations sous la direction d'Ernest Ansermet, avec Ninon Vallin, André Gaudin et John Brownlee. En 1942, Albert Wolff reprend l'ouvrage avec Raoul Jobin, Marcelle Denya, la Mélisande de Montréal trois ans plus tôt, John Gurney et, dans le rôle de Golaud, Felipe Romito qui signe également sa première mise en scène. C'est le quarantième anniversaire de la création de l'ouvrage à Paris en 1902. Les journaux ne tarissent pas d'éloges. « Le Pelléas que nous a présenté Raoul Jobin est sans aucun doute le meilleur que nous ayons écouté ici. Nous avons déjà vanté de nombreuses fois son art vocal et sa tenue en scène. Avec cette interprétation, aussi difficile qu'importante, il se classe parmi les meilleurs ténors de l'heure actuelle. » (*La Nacion*, 15 juillet 1942.)

C'est encore Albert Wolff qui dirige *Marouf*. La distribution comprend Marcelle Denya, Raoul Jobin, Felipe Romito, John Gurney, Martial Singher, la mise en scène est signée Otto Erhardt et les danses orientales de Georges Balanchine. La critique est unanime à louer la qualité du spectacle.

Pour le centenaire de la naissance de Massenet, on reprend au Colon le plus populaire de ses opéras, *Manon*, avec Solange Petit-Renaux qui revient en Argentine après quelques années passées à l'Opéra de Paris sous l'Occupation. Albert Wolff, qui dirige l'œuvre avec « un élan et une sensibilité extrêmes », est un des rares musiciens encore vivants qui aient entendu Massenet lui-même chanter et jouer des fragments de ses œuvres ou les faire répéter. Le maestro français s'est entouré, pour cette grande reprise, de Raoul Jobin, Felipe Romito et John Gurney; la mise en scène éblouissante est d'Otto Erhardt, les décors de Nicolas Bénois et la chorégraphie de Margarita Wallmann.

La même équipe reprend le même spectacle au Théâtre municipal de Rio. Le public ovationne Solange Petit-Renaux qui a choisi le Brésil comme terre d'accueil et qui campe une Manon jeune, pleine de passion, et non la grande coquette que l'on montre habituellement. Elle se lie d'amitié avec Raoul Jobin dont elle parlera avec chaleur en 1980 : « J'ai connu Raoul Jobin à Paris au cours de la saison 1937-1938. J'ai beaucoup travaillé avec Georges Thill et Raoul Jobin. Thill avait une voix brillante, éclatante, un timbre unique, mais il était mal entouré. Jobin était musicien, un chanteur intense, plus intérieur, il n'a jamais été un "divo". Il était bon camarade, nous faisait travailler et nous aidait dans les mises en scène. Il était sympathique, aimait rire et raconter des histoires. Un jour, il me dit :

— Tu sais que Thérèse attend un enfant d'un jour à l'autre. Je me demande quel nom je pourrais lui donner si c'est une fille.

Je lui réponds :

— Pourquoi ne la nommerais-tu pas France, toi qui aimes tant notre pays ?

Quelques jours plus tard, il apprenait par télégramme la naissance d'une fille à Québec et lui donna le doux nom de France. Raoul Jobin était pour nous tous un prince, un gentleman, et votre pays peut en être fier. Il nous chantait souvent de vieilles chansons québécoises et nous nous amusions à les comparer aux nôtres. C'était un homme généreux et il avait su acquérir l'amitié de tous. »

La petite France, née à Québec le 25 août 1942, sera le rayon de soleil de la maison et l'idole des parents. Mais avant de retrouver les siens Raoul Jobin doit terminer sa troisième saison brésilienne avec *Werther* et *Faust*, au côté de Conchita Velasquez, de Solange Petit-Renaux et de son grand ami Leonard Warren. Entre-temps, il doit renoncer à chanter *Roméo et Juliette* de Berlioz avec le Philharmonique de New York sous la direction d'Arturo Toscanini, car son calendrier ne le lui permet pas. L'œuvre de Berlioz le fascine mais il ne la chantera jamais en concert ni à l'opéra. Il recommande son compatriote Jacques Gérard dont ce sera un des plus grands succès, et qui sera engagé au Met pour la saison 1942-1943.

Avant de quitter Rio de Janeiro, Raoul Jobin est l'invité de son compatriote, l'ambassadeur Jean Désy, qui reçoit en son honneur à la légation canadienne. Raoul Jobin et Jean Désy sont liés d'une amitié fraternelle depuis les années d'avant-guerre à Paris. Homme de culture, raffiné et « gentleman accompli », Désy est également un mélomane averti. Ils se retrouveront tout au long de leur carrière respective, que ce soit à Rome ou à Paris.

Jamais retrouvailles familiales ne furent plus chaleureuses que celles de ce septembre 1942. Thérèse lui présente la « petite merveille », France, âgée de trois semaines. Claudette a déjà dix ans et André adore sa petite sœur.

La piété filiale que Raoul Jobin a pour ses vieux parents est connue de tous. Le 3 octobre 1942, la famille est réunie au complet à Québec pour fêter les cinquante ans de mariage des époux Jobin de Saint-Sauveur. Pour cette grande occasion, il a préparé un texte qu'il lit avec émotion : « Parents et amis me permettront, sans aucun doute, d'extérioriser d'abord mes sentiments d'affection filiale à mon père et à ma mère, de leur affirmer ma joie de les voir et d'être près d'eux, de laisser parler tout haut mon cœur et de m'écrier : MERCI pour les soins dont vous avez entouré mon berceau, MERCI pour la sollicitude dont vous avez comblé mon enfance, MERCI pour les bons exemples, MERCI pour la formation musicale, MERCI pour le soutien dans mon travail, MERCI, en un mot, pour m'avoir conduit au sentier où j'ai pu atteindre la carrière que j'avais désirée. »

Quelques mois plus tard, lors de la saison du Met, à l'occasion d'une représentation de *Faust,* Raoul Jobin apprenait la mort subite de son père à Québec. Le choc de cette nouvelle le surprit au moment où il devait rentrer en scène; surmontant sa douleur, il chanta la mort dans l'âme. « Le spectacle doit continuer... », lui avait dit Edward Johnson.

Après les fêtes de famille, Raoul Jobin et les siens reprennent le train pour New York d'où il repart pour une troisième saison sur la Côte Ouest. A Chicago, il chante au côté de Lily Pons dans *Lakmé.* Puis c'est la saison new-yorkaise. Le 23 novembre 1942, *La fille du régiment* est à l'affiche du Met pour la soirée d'ouverture, avec Lily Pons et Raoul Jobin, direction Frank Saint-Léger. L'atmosphère est profrançaise; le Tout-New York est présent et les uniformes des trois armes remplissent les loges et le parterre.

Une maison de disques sur verre enregistre les radiodiffusions du Met, qui ont lieu le samedi en matinée : Raoul les écoute attentivement par la suite, pour se corriger et améliorer l'interprétation des œuvres qui forment son répertoire. Il est très exigeant, et Thérèse lui rappelle fréquemment les remarques et les conseils de leur professeur de Paris, Mme d'Estainville, dont ils sont à présent sans nouvelles.

X

15 janvier 1943. Sir Thomas Beecham est un fervent de la musique française qu'il dirige avec sensibilité et raffinement. C'est à lui que fait appel le Metropolitan pour remplacer Ettore Panizza, en tournée en Amérique du Sud, pour la reprise de *Louise,* avec Grace Moore dans le rôle-titre, Raoul Jobin dans le rôle de Julien, Ezio Pinza et Doris Doe dans ceux du père et de la mère. La critique est élogieuse pour tous les artistes avec, cependant, une restriction pour Ezio Pinza qui campe un père plus « italianisant qu'ouvrier français ».

Une autre œuvre française est confiée à Sir Thomas Beecham durant cette saison 1942-1943 : *Manon,* là encore à l'occasion du centenaire de la naissance de Massenet. Le répertoire français comprend encore *Pelléas et Mélisande, Faust* et *Carmen.* La saison, qui débutait le 23 novembre, se termine le 14 mars. De nouveaux visages apparaissent dans la troupe : Martial Singher, Lorenzo Alvary, Hertha Glaz, James Melton, Doris Doree, Frances Greer et Margaret Harshaw. La troupe du Met comprend 33 soprani, dont Marjorie Lawrence, 15 mezzo-soprani et contralti, 25 ténors, 21 barytons, 11 basses, 9 pianistes-répétiteurs, 2 chefs de chœur, 4 metteurs en scène, 1 maître de ballet et chorégraphe et 9 chefs d'orchestre : Sir Thomas Beecham, Paul Breisach, Erich Leinsdorf, Wilfrid Pelletier, Karl Riedel, Cesare Sodero, Frank Saint-Léger, George Szell et Bruno Walter.

La Metropolitan Opera Guild continue de favoriser l'accès aux matinées du Met, réservées spécialement aux enfants et dont Wilfrid Pelletier est l'animateur. Claudette et André Jobin sont parmi les 3 500 enfants qui assistent à la représentation de *Carmen* pour les écoles du New Jersey.

Thérèse suit attentivement la formation de base des deux enfants, qu'elle a confiée à Jean Morel, leur professeur de piano. Une pianiste montréalaise, Paule Bailly, fréquente assidûment l'appartement des Jobin à Central Park, où elle aide le ténor à travailler ses partitions toujours remises sur le métier. La famille Jobin mène un grand train de vie à New York où son hospitalité est devenue proverbiale. Raoul Jobin connaît le prix de cette sécurité qu'il donne aujourd'hui à sa famille : le travail assidu et la discipline.

Pour la tournée annuelle du printemps 1943, le Met retourne à Chicago où il ne s'était pas rendu depuis 1910, date à laquelle était fondée la « Chicago Grand Opera Company » avec Oscar Hammerstein. Le Met renoue avec une tradition qui remonte à 1884, année où Henry Abbey présentait *Faust;* depuis le Met y a présenté des œuvres courantes du répertoire dont un *Roméo et Juliette* avec Adelina Patti en 1889. On se souvient aussi des débuts des De Reszke, de ceux de Melba en 1894 au côté de Calvé et de Plancon, et du passage d'Emma Albani, d'Emma Eames, de Lilli Lehmann, de Maris Van Zandt, du ténor Tamagno, de Victor Maurel, de Campanari, de Felia Litvinne et de tant d'autres... Durant les six années de direction de Maurice Grau au Met, la troupe vint tous les printemps à Chicago. Caruso y chantait pour la première fois en 1905 et Geraldine Farrar deux ans plus tard. En 1908, le nouveau directeur du Met, Gatti-Gazazza, fit appel à Destinn, Amato et Toscanini pour trois saisons.

Quatorze œuvres du répertoire seront à l'affiche du 22 mars au 4 avril, dont *Faust* et *Carmen* que dirigera Sir Thomas Beecham avec Raoul Jobin, Licia Albanese, Lily Djanel et Leonard Warren. Le Tour 43 du Met est un succès.

Puis c'est un autre départ vers l'Amérique du Sud, pour cinq mois. Il installe Thérèse et les trois enfants à Sainte-Pétronille de l'île d'Orléans, près de Québec. Il est à Buenos Aires à la mi-mai pour répéter le spectacle d'ouverture, *Werther,* qu'il chante au côté de Marcelle Denya et Martial Singher, sous la direction d'Albert Wolff.

Le 25 mai 1943, le président de la République d'Argentine, M. Castillo, honore de sa présence la soirée de gala pour l'ouverture de la saison du théâtre Colon. La salle brille d'officiers et colonels en uniforme, de dames recouvertes de fourrures et de brillants. Raoul Jobin est fortement impressionné lorsque le magnifique rideau en velours rouge brodé se lève sur une salle de quatre mille personnes, qui a la forme d'un fer à cheval, à l'image des grands théâtres européens.

La petite histoire raconte que le théâtre Colon actuel fut inauguré le 25 mai 1908 avec le plus populaire des opéras de Verdi, *Aïda.* Le nouvel édifice devint rapidement un centre international culturel.

Dès l'année de son inauguration, les artistes de renommée internationale se produisent au Colon : Feodor Chaliapine, Titta Ruffo, Maria Fernetti, Amelia Pinto, Antonia Paoli, puis, les années suivantes, Eugenia Burzio, Giuseppe De Luca, Adelina Agostinelli. On y vit aussi une compagnie espagnole dirigée par Juan Goula, les compositeurs Felipe Pedrell, Tomas Breton, Emilio Serrano et le fameux ténor catalan Francisco Vinas, sans oublier Alessandro Bucci, Maria Barrientos et les chefs d'orchestre Edoardo Vitale, Ferruccio Cattelani, Pietro Mascagni, et Ernesto Drangosch qui dirigea la seule apparition en Argentine du fameux pianiste polonais, Ignace Jan Paderewski. En 1912, Arturo Toscanini était entouré d'une troupe remarquable comprenant Lucrezia Bori, Cecilia Gagliardi, Guiseppe Anselmo, Pasquale Amato. Puis vinrent les Ballets Russes de Serge Diaghilev, créés cinq ans auparavant à Paris, dont les étoiles étaient Vaslav Nijinsky et Thamar Karsavina. En 1915, Enrico Caruso, au sommet de sa carrière, fait une tournée de concerts avec André Messager : la soirée la plus importante fut celle où Caruso et Titta Ruffo chantèrent ensemble le premier acte de *Paillasse.*

Durant ses fréquents séjours à Buenos Aires, l'on parle encore devant Raoul Jobin de la tournée, en 1916, de la troupe française composée de Ninon Vallin, Marcel Journet et Armand Crabbé et du *Samson et Dalila* de Saint-Saëns dirigé par son auteur. On vit également au pupitre du Colon : Henri Busser, Ernest Ansermet, Richard Strauss, Tullio Serafin, Gaston Poulet, Gregorio Fitelberg, Eugen Szenkar, Arthur Honegger et Erich Kleiber qui, en 1927, centenaire de la mort de Beethoven, dirigea ses neuf symphonies ainsi que ses concertos pour piano et orchestre avec Wilhelm Backhaus. Ces années virent encore triompher Claudia Muzio, Aureliano Pertile, Toti Dal Monte, Isabel Marengo, Beniamino Gigli, Tito Schipa, Jan Kiepura, Georges Thill, Giacomo Lauri-Volpi.

En 1931, le théâtre Colon devint municipal et trois troupes lyriques furent formées, une allemande, une française et une italienne, dirigées par Otto Klemperer, Ernest Ansermet et Ferruccio Calusio. Lily Pons fut la reine de la saison tandis que la troupe allemande, avec Frida Leider et Lauritz Melchior, présentait le cycle complet de la *Tétralogie,* et que Michel Fokin montait une série de ballets avec la collaboration de Olga Spessitzeva. Plus récemment vinrent Fritz Busch, Pablo Casals, Claudio Arrau, Jacques Thibaud, Zinka Milanov, Gianna Pederzini, Bidu Sayao, Salvatore Baccaloni, René Maison, Bruna Castagna, Leonard Warren et, bien entendu, Raoul Jobin...

Pour la saison 1943 qui débutait avec *Werther,* le Colon reprend un des succès de l'année précédente, *Marouf.* Raoul Jobin, au côté de Rose Bampton et Martial Singher, chante pour la première fois le rôle de Renaud dans l'*Armide* de Gluck, que dirigent en alternance Ettore Panizza et Ferruccio Calusio. Il participe à une soirée de gala à Montevideo avec un *Werther* mis en scène par Hermann Geiger-Torel qui aura, dans les années à venir, un rôle important à jouer à Toronto où il sera l'un des fondateurs de la Canadian Opera Company. Puis c'est à nouveau Rio de Janeiro — pour la dernière fois de sa carrière — où il paraîtra dans *Roméo et Juliette* et *Les contes d'Hoffmann* que dirige son ami Jean Morel. Avant de quitter l'Amérique du Sud, il accepte les invitations de Jean Désy à Rio, de J.A. Turgeon à Buenos Aires et de

Chipman à Santiago du Chili, pour des récitals à la Résidence du Canada. Il y interprète des mélodies françaises et québécoises. La presse parle avec enthousiasme du « Caruso du Canada ».

A la fin de l'été, il ouvre la saison à San Francisco, le 7 octobre, avec *Samson et Dalila,* qu'il aborde pour la première fois, au côté de Kirsten Thorborg et de Leonard Warren; Gaetano Merola est au pupitre. Aux États-Unis, on le voit dans *Paillasse* où il chante Canio au côté de Licia Albanese et de John Charles Thomas. Après une représentation de *Carmen* et quelques concerts en Californie, il est le « leader » d'un groupe d'artistes qui donne un concert à l'hôpital Knoll des vétérans à Oakland, où se trouvent des blessés de guerre.

En novembre, c'est le retour sur la Côte Est. Puis il chante dans *Faust* à Montréal que dirige Wilfrid Pelletier pour France-Film au théâtre Saint-Denis. Enfin, après six mois de séparation, il retrouve la vie familiale à New York. Il s'émerveille devant la petite France qui fait ses premiers pas et les progrès musicaux des deux aînés qui ont repris les cours au lycée français. Il se repose quelques jours auprès des siens avant de reprendre la saison au Met dont on fête cette année le « Diamond Jubilee, 1883-1943 ».

Cet hiver 1943-1944, Edward Johnson confie à Raoul Jobin le rôle d'Hoffmann, dans la grande reprise que dirige Sir Thomas Beecham, et ses premiers rôles en italien : Canio dans *Paillasse* et Mario Cavaradossi de *Tosca.* Il chante, de plus, *Carmen, Faust* et *Pelléas et Mélisande* à l'American Academy of Music de Philadelphie, au côté de Bidu Sayao, John Brownlee, avec Emil Cooper au pupitre. Ce sont ses meilleures années au Met; pourtant les prochains mois seront mouvementés.

Le 10 décembre 1943, Raoul Jobin chante Hoffmann pour la première fois au Met; Martial Singher y débute dans le rôle de Dappertutto; Ezio Pinza et Mack Harrell chantent le Dr Miracle et Nicklausse, les rôles féminins sont interprétés par Patrice Munsel, Lily Djanel, Jarmila Novotna et Hertha Glaz; la mise en scène est signée Herbert Graf. La critique new-yorkaise loue la direction de Sir Thomas Beecham que l'on compare au Toscanini d'il y a vingt-cinq ans. Le spectacle sera repris au cours de la saison et au printemps dans le Met Tour.

C'est en compagnie de Leonard Warren, Licia Albanese et Wilfrid Pelletier qu'il chante Canio pour sa première apparition au Met dans un rôle du répertoire italien, le 25 décembre 1943. Cette prestation sera suivie d'une *Tosca* avec Grace Moore et Alexander Sved.

Pourtant, depuis quelques semaines, depuis ses débuts dans le rôle de Canio, Raoul Jobin vit dans l'angoisse et l'inquiétude. Jusqu'ici tout lui souriait. Sa carrière est en plein essor tant aux États-Unis qu'en Amérique du Sud : il vient d'accepter une invitation à l'Opéra de Mexico. Ses enfants lui donnent de grandes joies. Thérèse partage ses succès et ses inquiétudes et conduit la maisonnée d'une main ferme et compréhensive. Pour elle, l'éducation des enfants compte autant que la carrière de son Roméo. Elle continue néanmoins à travailler régulièrement sa voix. Bien que Raoul Jobin soit francophile, ses relations de travail sont souples et loyales avec les camarades allemands et italiens. De plus, sa générosité est proverbiale.

Cependant, il commence à recevoir des appels téléphoniques anonymes inquiétants.

— Pourquoi ? demande-t-il à Thérèse. Je ne me connais pas d'ennemis dans le milieu. De l'envie, de la jalousie, peut-être, mais rien au point d'en vouloir à ma personne. Est-ce qu'on veut me faire peur ?

— Je crois qu'il faut être prudent, répond Thérèse. En ces temps de guerre, tout peut arriver. Souviens-toi de ce qui est arrivé à Ezio Pinza. Tu as sans doute des ennemis qui essaient de te démolir.

En effet, à New York, les avis sont partagés sur l'attitude de la France devant l'occupation allemande. Raoul Jobin prend plus d'une fois la défense de sa seconde patrie et accepte toujours de collaborer bénévolement aux œuvres de guerre. A la maison, les enfants parlent souvent du grand bateau blanc qu'ils ont vu brûler de leur appartement dans le port : le *Normandie*. Les coups de téléphone quotidiens deviennent de plus en plus menaçants. Un jour, Raoul Jobin reçoit un avertissement de la Gendarmerie royale du Canada :

— Monsieur Jobin, nous vous demandons d'éviter de fréquenter certains restaurants de New York, notamment les restaurants italiens. Vous risquez l'empoisonnement. Votre vie est en danger.

— Que se passe-t-il ?

— N'oubliez pas, monsieur Jobin, que nous sommes en temps de guerre et que tout est possible. Ou ce sont des gens qui en veulent à votre carrière, ou c'est un réseau d'espionnage qui a pu se servir à votre insu de vos fréquents déplacements à travers les deux Amériques. Soyez sur vos gardes !

Thérèse et Raoul Jobin sont de plus en plus inquiets : ils en discutent avec leur voisin d'appartement et ami, Charles Chartier, de la délégation culturelle de Québec à New York, qui leur conseille le silence et la prudence. De plus en plus, Raoul Jobin soupçonne une ancienne relation de Paris, un Montréalais qui a beaucoup voyagé avant la guerre, d'être mêlé à cette affaire. On suspecte aussi une certaine maffia de New York qui n'accepte pas qu'il se taille un nom dans le répertoire italien... Officiellement, on ne saura jamais le fin mot de l'histoire.

Après quelques mois d'anxiété, les choses se calment d'elles-mêmes. A New York, la carrière fulgurante du Québécois fascine ses compatriotes. La colonie canadienne y est importante : les peintres aiment y séjourner et plus d'un artiste y tente sa chance. Charles Chartier, mélomane, assiste à toutes les représentations de Raoul Jobin et de Wilfrid Pelletier au Metropolitan. Il s'en souvient encore : « J'ai connu Raoul Jobin en 1940 lors d'un spectacle et nous sommes devenus amis par la suite. Lui et sa femme étaient très unis, mais elle était une critique très sévère. Je l'accompagnais souvent aux spectacles de son mari. Il chantait beaucoup, quelquefois deux fois par semaine, au Met où j'ai entendu *Carmen* au moins quarante fois. Comme tous les chanteurs, il avait de bons et de mauvais soirs, parfois des trous de mémoire. Mais la plupart des gens ne sont pas compréhensifs. Ils oublient les joies profondes que nous donnent les chanteurs. Il est bien évident que dans tout un opéra un artiste puisse manquer une note. Quand il chantait le soir, il restait chez lui la journée. Il surveillait sa voix, il se soignait, c'était sa richesse, toute sa carrière en dépendait. Je l'ai vu dans toutes les circonstances, les jours de triomphe, les jours de tristesse et de désespoir, à deux pas des larmes. Raoul Jobin était devenu très populaire en France avant 1940 et il a été très bien accueilli à son retour après la guerre. Je l'ai entendu dans *Lohengrin, Aïda,* tout son nouveau répertoire : c'était une ovation à chaque fois. Sa carrière n'a pas été un feu de paille. C'est un grand artiste. »

Plusieurs de ses compatriotes reconnaissent la gloire et les mérites de Raoul Jobin : le maire de Québec, Lucien Borne, l'accueille officiellement à l'hôtel de ville à l'occasion de son trente-sixième anniversaire : « Nous vous remercions de tout ce que vous avez fait pour Québec aux États-Unis et en Amérique latine. Nous vous avons suivi. Nous avons applaudi à vos succès sur la scène et à la radio. C'est dire le plaisir que nous avons de vous avoir parmi nous. On m'a dit que Raoul Jobin était non seulement un grand ténor, mais le plus grand ténor. »

En rentrant du Met Tour de 1944, où il a chanté *Carmen, Faust, Les contes d'Hoffmann* et *Tosca* à Boston, Cleveland, Chicago et Pittsburgh, Raoul Jobin met sur pied un quatuor vocal qu'il organise avec le Bureau de Concerts « National Concert and Artists Corporation » (NCAC), et qui s'appellera « Metropolitan Opera Artists Ensemble », avec Jarmila Novotna, Hertha Glaz, Martial Singher et lui-même. Le répertoire sera composé de scènes d'opéras jouées en costumes. Une grande tournée nord-américaine est prévue pour la prochaine saison. Puis il part pour Cincinnati où Sir Thomas Beecham l'invite au Zoo Opera. Ensuite, avec son ami Jean Morel, il prend le train New York-Mexico où il est attendu dans *Tosca, Paillasse* et, les 29 et 30 août, *Pelléas et Mélisande,* au côté de Marcelle Denya, John Brownlee, Josefina Aguilar, Roberto Silva, Eugenia Rocabruna, et Jean Morel au pupitre.

C'est pendant les répétitions du chef-d'œuvre de Debussy que Marcelle Denya et Raoul Jobin apprennent la libération de Paris par le général Leclerc, le 25 août. Ils se souviennent avec émotion de leur premier *Pelléas,* le 14 juin 1940, jour de l'occupation de Paris par les troupes allemandes. Ils pleurent de joie en songeant à la liberté retrouvée de leurs amis français. On fête joyeusement cet événement à l'ambassade de France et à celle du Canada, où ils sont les hôtes de Hector Allard et de son épouse qui racontera plus tard : « Nous avons eu la joie et l'honneur de faire partie de cette "première" de *Pelléas* en 1944. C'est un souvenir qui est resté si vivant en moi que je n'ai jamais pu l'oublier. Cette première fut exclusivement l'idée de Raoul Jobin — nous en avons discuté ensemble. Comme il n'y avait aucun "fonds" pour entreprendre cet opéra, j'ai offert notre maison et naturellement mon piano pour le travail de préparation qu'il y avait à faire. Grâce à Roberto Silva, nous avons trouvé une jeune pianiste à prix raisonnable. Mais il a fallu que Raoul décide lui-même de la distribution des rôles. Comme vous le savez, Jean Morel était là et c'est à lui que Jobin demanda de diriger l'orchestre. Je ne sais où il dénicha William Wynter (un Autrichien, je crois) pour le décor qui était ravissant. John Brownlee était Golaud et Silva le roi Arkel. Mais qui serait Mélisande ? Enfin, il eut l'accord de Marcelle Denya. Cela ajoute encore quelque chose au merveilleux talent de Raoul, car à part d'être "le" plus grand chanteur français de l'époque, il était si humain qu'il avait pu "homogénéiser" tous ces chanteurs. Il me semble que cela est assez rare chez les grandes vedettes. »

A Mexico, Raoul Jobin met au point la saison à venir. Il soigne tout particulièrement la tournée que fera le quatuor, Metropolitan Ensemble, en choisissant comme pianiste Leo Muller, qui fut avant la guerre l'assistant à Prague de George Szell, et comme metteur en scène Lothar Wallerstein. La formation du quatuor suscite déjà un grand intérêt.

Il retrouve Thérèse et les siens à Québec, au début de septembre, avant de reprendre la route de Montréal où France-Film présente au théâtre Saint-Denis les artistes du Metropolitan dans *Don Giovanni, Pelléas et Mélisande, Manon* et *Faust*. Il participe ensuite au Festival Opera de Toronto où il est affiché dans *Manon* au côté de Bidu Sayao, Martial Singher et Wilfrid Pelletier au pupitre tandis que son vieil ami Jean-Marie Beaudet y dirige *Faust*.

La production de *Manon* présentée par France-Film fait l'unanimité de la critique. Dans *Le Canada*, Jean Vallerand ne tarit pas d'éloges : « La représentation de *Manon* que Wilfrid Pelletier a dirigée au théâtre Saint-Denis demeurera longtemps mémorable... Raoul Jobin a remporté le plus vif succès qu'il ait encore connu à Montréal. Jamais Jobin n'a été aussi en voix, jamais il n'a manifesté si belle allure en scène ni autant de vigueur dans le jeu. Son interprétation de l'air "Ah ! fuyez douce image" est de celles que l'on n'oublie pas. A son côté, Bidu Sayao a été une Manon idéale. Quelle intelligence, quelle sensibilité dans l'interprétation ! Tout le rôle a été chanté avec un art qui tient du prodige. »

Le soprano brésilien, Bidu Sayao, se souviendra de ces spectacles du

Metropolitan à Montréal : « J'ai débuté à dix-huit ans à Carnegie Hall dans l'œuvre de Debussy, *La damoiselle élue* avec Toscanini, en 1937, et je l'ai reprise trente ans plus tard toujours avec le grand maestro, à la fin de ma carrière. Avant la guerre, je vivais en France avec ma mère et je faisais carrière à travers l'Europe. C'est à cette époque que j'ai connu Raoul Jobin. J'ai chanté le répertoire français avec Georges Thill, Martial Singher et Raoul Jobin. J'aimais beaucoup chanter avec lui — c'était un gentleman, un gentil camarade. Il avait la voix facile et, pour moi, c'était un fort ténor, un "spinto" : Georges Thill était un ténor plus léger, avec des demi-teintes faciles. Les deux avaient un beau style français, difficile à apprécier pour les étrangers; les Américains ne voient pas la différence. Avec Raoul Jobin, j'ai chanté *Pelléas* à Philadelphie dans une tournée du Met et *Manon* à Montréal. A San Francisco, nous avons fait un *Roméo et Juliette* pour les saisons de 1946-1947-1948. Il avait conservé la tradition des maîtres français d'avant-guerre. C'était aussi un excellent musicien, un bon chanteur de concert. Je garde de lui un très bon souvenir. »

Le public torontois découvre Raoul Jobin pour la première fois dans *Faust,* opéra qui lui vaudra d'autres succès, notamment à Los Angeles, dans la production de San Francisco. Il fait dans cette ville sa cinquième saison consécutive avec *Lakmé,* et *Les contes d'Hoffmann.* A Chicago, où Jeannette Macdonald, la star d'Hollywood, et Vivian Della Chiesa se partagent le rôle de Marguerite, c'est avec *Faust* qu'il ouvre pour la deuxième fois la saison du Met, le 27 novembre 1944. Wilfrid Pelletier dirige pour la première fois une soirée d'ouverture à l'occasion du vingt-cinquième anniversaire de son entrée dans la maison. Raoul Jobin, dont Wilfrid Pelletier dit à qui veut l'entendre qu'il est « le plus grand ténor du monde entier », est entouré pour cette soirée de gala de Licia Albanese, d'Ezio Pinza et de Martial Singher.

Quelques semaines après, Edward Johnson rencontre Raoul Jobin :

— Monsieur Jobin, j'aimerais remonter *La Gioconda* et je vous demande de travailler le rôle d'Enzo Grimaldo pour l'hiver et la tournée du printemps. Acceptez-vous ?

— C'est difficile pour moi et ce n'est pas un rôle qui me dit grand-chose. Je dois l'apprendre trop rapidement et en italien de surcroît. Des rôles de cette importance doivent se travailler de longue date. Déjà San Francisco m'a parlé du Florestan de *Fidelio* et j'hésite. Non, vraiment, je préfère attendre, mais je connais un très beau ténor qui chante à la synagogue et qui serait excellent, Richard Tucker.

Raoul Jobin avouera par la suite : « J'ai peut-être eu tort de refuser. Mais à ce moment Richard Tucker essayait depuis longtemps de rentrer au Met. Il y est entré avec ce rôle et il a fait une carrière magnifique. Vocalement c'était très beau. »

En cette fin d'année 1944, la guerre s'achemine vers la victoire finale des Alliés. Raoul Jobin participe à des concerts-bénéfices, au côté des vedettes qui viennent distraire les marins, les soldats et officiers : Charles Boyer, Jean Gabin, Jean-Pierre Aumont, Marlene Dietrich.

Il est également sollicité par Antonio Tremblay, d'Ottawa, pour un concert-bénéfice au profit du Comité anglo-français d'Assistance à la France fondé par la princesse Alice en 1940. Il obtient l'accord de son agent de New York et celui d'Edward Johnson. Il reçoit une invitation personnelle de la princesse Alice qui le remercie et ajoute : « De tous côtés on nous parle des besoins immenses des Français : les souffrances sont grandes et l'on manque à peu près de tout. Ce sera donc une grande joie de pouvoir contribuer à soulager leur misère. J'ai eu le plaisir de vous entendre à New York, lors de la première représentation de *Faust* en novembre, et je garde de cette soirée un très bon souvenir. »

Raoul Jobin confiera à Thérèse : « Je dois énormément à la France, puisque je lui dois ma carrière, et je considère que c'est bien peu de chanter au bénéfice d'une œuvre française pour la remercier. C'est en France que j'ai fait mon apprentissage, c'est là que j'eus mes premiers succès. »

XI

30 janvier 1945. Tout Ottawa est là pour « la millième » apparition en public de Raoul Jobin, accompagné du fidèle Jean-Marie Beaudet. La salle de l'École technique regroupe les principaux représentants de la culture, de la diplomatie et du gouvernement de la capitale fédérale. La soirée est organisée par l'Alliance française au profit du Comité d'Assistance à la France, qui ne dépend que de la bienfaisance privée.

De retour à New York, Raoul Jobin reçoit un mot de son ami Thibaudeau-Rinfret, juge en chef de la Cour Suprême du Canada :

Cher Monsieur Jobin,

J'ai encore dans les oreilles les belles notes de votre concert. Tout le monde en parle ici; tout le monde se sent fier de vous et, je vous le répète, vous avez eu à Ottawa le succès le plus chaleureux auquel j'aie encore assisté ici, parce que les auditoires de la Capitale sont généralement assez froids et il est certain qu'aucun artiste n'a encore obtenu l'ovation que vos auditeurs vous ont accordée... J'espère que je ne serai pas longtemps sans avoir l'avantage de vous revoir ainsi que Madame Jobin.

Ces marques de considération et d'amitié vont droit au cœur de Raoul Jobin. Il déclare à la princesse Alice « sa joie de pouvoir faire quelque chose, si peu soit-il, pour la France qu'il aime tant ». Les amis de la France feront fréquemment appel au ténor durant les mois qui suivront. C'est d'abord Canada-France, dont le président est le sénateur Vien, qui le demande. Puis il participe, le 23 février 1945, au Grand Bal de la Libération au Waldorf Astoria à New York avec Edgard Varèse, compositeur français naturalisé américain qui s'est surtout consacré à la musique expérimentale.

C'est ensuite le départ pour la première grande tournée du quatuor Metropolitan Opera Artists Ensemble, tournée qui les mènera dans onze villes américaines jusqu'à Toronto et Québec avec un programme composé de scènes en costumes de *Manon, Paillasse, Samson et Dalila, La Traviata, Carmen, Les joyeuses commères de Windsor* et *Martha.* La tournée sera un succès.

C'est un triomphe qui l'attend au palais Montcalm, le 15 mars 1945, où il est l'invité du Rotary Club avec Jean-Marie Beaudet. « Magistral succès de Jobin ! » titre *Le Soleil* : « Jamais, croyons-nous, dans l'histoire de notre bonne ville, un artiste de chez nous n'a reçu d'une foule une ovation semblable à celle qui ébranla hier soir les murs du palais Montcalm... Au zénith d'une carrière qui lui réserve encore d'innombrables succès, Raoul Jobin, de l'avis des connaisseurs, a atteint une perfection qu'il est difficile de surpasser. Il a réussi à faire de sa voix une servante docile, se pliant avec une étonnante flexibilité aux caprices des auteurs qu'il interprète. De plus, sa culture, semble-t-il, s'est à la fois étendue et affinée... Il ne fait aucun doute, cependant, que ses notes fameuses qui nous courent en frisson sur l'échine sont toujours situées dans le registre aigu. Jean-Marie Beaudet au piano seconda avec un art consommé son ami Jobin, et le synchronisme établi entre ces deux artistes a fait du concert d'hier soir une réussite complète. » (Renaude Lapointe.)

S'ils veulent comparer les triomphes de Raoul Jobin en son temps avec ceux d'un ténor d'aujourd'hui, les Québécois évoquent Luciano Pavarotti au forum de Montréal : même hystérie collective, même impact sur les foules, bien que les moyens de diffusion et l'exploitation commerciale d'un artiste actuel n'aient rien à voir avec ceux de 1945. Néanmoins, Raoul Jobin remplira le Colisée de Québec, quelques mois plus tard, avec *Carmen* que dirigera Wilfrid Pelletier et qui verra le retour de Thérèse dans le rôle de Micaëla.

Le 10 avril 1945, plus de 10 000 personnes acclament Grace Moore et Raoul Jobin, que dirige Pierre Monteux à la tête du San Francisco Symphony Orchestra, dans un programme de musique française, dont des extraits de *Louise*. C'est avec émotion que Raoul Jobin retrouve Pierre Monteux qui le dirigeait dix ans plus tôt, quand il n'était qu'un jeune ténor qui apprenait son métier. Ils reparlent de la France, des amis, des années de guerre, de l'Opéra où Jacques Rouché avait affiché le télégramme d'amitié de Raoul Jobin à la Libération et du sort de certains artistes en cette période troublée.

Les amis parisiens donnent signe de vie les uns après les autres : les admirateurs qui l'ont entendu à la radio, la bonne Louise qui a pris soin des affaires de la famille Jobin durant toute la durée de la guerre, leur professeur, Mme d'Estainville. Il écrit à celle-ci le 5 avril 1945, brossant un tour d'horizon des dernières années :

Chère madame d'Estainville,

Thérèse est toujours la même et en bonne santé, Claudette aura bientôt quatorze ans, André a eu douze ans en janvier, et nous avons une autre petite fille, née en août 1942, qui est un amour et qui devient un petit tyran parce qu'elle est trop gâtée. Elle s'appelle France. Nous avons pensé que ce serait là le plus beau geste que nous avions à faire pour cette France qui m'a tout donné, du moins à qui je dois ma carrière.

Parlant de carrière, je n'ai pas oublié ce que vous aviez dit à Sneda le jour où j'ai chanté pour vous à Paris : « Voilà de l'étoffe pour faire un des plus grands ténors du monde. »

[...] Tout cela, chère madame, a demandé, comme vous le savez, beaucoup de travail et aussi de volonté. Les débuts ont été très difficiles, dus à une forte propagande que tout ce qui venait de France dans le domaine des chanteurs était mauvais et d'aucune valeur. Je me suis créé une situation, une très belle, mais je dois dire que je l'ai gagnée. Vous trouveriez la voix changée, j'entends par là qu'elle s'est développée. Aussi, je ne sais quelle réaction vous auriez en ce moment en me voyant, de soixante-cinq kilos, je suis rendu à un peu plus de quatre-vingts. C'est beaucoup, mais je crois qu'il le fallait pour la voix.

Je vous embrasse bien affectueusement et vous envoie les baisers de tous les miens. Dites bien des choses à tous pour nous, et dites-leur que nous n'avons pas oublié, bien au contraire.

   Raoul Jobin.

Après la capitulation allemande, Raoul Jobin est invité à Toronto pour le programme « Victory Loan », le 22 avril; il participe avec Marcelle Denya à un « Clothing Drive » au Times Square de New York, au profit de la France. Auparavant, il ouvrait la saison de Cleveland avec *Faust* pour le Met Tour 45 au côté de Licia Albanese, Ezio Pinza, Leonard Warren et Wilfrid Pelletier. Toujours fidèle à ses amitiés, il télégraphie au pianiste Maurice Faure pour lui offrir, au nom d'Edward Johnson, la situation de chef de chant responsable du répertoire français au Met. Il accepte : Raoul Jobin lui fait part dans une lettre de sa joie et de sa « confiance que d'ici quelques années nous puissions arriver à avoir tout un groupe d'artistes français au Metropolitan, ce qui ne s'est pas produit depuis près de trente ans ».

Il retrouve l'Amérique du Sud et le théâtre Colon, du 30 mai au 15 août 1945, pour seize représentations de *Manon, Armide, Pelléas et Mélisande* et *Louise*.

Son ami Pierre Wolff l'accueille à l'aéroport :

— Inutile de te dire que le Patron et ton public sont ravis de te réentendre dans *Pelléas*. Nous avons tous été scandalisés de voir que l'on avait donné cet ouvrage à New York et à Montréal sans toi. Sais-tu la grande nouvelle ? Nous rentrons à Paris en septembre, le Patron a été officiellement appelé par le ministère des Beaux-Arts et les Concerts Pasdeloup. Ferruccio Calusio est encore à la direction du Colon pour cette saison. Il est épatant, et quel musicien ! Petit-Renaux a encore fait des bêtises. Le Patron a tout fait pour qu'elle vienne mais il s'est opposé formellement à ce qu'elle touche plus que son ténor, ta triste pomme. Et c'est tout au bénéfice de Renée Mazella qui chantera Mélisande, Louise et Manon. Il est bien dommage que Renaux ne soit pas plus souple car nous aurions eu deux chanteuses françaises.

— Tu sais que nous aurons Maurice Faure au Met et peut-être d'autres artistes français. Les Italiens vont en faire une tête ! Tu te souviens des ennuis que j'ai eus avec eux l'hiver dernier ?

Ils échangent ensuite les rares nouvelles qu'ils ont de France.

Le 14 juillet 1945, *Manon* est à l'affiche. Au cours de la soirée, Raoul Jobin entonne *La Marseillaise* à la suite de l'hymne argentin : ce ténor de quarante ans, en pleine possession de ses moyens, reçoit l'ovation du très sophistiqué public argentin qui le surnomme « le Caruso du Canada ».

La jeune cantatrice argentine, Delia Rigal, reprend le rôle d'Armide chanté par Rose Bampton en 1943. Le chef d'orchestre et compositeur Panizza dirige les quatre représentations du chef-d'œuvre de Gluck. La critique loue la générosité et la vaillance vocale de la protagoniste, son timbre d'une lumineuse clarté, son jeu scénique et son avenir prometteur, tandis que Raoul Jobin est félicité pour son Renaud à la belle prestance physique et au chant large, bien posé, ne sacrifiant jamais à l'effet. Les artistes argentins, Felipe Romito, Angel Mattiello, Clara Oyela, Zaira Negroni, Carlos Rodriguez, sont tous à la hauteur.

Albert Wolff dirige le répertoire français et Renée Mazella fait des débuts très remarqués. Chanteuse remarquablement douée au point de vue vocal, son chant témoigne d'une musicalité et d'un goût sûrs, cependant que son jeu apparaît d'un naturel charmant. Raoul Jobin la recommandera fortement à Edward Johnson, qui l'engagera au Met par la suite.

Ce sont ensuite les quatre dernières représentations de *Pelléas et Mélisande* dans la carrière de Raoul Jobin, et les plus mémorables, que le Colon reprend dans une mise en scène d'Otto Erhardt, avec Albert Wolff à la direction d'orchestre. La presse est élogieuse : « Il a semblé qu'un *Pelléas* inconnu, transfiguré, se déroulait devant nous, et ce *Pelléas*, c'était la baguette du maître Wolff qui, littéralement, le "recréait". C'est bien là la plus musicale, la plus émouvante représentation de l'œuvre dont nous ayons souvenance... Pelléas remarquable, Raoul Jobin a suivi fidèlement l'étonnante variété rythmique de son rôle, cette fluidité de mouvement qui caractérise d'ailleurs toute la partition et semble traduire le frisson même de la vie. On ne saurait assez louer l'art et l'émotion contenue déployés par le ténor canadien dans la composition de ce personnage qui est, peut-être, sa meilleure réussite jusqu'à ce jour. » (*Le Courrier de la Plata*, 30 juin 1945.)

Les quatre représentations de *Louise* reçoivent le même accueil et, avant de quitter Buenos Aires pour New York, Raoul Jobin est invité, le 10 août 1945, pour un récital privé présenté par l'Institut Culturel argentino-canadien au British Community Center. Le programme du récital, qu'accompagne la pianiste Louise Lobo, est composé de mélodies françaises, de trois airs d'opéras, et d'airs du folklore canadien harmonisés par Léo-Pol Morin et Henri Gagnon, plus trois chansons indiennes du folkloriste Marius Barbeau harmonisées par Sir Ernest MacMillan. C'est également un grand succès.

A New York l'attendent des lettres de France, des propositions de concerts et de tournées. Il a aussi les derniers arrangements des « Chants de Noël français » à mettre au point car il doit en enregistrer en septembre pour RCA Victor Records, à Montréal. Il s'installe de nouveau à Sainte-Pétronille et goûte les joies de la famille tout en préparant la représentation de *Carmen* au Colisée de Québec par la troupe du Met que dirigera Wilfrid Pelletier.

Lorsque, à l'automne 1935, Wilfrid Pelletier émit l'idée de doter Montréal d'un festival annuel sur le modèle des grands festivals européens, le projet sembla audacieux et fut reçu avec scepticisme. Présenter avec succès en une même saison un répertoire de musique de chambre, d'oratorio, de drame lyrique et de grand opéra semblait une chimère. L'entreprise n'eût guère connu de lendemain sans le dévouement de sincères amis de la musique. La Société des Festivals sollicita et obtint la collaboration spontanée de mélomanes canadiens qui, anglophones ou francophones, travaillèrent dans la plus parfaite harmonie. Une section de la Croix-Rouge canadienne de la Société des Festivals fut formée en 1939, et de nombreuses manifestations musicales furent organisées au bénéfice d'œuvres de guerre. Pour cette dixième saison, les fondateurs, Antonia David et Wilfrid Pelletier, font appel à Raoul Jobin pour cette représentation de *Carmen* qui sera applaudie par cinq mille personnes enthousiastes. Quant à Thérèse (Micaela), tenue éloignée des scènes de concerts depuis 1940, ce sera pour elle une victoire personnelle et pour Québec une révélation : elle fera noble figure au côté de la bouillante Bruna Castagna et de Martial Singher, dans les rôles de Carmen et d'Escamillo.

Profitant de son bref séjour à Montréal, Raoul Jobin inaugure la cinquième saison d'opéra présentée par France-Film au théâtre Saint-Denis, au côté de Bidu Sayao dans *Manon*, reprise du spectacle donné au même théâtre la saison précédente. L'attente des spectateurs est comblée et Marcel Valois, qui qualifie Jobin de « l'un des meilleurs ténors qui soient en Amérique », ajoute : « Enfin, le public de Montréal voit ses vœux comblés en pouvant applaudir son artiste favori, qui appartient au Canada français tout entier. En effet, si Raoul Jobin est connu et admiré aux États-Unis, de la Côte Ouest à la Côte Est, et jusqu'en Amérique du Sud, ce n'est qu'une bien mince minorité anglophone du Canada qui peut apprécier l'élément culturel de classe internationale qu'il représente. Et pourtant, il avouera dans plusieurs interviews américaines, notamment à San Francisco, son vif désir de mieux connaître son propre pays. »

Cependant, les auditeurs anglophones de Vancouver peuvent entendre

102

à la radio CKWX les retransmissions de la San Francisco Opera Association, aussi bien que celles de l'Oregon, de Washington et de l'Idaho. Le 25 septembre 1945, ils peuvent entendre le concert d'ouverture de la saison au Memorial Opera House de San Francisco où Raoul Jobin fait sa centième apparition dans le rôle de Don José, au côté de Rise Stevens, avec Gaetano Merola au pupitre. Les mêmes auditeurs pourront l'entendre dans *Les contes d'Hoffmann* et *Paillasse*. Comme chaque automne depuis 1940, il retrouve les amis de la troupe pour les divers spectacles, concerts et récitals sur la Côte Ouest.

De retour à New York, après un détour à Trois-Rivières où il donne un récital avec Jean-Marie Beaudet, Raoul Jobin prépare sa rentrée du 3 décembre pour la reprise au Met de *Roméo et Juliette* qu'il chante pour la première fois sur une scène américaine. Edward Johnson remet l'œuvre de Gounod à l'affiche après une absence de sept ans de la scène du Met. Pour cette soixante et unième saison, il ajoute à la troupe huit jeunes chanteurs : Pierrette Alarie, Joel Berglund, Thomas Hayward, Dorothy Kirsten, Robert Merrill, Fiorenza Quartararo, Torsten Ralf, Wellington Ezekiel. Fritz Busch s'ajoute à la liste des chefs attitrés que sont Paul Breisach, Pietro Cimara, Emil Cooper, Wilfrid Pelletier, Karl Riedel, Cesare Sodero, George Szell, Bruno Walter. Et le public applaudit le retour, après quatre années d'absence, du ténor Jussi Bjoerling. Le répertoire allemand reprend la place qu'il occupait avant-guerre : *Lohengrin* ouvre la saison 1945-1946, suivi de *Tannhäuser*, à l'occasion du centenaire de sa création.

Le 8 décembre 1945, Pierrette Alarie fait ses débuts au Met dans le rôle du page Oscar de *Un bal masqué* et, le 12 janvier suivant, elle chante Olympia dans *Les contes d'Hoffmann*; ses deux compatriotes, Raoul Jobin et Wilfrid Pelletier, l'accompagnent. Les deux Canadiens partagent également les débuts de la jeune Américaine, Rise Stevens, dans le rôle de Carmen : tout comme Grace Moore, elle a acquis une grande partie de sa popularité au cinéma.

Entre les représentations au Met de *Roméo et Juliette*, *Carmen*, et *Les contes d'Hoffmann*, Raoul Jobin et ses camarades du Metropolitan Ensemble mettent au point les répétitions musicales et scéniques de leur nouveau répertoire, car ils vont entreprendre une tournée de douze concerts pour la deuxième saison, qui débutera à Montréal le 4 mars 1946, au His Majesty's. Partout la critique sera unanime à louer les voix et le jeu des quatre grands interprètes : Novotna, Glaz, Singher, Jobin.

Ce dernier participe au Met Tour 46 avec *Carmen* et *Roméo et Juliette*. A Cleveland, *Carmen* inaugurait la vingt et unième saison du « Spring Opera Festival », au Public Hall, devant neuf mille auditeurs : Raoul Jobin y est connu depuis six ans, et son succès toujours aussi éclatant. Il est également applaudi à Boston dans *Roméo et Juliette*, devant un public qui a encore en mémoire la performance de Bidu Sayao et Richard Crooks, huit ans plus tôt. Raoul Jobin et ses collègues, Rise Stevens, Licia Albanese, Eleanor Steber, Martial Singher, Alexander Sved, Dorothy Kirsten, Patrice Munsel, Francesco Valentino et Ezio Pinza, sont partout largement ovationnés.

Le 7 mai 1946, les Montréalais assistent au His Majesty's à une représentation de *Werther*, organisée en « Grand Gala de Musique française », sous le patronage du comte de Hauteclocque, ambassadeur de France à Ottawa. Jean Morel est au pupitre. Le matériel d'orchestre vient de France grâce à Georges Vanier, ambassadeur du Canada en France. Lily Djanel, John Brownlee, Rosita Argüello, l'épouse sansalvadorienne de Maurice Faure, David Rochette et Louis Bourdon entourent Raoul Jobin.

Le 10 mai, au Plateau, une soirée de gala est donnée par l'Association des élèves du Conservatoire de musique et d'art dramatique de la province de Québec, sous la direction de Wilfrid Pelletier. Le programme est entièrement composé d'œuvres françaises et la plupart des artistes sont des anciens élèves du Conservatoire de Paris : Lily Djanel, Martial Singher, Maurice Faure et sa femme, le violoncelliste Marcel Hubert et sa sœur Yvonne, Raoul Jobin, Hervé Baillargeon, Jacques Lecompte, et le chœur des élèves du Conservatoire que dirige Marcel Laurencelle. La soirée est placée sous le signe de l'amitié franco-canadienne. C'est Maurice Faure qui est à l'origine de ce concert-bénéfice. Avec Raoul Jobin, Martial Singher et Wilfrid Pelletier, il a conçu le projet d'organiser un concert pour venir en aide aux jeunes musiciens étudiants de Paris.

Raoul et Thérèse Jobin sont sensibles à la souffrance et aux besoins de leurs amis français : depuis la fin de la guerre, ils leur font parvenir régulièrement des colis, et ceci jusqu'au retour définitif de la famille Jobin à Paris en septembre 1949. Mme d'Estainville, la famille Wolff, Gustave Dutoit, la bonne Louise, André Tanneur, Jacqueline Courtin, Abby Chéreau, Louis Cayla, Pierre Benet, Marie-Jeanne Ducluzeau et d'autres bénéficient de la générosité de la famille Jobin.

Raoul Jobin est de plus en plus sollicité. Pierre Wolff, qui s'occupe pour le moment de ses intérêts en France, lui fait part d'invitations à chanter au Portugal et en Italie. Les conditions financières sont minces dans cette période d'après-guerre : il refuse encore les offres qui se présentent, bien que son grand désir soit de retrouver la France.

Avant de prendre la route de Mexico pour une deuxième saison au théâtre Bellas Artes avec *Faust* et *Roméo et Juliette*, il enregistre pour la firme Columbia de New York, le 31 mai, un album de trois disques 78 tours avec Wilfrid Pelletier et l'orchestre du Metropolitan. L'album comprend six extraits d'opéras français : c'est un de ceux qui restituent le mieux la qualité exceptionnelle du timbre du ténor à l'apogée de sa carrière.

Après une série de représentations au Zoo Opera de Cincinnati pour la Cincinnati Summer Opera Company et de courtes vacances à Sainte-Pétronille, il retrouve son public des Festivals de Montréal pour une *Carmen* en plein air au stade Molson, le 7 août 1946. Thérèse chante Micaela pour la troisième fois au côté de son mari. Elle est très en voix. La presse note qu'elle chante fréquemment à New York et que Jean-Marie Beaudet l'a invitée à chanter le rôle de Salomé dans l'*Hérodiade* de Massenet à Radio-Canada, quelques mois plus tôt. Une foule considérable applaudit longuement Lily Djanel, Raoul et Thérèse Jobin, Hugh Thompson et Emil Cooper, chef d'orchestre, dans ce spectacle mis en scène par Armando Agnini, de San Francisco.

Il retrouve Bidu Sayao, sa partenaire idéale dans *Roméo et Juliette*, à San Francisco : c'est un triomphe, une fois de plus.

C'est au côté de Maggie Teyte qu'il chante, le 31 octobre 1946, des extraits de *Pelléas et Mélisande* avec le Philharmonic Symphony Orchestra que dirige Arthur Rodzinski à Carnegie Hall. Quelques jours plus tard, le 11 novembre 1946, Raoul Jobin ouvre la saison du Met au côté de Lily Pons dans *Lakmé* : ce sont les débuts du chef d'orchestre français, Louis Fourestier. C'est la troisième soirée d'ouverture du ténor canadien depuis ses débuts au Met en 1940. A la demande d'Edward Johnson, il travaille le rôle de Radamès d'*Aïda*, en italien. Il se prépare également à reprendre l'ouvrage en français à l'Opéra de Paris.

Les artistes français, Renée Mazella, Maurice Faure et Louis Fourestier, doivent leur entrée au Met à l'amitié de Raoul Jobin et à son désir de rehausser le prestige de l'opéra français en Amérique du Nord. Son amour pour la France lui a fait accepter l'offre de Grace Moore de participer à un gala qu'elle organisait pour les artistes français dans le besoin.

Raoul Jobin n'en oublie pas pour autant ses amis canadiens. Il propose Wilfrid Pelletier, qui l'a aidé à son retour d'Europe au début de la guerre, comme chef d'orchestre à Gustave Dutoit qui organise une représentation de *Werther* à l'Opéra-Comique. Quelques semaines plus tard, Raoul Jobin apprend que sa proposition est refusée. Il est très déçu de manquer l'occasion de présenter Pelletier en France après tant d'années de travail consacrées à faire connaître le répertoire français en Amérique, même si le choix des œuvres n'est pas très varié. Wilfrid Pelletier ne dirigera jamais le répertoire français en France ni en Europe.

Un surcroît de travail provoque un accident pulmonaire, à la suite d'un concert à Chicago avec Désiré Defauw dans *La damnation de Faust*, le 9 janvier 1947. Raoul Jobin est malade depuis quelques semaines et ne tient ses engagements qu'à l'aide de piqûres. Son médecin traitant, de

New York, craignant une pneumonie, lui impose une période de repos. Il renonce donc à la troisième tournée du Metropolitan Ensemble prévue pour janvier-février et demande à Jacques Gérard de le remplacer, car il est familier comme lui du répertoire français et italien au programme. Thérèse et les enfants entourent de leur affection chaleureuse le chef de famille. Il remet à plus tard le travail sur la partition d'*Aïda* et profite de ce congé forcé pour préparer sa rentrée à Paris prévue en avril.

C'est un Raoul Jobin bien reposé et en très grande forme que le public de Cleveland, enthousiaste, accueille avec Louis Fourestier lors du Met Tour 47. L'équipe de *Lakmé*, Lily Pons, Martial Singher et Giacomo Vaghi, partage son succès.

Thérèse s'est rendue à Boston pour les spectacles de la tournée. Elle surveille attentivement son mari qui doit faire sa grande rentrée parisienne dans quelques semaines. Son état de santé est à présent excellent et la voix a retrouvé sa fraîcheur et son éclat. Thérèse reprend son rôle de conseiller maintenant que les enfants lui laissent plus de liberté ; ensemble ils écoutent les radiodiffusions du Met qu'ils ont fait enregistrer sur disques. Ils les analysent afin de corriger les imperfections qu'ils détectent. Raoul Jobin a en sa possession tous ses enregistrements des dernières saisons du Met. Pour ses débuts parisiens d'après-guerre, Thérèse sera là, précédant Raoul de quelques jours, avec Louis Fourestier.

Raoul Jobin termine en hâte ses préparatifs. Comment retrouvera-t-il Paris après ces huit années d'absence ? Ce n'est plus le sympathique jeune ténor rempli d'ardeur que va entendre le public parisien, mais bien une « star » de quarante et un ans, vedette du Metropolitan et du Colon. Il se sait en pleine possession de tous ses moyens, mais il a peur de la grande responsabilité qui l'attend. A l'Opéra, comment le recevront les anciens camarades, lui qui n'a pas souffert de la guerre ? Il a aussi entendu beaucoup d'histoires sur l'attitude de certains durant l'Occupation... Il en a discuté à plusieurs reprises avec Thérèse et ils en sont venus à la conclusion qu'il valait mieux demeurer neutres, écouter sans juger...

XII

16 mai 1947. Remis à l'affiche pour la première fois depuis la Libération, *Lohengrin* marque le retour triomphal de Raoul Jobin à l'Opéra de Paris. Reflet des fastes d'avant-guerre : la tenue de soirée est de rigueur. Louis Fourestier remplace Otto Klemperer qui avait été affiché. Raoul Jobin est entouré de Germaine Hoerner, Renée Gilly, Pierre Froumenty, Pierre Nougaro et Charles Cambon. Dans *Opéra*, Louis Beydts consacre une demi-colonne enthousiaste à cette représentation : « Voilà huit ans que M. Raoul Jobin ne s'était pas fait entendre à Paris — et l'on sait quelle redoutable épreuve une aussi longue absence constitue pour un artiste dont le souvenir est à ce point flatteur. Le sympathique ténor a triomphé de cet écueil avec un bonheur éclatant. Sa voix, qui s'est élargie, n'a rien perdu de sa singulière facilité. Jamais sa vaillance ne se corrompt de brutalité, non plus que sa générosité de basse complaisance. Et si l'aigu brille toujours de sa même insolente chaleur, le médium a acquis une chair et une couleur grâce auxquelles je ne suis pas surpris que le Lohengrin d'hier ait pu chanter — et fort bien, de sévères auditeurs me l'ont affirmé — la partie même de *Pelléas* sur plusieurs scènes américaines...

En écoutant M. Jobin, je me rappelais une très émouvante représentation de *Roméo* qu'il donna au théâtre Sarah-Bernhardt, alors que l'Opéra s'y était réfugié pendant les représentations de 1936. Ses dons vocaux ne m'avaient pas seulement frappé, mais aussi son application constante et son ardente conviction. On sent qu'il n'a pas cessé depuis de travailler, de réfléchir, on se rend compte qu'il n'a jamais excédé ses moyens. Ainsi les a-t-il épanouis dans une plénitude inséparable de la sécurité. Et je connais peu d'exemples plus salutaires que le sien pour les jeunes gens que tente une carrière dont les véritables avantages ne s'acquièrent qu'au prix d'une sage patience et d'un prudent effort. »

La reprise de *Lohengrin* est un événement aussi bien pour l'Opéra de Paris que pour Raoul Jobin. Pour lui, ce soir-là restera un des moments les plus émouvants de sa carrière. Lui seul en connaît le prix. Le public lui a fait une ovation de quinze minutes. C'est donc devant un des publics les plus exigeants qui soit qu'il reçoit la récompense de toutes ses années d'efforts et de travail continu. Il est, durant ces minutes de vérité, l'homme le plus heureux du monde.

Thérèse vit intensément ce retour tant attendu dans ce Paris qu'elle affectionne. Elle revoit l'arrivée de son Roméo à la descente du train de la gare Saint-Lazare où l'attendaient les « jobinistes » enthousiastes; les journaux dans les kiosques : « Un grand artiste qui a défendu avec acharnement le répertoire français dans les deux Amériques, en particulier au théâtre Colon de Buenos Aires »; puis leur arrivée à l'hôtel Scribe où Janine Micheau avait réservé une suite complétée d'un piano qui lui permet de travailler tous les matins avant les répétitions à l'Opéra; sa première entrevue avec Georges Hirsch qui succède à Jacques Rouché à la direction de l'Opéra et de l'Opéra-Comique et qui l'affiche dans *Manon*, le 23 avril, pour son retour à l'Opéra-Comique.

Les échos de la grande rentrée parisienne de Raoul Jobin traversent l'Atlantique. Ainsi Eloi de Grandmont, correspondant du journal *Canada* à Paris, écrit : « Jobin a ici un public qui l'adore et à sa rentrée il a été acclamé comme un dieu. De l'avis de la critique et des spécialistes, Raoul Jobin est présentement plus en forme que jamais. Et tous les succès qu'il remporte dans le monde ont fait de lui un des meilleurs ambassadeurs du Canada. »

De son côté, René Arthur reproduit dans le *Radio Monde* de Montréal, le 30 août 1947, une lettre de Jeanne Maubourg et un extrait de la critique de Louis Beydts :

« Cher René,
Vous trouverez dans *Opéra* l'article superbe paru sur Jobin, qui a été reçu à Paris comme un prince, et qui devient tout simplement un des plus forts ténors wagnériens. Voilà qui fera réfléchir les "petits camarades" de Montréal qui prétendent qu'il est "fini". Quels idiots, méchants et envieux. Je suis si contente de constater que papa Roberval avait dit vrai en prédisant à la Société canadienne d'opérette qu'il deviendrait un "grand fort ténor". Il n'avait qu'à travailler, voilà tout !... Il valait de publier cet extrait, non seulement en raison de la louange qu'il apporte à un des nôtres, mais aussi pour les avis qu'il contient à l'adresse des chanteurs. Il faudrait que ceux-ci en prennent de la graine... — Jeanne Maubourg. »

Durant ces deux mois passés à Paris, les Jobin renouent avec tous les amis d'avant-guerre. Le temps file trop vite entre les répétitions, les spectacles et les dîners. Raoul Jobin chante à l'Opéra-Comique *Tosca*, *Werther*, *Carmen*. Il partage également le succès de la deux cent cinquantième représentation de *Carmen* avec quatre collègues dans le rôle-titre : Solange Michel, J. Lussas, Renée Gilly et Madeleine Mathieu, soirée de gala que dirige Albert Wolff.

C'est aussi la fête lorsqu'ils reviennent au Canada les bras chargés de gâteries pour les enfants. Tous se rendent à Ottawa pour le Congrès marial organisé par Mgr Vachon, archevêque d'Ottawa, qui a beaucoup d'estime et d'amitié pour le célèbre ténor qu'il connaît depuis les années de l'université Laval. Raoul Jobin chante aux diverses cérémonies qui se déroulent du 19 au 22 juin 1947. Il retrouve ses amis de l'Alliance française. Antonio Tremblay lui fait entendre un jeune soprano, Constance Lambert, dont il dira qu'« elle a une voix magnifique et un talent qui ne demande qu'à se développer et à se produire ».

La famille installée comme chaque été à Sainte-Pétronille, Raoul Jobin prend la route de Mexico où quatre opéras sont à l'affiche de l'« Opera Nacional » au Bellas Artes : *Manon, Roméo et Juliette, Samson et Dalila, Faust*. Il y retrouve deux camarades français : Geori Boué et son mari Roger Bourdin qui chantent à ses côtés.

Il s'astreint, comme toujours, à utiliser les premières heures de la journée pour son courrier d'affaires. Il soigne tout particulièrement sa prochaine venue en France, prévue pour janvier 1948. Il écrit à Pierre Wolff son désir d'interpréter *Pelléas* à Paris. Et il ajoute : « Comme je suis trop gros, je préférerais le chanter d'abord au concert. Propose-le au Patron. On pourrait donner un gala spécial avec Denya comme Mélisande, c'est la plus humaine que je sache et la meilleure Mélisande comme expression et sincérité que j'aie entendue. »

A Sainte-Pétronille, le mois d'août est des plus joyeux et les amis se succèdent chez les Jobin. C'est avec chaleur qu'ils reçoivent Pierrette Alarie et Léopold Simoneau qui songent, eux aussi, à quitter les États-Unis pour la France, conseil que Pierrette a reçu d'Edward Johnson. En septembre, Raoul Jobin reprend, pour la huitième fois, la route de la Côte Ouest, la saison 1947 étant celle du « Silver Jubilee » de la San Francisco Opera Association.

Raoul Jobin et Wilfrid Pelletier font partie des artistes qui ovationnent Gaetano Merola sur la scène du War Memorial avant le lever de rideau du spectacle d'ouverture de la saison, *La Traviata* avec Licia Albanese dans le rôle-titre. Les « stars du chant » qui entonnent un retentissant *Happy birthday* sont, entre autres : Lily Pons, Leonard Warren, Salvatore Baccaloni, Bidu Sayao, Jan Peerce, Florence Quartararo, Raoul Jobin, Helen Traubel, Ezio Pinza, Hertha Glaz, Lawrence Tibbett, Martial Singher, Stella Roman, Dorothy Kirsten, Blanche Thebom... Le Tout-San Francisco rend hommage à son fidèle directeur, Gaetano Merola. La compagnie aura donné durant ces vingt-cinq dernières années 548 représentations de 74 œuvres lyriques devant quatre millions de personnes. Mis à part New York, San Francisco est la ville nord-américaine la plus importante pour la qualité de ses productions et le choix exceptionnel des artistes qui y sont invités.

Le lendemain, le 18 septembre, Raoul Jobin et Bidu Sayao chantent au côté de Martial Singher, qui fait ses débuts à San Francisco dans le rôle de Mercutio, de *Roméo et Juliette*, que dirige Wilfrid Pelletier. C'est la troisième fois que Martial Singher débute dans une ville au côté de Raoul Jobin : leurs carrières ont été parallèles dans la France d'avant-guerre, au Metropolitan, en Amérique du Sud, maintenant à San Francisco. Ils sont parmi les grands artistes qui défendent le répertoire français avec autorité en Amérique. Ce sont également les débuts de Dorothy Kirsten, protégée de Grace Moore et nouvelle *prima donna* américaine, dans le rôle-titre de *Louise*, qui est présenté pour la première fois au public de la Côte Ouest. Le quatuor vocal est complété par Raoul Jobin, Ezio Pinza et Claramae Turner; la mise en scène, d'inspiration très parisienne, est confiée à Armando Agnini, les chœurs à Kurt Herbert Adler et la direction d'orchestre à Paul Breisac. Le succès de la nouvelle production rejoint ceux des grands soirs et l'œuvre est à l'affiche à Sacramento et Los Angeles.

Durant son séjour sur la Côte Ouest, qui le conduit à Portland, Seattle, puis à La Nouvelle-Orléans, avec *Roméo et Juliette* en compagnie de Patrice Munsel, Raoul Jobin interprète, pour les débuts de Claudia Pinza dans le rôle de Marguerite, *Faust*, que dirige Wilfrid Pelletier et avec la participation de la célèbre basse Ezio Pinza, père du jeune soprano. L'événement soulève l'enthousiasme du public...

Pour Raoul Jobin, la saison 1947-1948 au Metropolitan de New York est limitée à six semaines, avec un cachet de 500 dollars par semaine. Les spectacles où il est à l'affiche, entre le 12 novembre 1947 et le 10 janvier 1948, sont *Manon, Louise, Paillasse*. Ce sera sa saison la plus courte depuis son entrée dans la troupe du Met en février 1940. Le Met fait deux reprises importantes d'opéras français : *Manon*, remis à l'affiche après quatre ans d'absence et qui est l'objet d'une superproduction avec Louis Fourestier, Licia Albanese, Raoul Jobin, Martial Singher, et *Louise*, également absent du répertoire depuis 1943, et qui marque les débuts de Dorothy Kirsten à New York, entourée de Raoul Jobin, John Brownlee, Margaret Harshaw, et au pupitre Louis Fourestier.

Entre les reprises de *Manon* et *Louise*, Raoul Jobin est invité par « Les Concerts symphoniques de Montréal » pour un concert de musique française que dirige Désiré Defauw, le 2 novembre, dans la salle du Plateau.

Avant de quitter l'Amérique pour son second séjour dans la France d'après-guerre, où il est attendu pour une reprise des *Contes d'Hoffmann* à l'Opéra-Comique, Raoul Jobin donne pour la première fois un récital à New York. Le 29 décembre 1947, c'est une assistance brillante qui remplit le Town Hall. Le programme est entièrement français : il offre en « première audition américaine » des œuvres de Marguerite Canal (*Sagesse*, trois mélodies) et de Louis Beydts (*La lyre* et *Les amours*), des

110

mélodies de Gabriel Fauré et Ernest Chausson, et des œuvres canadiennes comprenant les *Canadian folk songs*, arrangements de Leopold Morin et A. Somervell, *Three Songs of the West Coast* de Sir Ernest MacMillan, directeur de l'orchestre symphonique de Toronto, des œuvres de Bach, Haendel, Berlioz et Halévy. Il est accompagné au piano par Maurice Faure qui remplace son ami Jean-Marie Beaudet, souffrant.

Quelques jours plus tard, Raoul Jobin se rend donc en Europe avec dans ses bagages les costumes de *Roméo, Manon, Tosca, Werther, Louise* et *Lohengrin*. A peine installé à l'hôtel Scribe, il prend contact avec l'Organisation artistique internationale, dont le directeur M. Horwitz est en collaboration étroite avec M. Semon de la NCAC de New York qui s'occupe de ses affaires en Amérique; c'est son ami Pierre Wolff qui s'en charge en France. Ses imprésarios doivent jongler avec les dates disponibles entre les spectacles de l'Opéra, de l'Opéra-Comique, la province et les offres qu'il reçoit de Tunis, Londres, Budapest, Prague, Vienne et Milan. Georges Hirsch l'engage : il doit assurer à l'Opéra les représentations de *Lohengrin* et de *Roméo et Juliette*, et à l'Opéra-Comique, quelques spectacles de *Carmen, Tosca, Werther*, et la grande reprise des *Contes d'Hoffmann*, qui seront enregistrés en 78 tours. Il renonce à plusieurs invitations de théâtres qui ne peuvent lui donner le cachet demandé par ses agents, notamment Prague et Budapest, et n'obtient pas le congé demandé à Georges Hirsch pour Vienne.

Après un premier succès dans *Lohengrin*, c'est le 2 février qu'il fait sa rentrée à l'Opéra dans *Roméo et Juliette* au côté de Jacqueline Brumaire, œuvre dans laquelle il débutait dix-sept ans plus tôt sur la même scène. Claude Rostand écrit à cette occasion :

« Il est rare de voir un chanteur quitter son pays, faire un long séjour aux USA et en revenir ensuite grandement amélioré. C'est cependant ce qui est arrivé à M. Jobin. Avant-guerre, si je ne me trompe pas, il nous avait quittés plein de promesses, mais pas toujours à la hauteur de la situation; il nous revient en plein épanouissement, tenant plus que fidèlement ses promesses. Sa voix a pris de la puissance, de l'éclat, de la vaillance, une grande égalité et une grande aisance dans tous les registres. Et, surtout, son timbre a acquis une chaleur et un velouté absolument merveilleux et qui rappellent les plus belles voix viennoises que l'on ait entendues ces dernières années. Grande sécurité, grande maîtrise. Il a du goût, et ce qu'il faut de bravoure à tout ténor digne de ce nom; il reste toujours simple et élégant, même là où certaines tournures vocales de la partition pourraient pousser à quelques effets de style douteux, il se contente, lui, de l'effet de la simplicité et de la conviction... nous avons un ténor, un vrai. Qu'on nous le garde, et que l'on en fasse bon usage. » (*Le Spectateur*, 10 février 1948)

Le 3 avril 1948 a lieu la reprise des *Contes d'Hoffmann* à l'Opéra-

Comique. La mise en scène est confiée à Louis Musy et la direction musicale à André Cluytens. L'œuvre d'Offenbach avait été rayée du répertoire durant l'Occupation comme *Lohengrin* à l'Opéra, Paul Dukas et Mendelssohn au concert. Claude Rostand est élogieux encore une fois : « Côté interprétation, rien que des éloges. Pas d'erreur de distribution, ô miracle ! et le tout trié sur le volet. Qu'on en juge : un excellent Hoffmann de M. Jobin, qui se classe vraiment, et de loin, comme le premier de nos ténors de son emploi et qui apporte à nos théâtres lyriques un élément qui leur manquait absolument. » (*Carrefour*, avril 1948)

Thérèse est rentrée à New York pour des raisons de famille. Elle reçoit constamment des nouvelles de Paris : l'ambassadeur du Canada, le général Vanier, lui fait parvenir un télégramme sur l'accueil réservé aux *Contes d'Hoffmann*. Avant de terminer son deuxième séjour parisien d'après-guerre, Raoul Jobin est l'invité de René Maget, président-directeur général d'EMI Pathé-Marconi, qui reçoit au Palais de la Radio et du Disque à l'occasion de l'enregistrement intégral des *Contes d'Hoffmann* et des adieux à Paris du ténor du Metropolitan. Peu de temps après, un gala organisé par l'ONU au palais de Chaillot est retransmis par la radio et les auditeurs peuvent entendre l'enregistrement intégral de l'œuvre effectué sous la direction artistique de Michel de Bry, et qui vaudra à l'équipe un grand « prix du Disque » la saison suivante. Raoul Jobin sera assimilé longtemps au personnage d'Hoffmann, et l'on dira que c'est en 1948 qu'a été créé le rôle.

Aussitôt rentré à New York, il prend le train pour La Nouvelle-Orléans où il chante deux fois *Samson et Dalila* au côté de Winifred Heidt, sous la direction de Walter Herbert. « J'y ai remporté un succès comme on n'en a jamais vu là-bas », dira-t-il. Puis il se rend à Montréal pour les fêtes du centenaire du collège Sainte-Marie, fêtes qui rappellent aux aînés l'atmosphère des Festivals de Montréal, dix ans plus tôt. Le gala musical qui inaugure la série de manifestations artistiques organisées par l'association des anciens élèves de cette maison des pères jésuites « est l'un des plus extraordinaires concerts entendus dans cette ville depuis plusieurs années », comme le diront les témoins de cette soirée, qui est uniquement consacrée à la musique de César Franck, avec la *Symphonie en ré mineur* et trois chants avec accompagnements d'orchestre que dirige Désiré Defauw : *Nocturne, La procession* et *Panis Angelicus*, interprétés par Raoul Jobin. Le programme est complété par deux œuvres canadiennes : une *Cantate* de Jean Vallerand écrite pour le Congrès marial d'Ottawa, quelques mois plus tôt, dirigée par l'auteur à la tête de l'orchestre des Concerts symphoniques, et une création, les *Variations symphoniques* de Clermont Pépin (vingt et un ans) lauréat du concours de composition qui lui vaut le prix J. Lallemand, attribué par un jury composé de Désiré Defauw, Wilfrid Pelletier et Sir Ernest MacMillan.

Le baryton montréalais Claude Létourneau se souviendra « de la noblesse de l'interprétation que Raoul Jobin a donnée de *La procession* de César Franck avec le maître Désiré Defauw ».

Raoul Jobin est encore invité pour l'inauguration de la « Sexta Temporada Anual de la Opera Nacional » de Mexico qui débute le 11 mai 1948 avec *Carmen* au Palacio de las Bellas Artes. Il y retrouve ses amis, Armando Agnini et Leonard Warren, et remporte un très grand succès dans *Samson et Dalila* avec la même équipe, sous la direction de Jean Morel et avec la participation d'Irma Gonzales, et qui se souviendra de Raoul Jobin comme « d'un parfait camarade, d'un grand musicien et d'un artiste très consciencieux ».

Ce sera la dernière saison mexicaine de Raoul Jobin.

Dès son retour à New York, il prépare ses papiers, visas et billets d'avion, et ceux de Thérèse qui viendra le rejoindre cette année à Buenos Aires. Ensemble, ils décident qu'ils quitteront définitivement New York avant le 1er août 1949 et que, désormais, Thérèse et les enfants habiteront Paris. Ils ont encore une année devant eux pour se mettre à la recherche d'un appartement parisien; les enfants feront une dernière année scolaire à New York.

Mais avant Paris c'est l'Argentine.

XIII

14 juillet 1948. Le général Juan Peron et sa femme Eva président la soirée de gala au théâtre Colon qui affiche *Werther*, gala organisé par le comité de la Société française de Buenos Aires à l'occasion de la Fête nationale. Le théâtre est comble. Avant le lever du rideau, Ferruccio Calusio dirige l'hymne argentin et Raoul Jobin entonne *La Marseillaise*. Sauf pour le rôle-titre chanté par le ténor canadien, la distribution de l'ouvrage est entièrement composée d'artistes argentins : Zaira Negroni, Olga Chelavine, Felipe Romito; les décors sont signés Hector Basualda, la mise en scène Otto Erhardt.

Raoul Jobin est maintenant le grand Werther du public argentin. Il le chantait lors de sa première saison en 1941 et le reprenait en 1943 en soirée de gala pour la Fête nationale de l'Argentine, le 25 mai, au côté de Marcelle Denya, spectacles que dirigeait Albert Wolff. C'est donc dans un de ses plus beaux rôles, remis à l'affiche après cinq ans d'absence, que le public l'applaudit. La direction artistique du théâtre Colon est assurée par Ferruccio Calusio, disciple de Toscanini, qui lui confie cinq représentations de *Werther* et cinq d'*Armide*, entre le 14 juillet et le 22 août.

La saison musicale est variée et les plus grands artistes de l'heure se retrouvent soit au théâtre Colon, soit dans les salles de concerts ou les petits théâtres de la capitale avec l'Association wagnérienne (la Wagneriana), les « Amigos de la Musica », les œuvres sociales d'Eva Peron connues sous le nom de « Ayuda Social Maria Eva Duarte de Peron », l'Alliance française... Ainsi voit-on de grands chefs diriger : Victor de Sabata dans des concerts Wagner; Jacques Ibert dans son œuvre, *Angélique,* et dans *Le pauvre matelot* de Darius Milhaud; Hermann Scherchen; Erich Kleiber dans les opéras allemands; Ferruccio Calusio dans *La Traviata,* avec Gigli et sa fille Rina, etc. C'est à Buenos Aires que les artistes lyriques en saison au Colon apprennent que le Met annule sa saison 1948-1949. On apprend également que Hermann Geiger Torel, régisseur ces trois dernières saisons au Théâtre municipal de Rio de Janeiro, vient d'être nommé professeur et régisseur à l'école d'opéra du « Royal Conservatory of Toronto ». Il sera cofondateur et directeur de la Canadian Opera Company qui sera mise sur pied en 1950.

Ceux qui comptent Raoul Jobin parmi leurs amis savent qu'il est fidèle et dévoué. Pour le grand artiste, l'amitié signifie « donner » et sa générosité comme sa chaleur humaine sont devenues proverbiales. Avec Wilfrid Pelletier, il a aidé de jeunes chanteurs canadiens à New York — Jacques Larochelle, Joseph Ladéroute, Jacques Gérard — et, depuis la fin de la guerre, il suit les carrières de ses compatriotes en France. C'est aussi grâce à son intervention que Renée Mazella, Maurice Faure et Louis Fourestier ont été invités au Met. Il est attentif à l'évolution du Conservatoire de Montréal qu'organise Wilfrid Pelletier. Il connaît son désir d'avoir à Montréal un maître du « beau chant français » comme professeur. Il pressent une célèbre basse française André Pernet, pour ce poste et en informe Wilfrid Pelletier dans une lettre du 7 août 1947 et venant de Buenos Aires :

Mon cher Pelly,

Je viens de recevoir une lettre de mon ami André Pernet dont je vous ai parlé au sujet du Conservatoire de Montréal. Vous savez en quelle haute estime je tiens André Pernet que je considère comme le plus grand artiste lyrique actuel. Si la voix n'est plus la même, la technique y est toùjours, de même que la musicalité qui est impeccable. Je ne parle pas de ses qualités scéniques, lui que les comédiens du Théâtre Français de Paris venaient voir jouer et admirer à l'Opéra lors de ses créations.

Je vous dis tout cela parce que je crois qu'il serait une acquisition extraordinaire pour la section lyrique du Conservatoire de Montréal, ayant été et étant encore une des plus grandes personnalités du théâtre lyrique de France... Espérant, cher ami, avoir le plaisir de voir les pourparlers se poursuivre heureusement et se terminer par un engagement de M. André Pernet, je vous prie de croire à l'expression de mes sentiments les plus sincèrement amicaux.

Raoul Jobin.

Malheureusement, les démarches entreprises resteront sans lendemain pour des raisons de santé et des considérations d'ordre privé.

Le 3 août 1948, Thérèse est éblouie par la splendeur du théâtre Colon qui présente la première de la reprise d'*Armide*. C'est le premier spectacle auquel elle assiste depuis son arrivée : Roméo y interprète le rôle de Renaud qu'il reprend au Colon pour la troisième fois; la première en 1943 au côté de Rose Bampton, et la seconde en 1945 avec Delia Rigal qui, ce soir, chante de nouveau Armide. Le spectacle est somptueux : la mise en scène de José Gielen et la chorégraphie de Margarita Wallmann sont servies par un décor de H. Basaldua, inspiré de l'œuvre du Tasse. Hector Panizza dirige une distribution argentine composée de Delia Rigal, Felipe

Romito, Lydia Kindermann, Norma Palmieri, Nilda Hoffmann, Carlos Feller, Angel Mattiello, Humberto Di Toto, Alvaro Bandini, Maria Cherry, Carmela Giuliano, Maria De Benedictis, etc. Seul Raoul Jobin est étranger.

Le 23 août, très tôt dans la matinée, Raoul Jobin prend l'avion pour Rio avec Thérèse à qui il veut faire connaître la beauté de la capitale brésilienne, qui impressionne fortement Thérèse :

« Le voyage en Amérique du Sud est un de mes plus beaux souvenirs. Nous volions assez bas entre les montagnes des Andes et toutes les couleurs de rouge dégradé variaient d'une montagne à l'autre [...] Il avait loué un piano et, tous les matins, Louise Dutrie venait le faire travailler. Premier Prix du Conservatoire de Paris, de la classe de Marcel Ciampi, elle était belge et vivait en Argentine. Cette année-là, Roméo chantait *Werther* et *Armide*. Dans *Werther*, Charlotte était Negroni, Argentine d'origine italienne, et Ferruccio Calusio dirigeait l'orchestre. Dans *Armide*, c'était Hector Panizza, qui était chef depuis longtemps au Met; Delia Rigal chantait le rôle-titre. Elle est le soprano dramatique qui m'a le plus impressionnée. Elle avait compris le style français, le phrasé, le soutenu de l'archet à la corde, et l'absence d'accentuation de cette langue. J'ai assisté à tous les spectacles de Roméo et à d'autres, ainsi j'ai vu les débuts de Kirsten Flagstad dans Iseult à Buenos Aires. Quelle voix ! Mon séjour à Buenos Aires a été très agréable et nous sommes revenus par Rio. L'humidité m'a beaucoup fatiguée et je comprends Roméo lorsqu'il me disait que l'humidité lui était aussi néfaste que le froid. Nous sommes arrivés à New York par une chaleur ! Et nous sommes repartis vers le Canada. Les enfants ne nous attendaient pas et nous leur avons fait une grande surprise. Roméo est demeuré dix jours avec nous à l'île d'Orléans avant de repartir comme chaque année sur la Côte Ouest pour la saison de San Francisco. »

La même année, durant son séjour automnal sur la Côte Ouest, Raoul Jobin est affiché dans *Paillasse*, *Manon* et *Carmen*. Il retrouve Ezio Pinza et son incomparable *Don Giovanni*, Herbert Janssen qui revient pour le Hans Sachs des *Maîtres chanteurs*, Nadine Conner dans *Rigoletto* au côté de Leonard Warren, Licia Albanese, magnifique Tosca et Traviata, Salvatore Baccaloni, unique Falstaff, Bidu Sayao, Mimi, Manon et Zerlina et son vieux camarade Lorenzo Alvary qui se souviendra de son « exigence pour lui-même et de la qualité de son travail, sans parler de sa discipline de vie qui était d'une grande sobriété à cause de la fragilité de sa santé, qu'il surveillait de très près, car, disait-il, "ma voix, c'est mon gagne-pain et celui de ma famille" ».

Après la tournée habituelle de la Côte Ouest de la troupe de San Francisco qui voyage avec douze wagons remplis de décors et d'accessoires, Raoul Jobin entreprend, avec son ami Jean-Marie Beaudet, une grande série de concerts aux États-Unis et au Canada, qui va durer jusqu'à la mi-janvier. Entre-temps, il participe à une production de *Carmen* à Pittsburgh, avec Gladys Swarthout et une *Tosca* au Mosque Theatre de Newark, le 8 décembre, avec la célèbre Maria Jeritza, qui a connu les grands soirs du Met d'avant-guerre et qui reçoit l'hommage d'une salle nombreuse où l'on reconnaît Giovanni Martinelli, Emanuel List, Giuseppe De Luca, Licia Albanese et Edward Johnson qui va donner sa démission, quelques jours plus tard, de ses fonctions de directeur du Metropolitan.

Le 12 novembre 1948, la une des journaux relate l'accident dont vient d'être victime Raoul Jobin, blessé au poignet par le couteau de sa Carmen :

« Sans le vouloir, les artistes d'opéra vivent parfois leur rôle. C'est ce qui est arrivé, jeudi soir, durant la représentation de *Carmen* de Bizet, par la troupe du Metropolitan. Au troisième acte, le chanteur canadien français Raoul Jobin, qui tenait le rôle de Don José, a été bel et bien blessé au cours de la violente dispute précédant sa sortie de scène. Mme Gladys Swarthout, qui jouait Carmen, avait égaré une dague en bois qu'elle devait employer dans la scène. Au dernier moment, elle a décidé de se servir d'un véritable couteau. Résultat : elle a blessé, involontairement sans doute, son Don José au poignet. Le sang s'est mis à couler comme un robinet. Heureusement, Mme Paula Lencher, qui chantait Micaela, a porté secours à Jobin, en déchirant, à même sa jupe, un morceau de tissu avec lequel elle a fait un tourniquet au poignet du chanteur. Après un léger retard, Don José est revenu pour le quatrième acte. Mais, après le duel final, il s'est évanoui. Pour une fois, les mélomanes en avaient eu plus que pour leur argent. » (*Le Petit Journal*, Montréal)

Fort heureusement, ce n'était pas grave. Et les triomphes continuent.

A Québec, les mélomanes fêtent l'artiste à la fin du concert Jobin-Beaudet du 10 janvier 1949. Ce n'est plus le « p'tit gars » de Saint-Sauveur qui a réussi que le public vient applaudir, mais le « glorieux fils » que tout Québec reconnaît comme son plus célèbre ambassadeur à l'étranger.

Son troisième contrat en exclusivité à l'Opéra et à l'Opéra-Comique l'oblige à renoncer à une offre de la Scala. A Paris, sa rentrée dans *Roméo et Juliette*, le 19 février 1949, suscite l'attention de la critique : « ... Au Roméo sous le pourpoint duquel Raoul Jobin reprenait contact avec le public parisien, aucune des qualités profondes et diverses ne manque de toutes celles indispensables à ce rôle merveilleux et redoutable, dont les contraintes sont telles qu'on ne peut prétendre y satisfaire qu'en les dominant de très haut.

« De très haut — et de plus haut encore — car le registre aigu du chanteur est soumis ici à une épreuve que chaque acte aggrave et dont le dernier tableau épanouit impitoyablement la rigueur, bien que les dons naturels les plus généreux ne suffisent pas pour résoudre le problème qu'impose la tessiture terrifiante de la scène du Tombeau. Lorsqu'une technique vocale exemplaire, en effet, semble en surmonter les écueils, ne faut-il pas en outre qu'une âme s'y découvre, ardente et douloureuse, pour que l'interprète se montre digne de ces pages admirables.

« De ces sujétions vocales ou sentimentales, M. Jobin triomphe avec une aisance qui réchauffe son efficacité au constant respect des textes musicaux, et il nous convainc pleinement quand il pourrait se contenter de vaincre. On connaît l'indomptable vaillance de sa voix : il la colore des nuances les plus attachantes, et les mezza voce qu'il obtient au dernier acte, alors que Roméo, dans son délire, croit réentendre au lointain le rossignol, répandent une émotion ineffable. Au prix d'une pareille minute on mesure la vertu suprême du chant, qui prête alors aux accents humains l'enivrante vérité de la poésie. » (Louis Beydts, *Opéra*)

La saison 1949 parisienne voit également un renouveau de la danse avec la rentrée de Serge Lifar — tenu à l'écart depuis quatre ans — dans le *Prélude à l'après-midi d'un faune* où il est rappelé douze fois. Quant à l'opéra, de grandes œuvres du répertoire sont reprises : *Marouf, Pénélope,* que dirige Engelbrecht avec Marisa Ferrer et Georges Jouatte, *Pelléas et Mélisande,* que dirige André Cluytens, avec Irène Joachim et où alternent Camille Maurane et Jacques Jansen dans le rôle de Pelléas, *La Traviata* avec Delia Rigal; *Les mamelles de Tiresias* de Francis Poulenc avec Denise Duval; *Bolivar,* de Darius Milhaud. *Le marchand de Venise* reprend l'affiche pour honorer la mémoire de l'ancien directeur de la musique à l'Opéra, Reynaldo Hahn.

La mort de celui-ci et la démission de Henry Malherbe du poste de directeur de l'Opéra-Comique ont été à l'origine d'une réorganisation de la direction des deux grandes scènes lyriques. Deux directeurs de la musique (Louis Fourestier et André Cluytens), deux directeurs de la scène (Max de Rieux et Musy), deux maîtres de ballets (Serge Lifar et Etcheverry) et deux directeurs administratifs (Gadave et Jamin) assurent désormais, sous la direction générale de Georges Hirsch, le fonctionnement à la fois indépendant et coordonné des deux scènes.

Le 5 mars 1949, au palais de Chaillot, Raoul Jobin est l'invité, en matinée, des Concerts Pasdeloup, que dirige Albert Wolff, et en soirée, à Pleyel, il interprète le « chant de la forge » (en français) de *Siegfried* et le « récit du Graal » de *Lohengrin.* Le 8 mars, Radio Ici-Paris remet le prix du Disque, au théâtre des Champs-Élysées, à André Cluytens et son équipe, pour l'enregistrement intégral des *Contes d'Hoffmann.* « En tout point une réussite... Raoul Jobin, Renée Doria, Vina Bovy, Geori Boué, Fanély Revoil, Renée Faure, Louis Musy, André Pernet, Roger Bourdin

118

et Bourvil, tous témoignent d'une connaissance approfondie et intelligente de la partition », écrit Serge Berthoumieux dans *France-Illustration*.

En plus des *Roméo et Juliette* à l'Opéra, au côté de Mme Van Herck, puis de Jeanine Michaud en mars, suivis de représentations de *Marouf* qu'il chante pour la première fois à l'Opéra de Paris, Raoul Jobin interprète à l'Opéra-Comique *Carmen*, *Werther* et *Les contes d'Hoffmann*.

Du 8 au 18 avril, il est à New York. Pour le week-end de Pâques, il chante à Carnegie Hall dans la *Neuvième Symphonie* au côté de Eleanor Steber, Nan Merriman et Mark Harrel sous la direction de Bruno Walter. Puis Walter Herbert le dirige dans *Paillasse* à La Nouvelle-Orléans.

De retour en France, Raoul Jobin est invité le 9 juin au deuxième festival de Strasbourg, qui présente en soirée d'ouverture *La messe de Gran* de Liszt, avec pour solistes Suzanne Danco et Raoul Jobin. Le festival est consacré à la grande musique romantique.

A son retour à New York, il prend connaissance des coupures de presse que lui fait parvenir la NCAC. L'une d'elles illustre la fête que les artistes gagnants des « Auditions of the Air » offraient à Wilfrid Pelletier, en avril dernier. La photo illustre « le maestro » entouré de ses artistes préférés dont Raoul Jobin qui le retrouvera lors des Festivals de Montréal en juillet. Entre-temps, il reçoit du Metropolitan son engagement pour la saison 1949-1950, qui sera la dernière au Met.

Le tout premier « Festival musical et dramatique de Montréal » souhaite rivaliser avec le festival d'Edimbourg. Organisé par l'équipe de Mme Athanase David qui, depuis 1936, anime les festivals de Montréal, il présente huit productions échelonnées sur trois semaines et couvre l'opéra, le théâtre, le concert et le ballet. Les vedettes du Met côtoient les musiciens, chanteurs et comédiens canadiens, Montréal se révélant d'une grande richesse en talents locaux. Le succès de ces manifestations restera dans les mémoires comme « l'âge d'or de Montréal ».

En effet, ce festival 1949 fait date dans l'histoire de la musique au Canada. Aucune autre ville canadienne ne produit à ce moment une si grande richesse culturelle. Les deux grandes cultures du Canada offrent ce qu'elles ont de plus accessible avec une qualité professionnelle de très haut niveau. Dans les années qui vont suivre, l'avènement de la télévision et les exigences syndicales éteindront lentement cette flamme qui habitait le cœur des jeunes artistes d'alors. Peu à peu, la nostalgie de ces années survivra dans la mémoire des Montréalais témoins de cette époque. Raoul Jobin est le modèle à suivre, l'artiste qui a réalisé le rêve de sa jeunesse : toute une pléiade de jeunes chanteurs font appel à ses conseils et ses recommandations et se prennent à rêver à leur tour de la possibilité d'un Opéra national à Montréal. Ils obtiendront des bourses pour la plupart et iront étudier en Italie, en France ou à New York. De son côté,

Radio-Canada organise des concours de chant; c'est une mine d'or de belles voix que le public découvre : Jon Vickers, André Turp, Robert Savoie, Gaston Gagnon, Marguerite Lavergne, Simone Rainville, Joseph Rouleau, Jean-Pierre Hurteau, Yoland Guérard, Constance Lambert, Claire Duchesneau, Colette Merola, Yolande Dulude, Réjane Cardinal, Claude Létourneau, Napoléon Bisson, Claire Gagné, Thérèse Laporte, Jean-Paul Jeannotte, Pierre Boutet...

Le concert d'ouverture du festival de Montréal, le 25 juillet 1949, était donné par les musiciens de la Guilde de Montréal, sous la direction de Jean-Marie Beaudet, à l'auditorium de l'université de Montréal. Les jours suivants, les concerts symphoniques, sous la direction de Désiré Defauw, présentaient un concert avec Raoul Jobin en soliste. Le 27 juillet, *Beaucoup de bruit pour rien* de Shakespeare était interprété par des acteurs anglais à l'Open Air Playhouse, suivie de *L'illusion comique* de Corneille présenté par les « Compagnons de Saint-Laurent ». La surprise du festival fut la première canadienne de *L'histoire du soldat* de Stravinsky, donné le 9 août. Le 2 août avait eu lieu le concert des « Disciples de Massenet », avec comme soliste Pierrette Alarie et Léopold Simoneau, avant leur départ pour la France où ils venaient d'être engagés à l'Opéra-Comique.

Néanmoins, les deux grands événements de ce festival furent *Tosca* avec Rose Bampton, Raoul Jobin, Martial Singher et Salvatore Baccaloni, spectacle dirigé par Jean-Marie Beaudet, et l'immense succès de *Manon,* avec Eleanor Steber (Manon), Raoul Jobin (Des Grieux) et Martial Singher (Lescaut), direction Wilfrid Pelletier. Les deux mises en scène étaient confiées à Herbert Graf.

Manon attira plus de dix mille personnes au stade Molson. Marcel Valois souligna « l'harmonie constante de la représentation au point de vue musical, dramatique et visuel » et félicita les chanteurs : « Mme Steber fut vraiment souveraine. Raoul Jobin [...] a prouvé une fois de plus qu'il était l'interprète idéal du chevalier Des Grieux dans son pays comme partout à l'étranger. Possédant toujours sa riche voix de ténor à la solide école, il joue encore mieux qu'autrefois et dit le texte avec justesse. Dans le rôle de Lescaut, Martial Singher remporta son triomphe habituel. Voilà un chanteur-acteur comme il n'y en a pas beaucoup dans une génération. » (*La Presse,* 13 août 1949)

Le baryton Martial Singher avait débuté à l'Opéra la même année que Raoul Jobin. Ils avaient vingt-cinq ans tous deux. Ils se sont retrouvés par la suite assez fréquemment, notamment dans le quatuor du Metropolitan avec Hertha Glaz, Jarmila Novotna et lors des festivals de Montréal des années 1940. Singher dira de Jobin que c'« était un très bon musicien, un homme entier qui a su bien mener sa carrière, de plus un excellent camarade. J'ai toujours respecté l'artiste et admiré son travail ». De son côté, Thérèse affirmera « qu'avant la guerre, avant qu'il ne soit gravement malade, Martial Singher avait une grande voix, aussi belle que celle de Leonard Warren ».

Thérèse et les enfants, qui avaient assisté aux représentations du stade Molson, regagnent l'île d'Orléans et reçoivent la visite à Sainte-Pétronille d'Eleanor Steber. Les visiteurs américains sont ravis de l'hospitalité québécoise. Pour répondre aux désirs des amis et paroissiens, le ténor accepte de chanter dans la vieille église de Sainte-Pétronille un programme de musique sacrée (Fauré, Gounod, Franck...) qu'accompagne à l'orgue Rachel Drouin. La soirée est donnée gracieusement, au bénéfice de l'église de Sainte-Pétronille.

Cependant, avant que Raoul ne parte pour San Francisco, Georges Hirsch le redemande en France :

Mon cher Jobin,
J'ai été heureux de recevoir de vos bonnes nouvelles. J'ai entendu un disque de vous dans l'air de « la Forge » de Siegfried. Est-ce que vous chantez le rôle ? Sinon, pouvez-vous l'apprendre ? J'aimerais beaucoup l'année prochaine donner Siegfried avec vous. Je ne crois pas que nous soyons prêts pour l'Orfeo de Monteverdi au plus tôt avant la fin de la saison. Je pense aussi que votre séjour en Europe, si vous ne changez les dates, ne se limitera pas à une seule période et je désirerais savoir quand vous pensez revenir, après février...
Bien cordialement.

Georges Hirsch

Raoul Jobin lui répond le 26 septembre :

Cher Monsieur Hirsch,
Étant à Paris pour peu de temps cet hiver, je voudrais autant que possible faire des choses intéressantes. Je pense donner un récital à la salle Gaveau avant mon retour à New York. Je serais très heureux comme toujours de faire quelques représentations à Paris, et si Paillasse n'a pas encore été donné en français, j'aimerais faire cette reprise, si possible. Quant à l'Orfeo de Monteverdi, comme il est très possible et plus que probable que je revienne à Paris après le Metropolitan au printemps, je pourrais le faire à ce moment. Nous en reparlerons à Paris si vous le voulez bien.
Pour ce qui est de Siegfried, il est vrai que j'ai enregistré « la Forge », et que je la chante en concert, mais je ne crois pas avoir la voix pour ces rôles, du moins actuellement, ils sont trop lourds pour moi, et, malgré tout le plaisir que j'aurais à le chanter, je préfère attendre encore quelques années.

121

*Avec tous mes remerciements, je vous prie de croire, mon cher Directeur,
à mes sentiments les plus sincères et dévoués.*

Raoul Jobin

Désormais, Raoul Jobin veut accorder la priorité à l'Europe. Le répertoire qu'on lui propose est plus intéressant : outre des concerts, des compositeurs le sollicitent pour des œuvres nouvelles. Il croit pouvoir reprendre une carrière interrompue par la guerre. Dix ans se sont écoulés depuis le départ précipité de Thérèse et des enfants. Son fils, André, se souviendra de ces années américaines : « Papa travaillait beaucoup — la saison au Met était courte. Il y avait quelquefois des absences de neuf mois en Amérique du Sud, au Mexique, à Rio, à San Francisco, les tournées du Met. Jamais on ne s'est habitués aux départs de papa.

Au Met, on a assisté à quelques spectacles. Papa était un homme modeste, humble, honnête. Il a été beaucoup aimé. Sa vie a toujours été simple. Papa a défendu le répertoire français au Met avec volonté, ténacité, générosité du cœur, honnêteté. C'était un modèle pour moi. Jamais je ne l'ai entendu discréditer quelqu'un, surtout lorsqu'un autre ténor chantait ses rôles. Il adorait recevoir à la maison, il avait le sens de l'amitié. »

TROISIÈME
PARTIE

14 septembre 1949. L'avion qui ramène Thérèse et les enfants vers la France atterrit le 16 à Paris. Après trois semaines de recherches, Thérèse trouve enfin un appartement. Elle en informe Roméo, en saison à San Francisco, et lui écrit que « les enfants semblent bien heureux, que les réactions sont excellentes et que même la petite France préfère Paris à New York ». Une vie nouvelle commence dans ce Paris d'après-guerre. Les enfants entament leur année scolaire. Le 1er novembre, Thérèse s'installe au 3, square du Bois de Boulogne et Louise viendra rejoindre la petite famille Jobin.

Raoul Jobin, de son côté, entreprend sa dixième saison à San Francisco. Il est descendu à l'hôtel Clift comme la plupart des camarades qu'il retrouve chaque année. De nouvelles étoiles côtoient les anciennes : Ramon Vinay, Elisabetta Barbato, Enzo Mascherini, Ralph Herbert, Uta Graf, tandis que le public revoit Kirsten Flagstad, Lawrence Tibbett, Blanche Thebom, Jarmila Novotna et Rose Bampton. Le nom de Karl Kritz apparaît pour la première fois dans la liste des chefs d'orchestre : Fausto Cleva, maintenant directeur général de la Chicago Opera Company, William Steinberg, Paul Breisach, Kurt Herbert Adler et Gaetano Merola, directeur général.

Raoul Jobin racontera plus tard que les mélomanes habitués du War Memorial, appréciant aussi bien Raoul Jobin que Leonard Warren ou Jussi Bjoerling, se méprenaient fréquemment sur l'identité de chacun à cause de la grande ressemblance physique qui existait entre eux.

Pour cette dernière saison à San Francisco, Raoul Jobin est afffiché dans *Faust* au côté de Licia Albanese et dans deux représentations des *Contes d'Hoffmann*, avec Licia Albanese, Jarmila Novotna, Uta Graf, Lawrence Tibbett, Salvatore Baccaloni, Alessio de Paolis; Armando Agnini signe la mise en scène, Kurt Herbert Adler dirige les chœurs et Paul Breisach est à la direction d'orchestre. La seule représentation de *Samson et Dalila* de la saison a lieu le 18 octobre, avec Blanche Thebom, Raoul Jobin, Robert Weede, George Cehanovsky, Desire Ligeti et Fausto Cleva au pupitre.

La saison surchargée n'empêche pas Raoul Jobin d'être le mentor d'artistes prometteurs; ainsi il recommande le jeune ténor Richard Verreault, qu'il a auditionné quelques semaines plus tôt à Québec, au Premier Ministre de la province, Maurice Duplessis, à qui il écrit peu après : « Je veux vous remercier d'avoir été si bon pour mon jeune "poulain". J'ai reçu un mot de lui, il est au comble du bonheur. Quoique devenu votre protégé, je le considère toujours comme mon "poulain" et, avec votre permission, je me permettrai de le suivre et de le guider dans ses études et dans sa carrière ».

Revenu de la Côte Ouest, Raoul Jobin entreprend une autre tournée de récitals avec Jean-Marie Beaudet, dans les grandes villes américaines, du Québec et de l'Ouest du Canada. Le 10 décembre 1949, sous la direction de Léonard Bernstein, il chante aux Nations Unies avec le Philharmonique de New York dans la *Neuvième Symphonie* de Beethoven. Il profite de son séjour pour s'engager avec le Met à y chanter au printemps prochain. Quelques jours plus tard, il s'envole vers la France où il rejoint sa famille pour le premier Noël qu'il y passe après guerre.

Comme chaque année à l'époque des fêtes, la maison Jobin se remplit d'amis. Durant ces quelques jours de repos, il prépare avec Maurice Faure le récital prévu à la salle Gaveau pour le 31 janvier 1950. Quelques jours plus tard, son jeune protégé québécois, Richard Verreault, devient l'hôte des Jobin à Paris. Celui-ci racontera plus tard avec un brin d'amertume :

« J'ai connu Jobin par Rachel Drouin, pianiste, avec qui je travaillais et qui était sa belle-sœur. Elle m'avait dit : Quand Roméo viendra à Québec, je vous ferai auditionner. J'étudiais chez Larochelle qui m'a dit de ne pas rester à Québec mais d'aller à Paris. Grâce à lui, j'ai pu obtenir une bourse par Duplessis. Je suis arrivé à Paris le 3 ou 4 janvier 1950. J'ai travaillé avec Mme Jobin qui m'a aidé beaucoup plus que Mme d'Estainville. Mme Jobin est une femme intelligente. Elle a encouragé Jobin dans tous les domaines. Il avait un caractère très fort, une volonté de fer. Je suis allé avec lui à Saint-Etienne et à Paris pour des *Roméo* qui sont restés dans la mémoire de tous ceux qui l'ont entendu. Jamais je n'ai vu et entendu un ténor chanter Don José comme lui. Quand Jobin est revenu de Paris, il était l'homme idéal pour monter ici une école d'opéra, puis une troupe d'opéra : il connaissait le métier. Mais on l'a éloigné parce qu'il disait ce qu'il pensait. Ici, on est envieux... Jobin disait : "Le public se souvient d'une note manquée, mais pas d'une vie réussie !" »

Deux autres chanteurs canadiens sont les bienvenus chez les Jobin : Pierrette Alarie et Léopold Simoneau, qui font leurs débuts à l'Opéra-Comique. Le 9 septembre 1949, Léopold Simoneau débutait dans Vincent de *Mireille*, de Gounod, dirigé par Pierre Dervaux, et le 5 octobre, Albert Wolff dirigeait Pierrette Alarie et Charles Richard dans *Lakmé*. Outre cela, Léopold Simoneau chante les rôles du comte du *Barbier de Séville* et d'Alfredo de *La Traviata*, que dirige Georges Sebastian, tandis que

Pierrette Alarie brille dans l'Olympia des *Contes d'Hoffmann* (André Cluytens) et la Rosine du *Barbier,* le 30 octobre (Albert Wolff). Le 9 avril 1950, Pierrette Alarie et Léopold Simoneau font partie de la distribution du même *Barbier,* au côté de Camille Maurane, Jean Vieuille, Jeanne Mattio, sous la direction d'André Cluytens.

Le 31 janvier 1950, la salle Gaveau applaudit le récital du ténor canadien, organisé par son nouvel imprésario parisien, Arthur Cambarrot, directeur du service lyrique dans l'Administration de Concerts Maurice Dandelot. Il reprend avec son pianiste, Maurice Faure, le programme présenté dans la dernière tournée nord-américaine avec Jean-Marie Beaudet : des œuvres de l'époque classique, des lieder allemands et des mélodies françaises, ainsi que des chansons du folklore canadien. En plus des « jobinistes » inconditionnels, la colonie canadienne est au complet.

Maurice Faure évoquera avec reconnaissance la carrière de son ami : « J'y fus associé dès ses débuts à l'Opéra de Paris en 1930. Ayant une solide instruction musicale, il y fit une rapide ascension en jouant *Faust, Roméo, Rigoletto, Les huguenots, Monna Vanna, Ariane* et en créant *La chartreuse de Parme* d'Henri Sauguet. Puis ce fut le Met, où il fut le titulaire du répertoire français. Enfin, troisième étape de sa carrière à Paris avec *Aïda, La damnation de Faust, Les maîtres chanteurs* et *Lohengrin,* puis un récital, salle Gaveau, où la presse fut unanime à louanger le grand chanteur, sa technique et sa musicalité.

C'est avec Raoul Jobin que je connus son cher pays, d'abord à Québec, où je l'accompagnai dans un récital au château Frontenac; en 1946, une représentation de *Werther,* à Montréal, et, la même année, un concert de gala, donné sur l'initiative de Wilfrid Pelletier et Raoul Jobin, par le Conservatoire de la province de Québec. Je dois à Raoul Jobin et à Martial Singher ma venue au Met en 1945, et ainsi d'y avoir fondé une nouvelle famille en épousant Rosita Argüello en 1946 et en fêtant, en 1947, la naissance de Léonard dont Raoul Jobin fut le parrain. »

C'est à nouveau New York. Mais dans le volumineux courrier qui l'attend au 50 Central Park West, Raoul Jobin découvre un court message daté du 20 janvier et signé Edward Johnson, qui l'informe que son contrat ne sera pas renouvelé au Met pour la saison suivante (1950-1951). Il sait que ce n'est pas là la décision d'Edward Johnson, mais de son successeur, Rudolf Bing, et que plusieurs de ses amis, dont Wilfrid Pelletier et Bidu Sayao, seront ainsi remerciés. Rudolf Bing n'aime pas le répertoire français. Aussi Raoul Jobin accepte-t-il l'invitation de Mme August Belmont à participer au gala d'amitié présenté par les artistes du Met à l'occasion du départ d'Edward Johnson qu'il a toujours considéré comme « un parfait gentleman ».

Le 26 février 1950, Raoul Jobin est à l'affiche pour la dernière fois au

Met, au côté de Wilfrid Pelletier, dans *Faust*, avec Licia Albanese et Nicola Moscona. Les deux amis ont appris que le prochain directeur ferait un grand ménage dans le répertoire, ce que fait toujours chaque nouvelle direction, sans éviter ainsi les erreurs des précédentes. Le 9 mars, Raoul Jobin chante *Samson et Dalila*, avec Blanche Thebom et Robert Merrill, sous la direction d'Emil Cooper. Deux *Carmen* terminent sa saison américaine.

Le 30 mars 1950, à l'auditorium de l'École technique d'Ottawa, Raoul Jobin et son ami, le pianiste Jean Dansereau, donnent gracieusement, au bénéfice de l'université de Caen, un concert que préside le juge en chef de la Cour Suprême du Canada, Thibaudeau-Rinfret. La ville fut détruite de fond en comble en 1944 par l'armée alliée. Des milliers de livres sont déjà parvenus à la bibliothèque de l'université ainsi que des fond recueilli dans tout le Canada et les États-Unis.

Et il retrouve Paris ! Durant ces trois derniers mois passés en Amérique, Raoul Jobin a pu analyser la situation : il est plus résolu que jamais à terminer sa carrière en Europe. L'Amérique du Sud n'est guère favorable à la venue d'artistes étrangers. Depuis le départ d'Albert Wolff, le répertoire français y est moins bien défendu.

A Rouen, le 6 mai 1950, un jeune soprano français à la « voix d'or » fait ses débuts dans le rôle d'Elsa de *Lohengrin,* au côté de Raoul Jobin : Régine Crespin. Le 11 mai, il participe au festival de Bordeaux dans le *Requiem* de Verdi à la cathédrale. La ville lui rappelle ses premières années de métier. Que de chemin parcouru depuis ces saisons 1934-1935, 1935-1936, où il avait encore tout à apprendre ! Les Bordelais se souviennent de ce jeune ténor si plein d'ardeur.

Jean Désy fait venir Raoul Jobin au Théâtre royal de Rome, pour une représentation de *Tosca,* le 25 mai 1950, arrangement conclu avec le chef Salviucci, directeur du théâtre de l'Opéra. Peu de temps après les premières répétitions, la direction offre à Raoul Jobin la possibilité d'une deuxième représentation de *Tosca* aux mêmes conditions. En contrat avec l'Opéra de Paris, il doit demander une autorisation qui lui sera refusée. Encore une fois, Raoul Jobin doit renoncer à une offre alléchante, son contrat le maintenant en exclusivité à l'Opéra et à l'Opéra-Comique. Il décide donc de rentrer à Paris pour chanter dans *Carmen,* le 28 mai, sous la direction de Georges Sebastian.

Le 8 juin 1950, Roger Desormières dirige *La chartreuse de Parme* au théâtre des Champs-Elysées, concert radiodiffusé par Radio-Paris. Raoul Jobin reprend le rôle de Fabrice qu'il a créé à l'Opéra, avant-guerre, au côté de Germaine Lubin, actuellement en disgrâce. Quelques années plus tard, le compositeur Henri Sauguet rappellera cette création :

« Raoul Jobin, par les qualités exceptionnelles de sa voix brillante et chaleureuse, par l'émotion qui se dégageait de ses interprétations lyriques, par le goût et la musicalité qui marquaient son art du chant, occupait une place de premier rang parmi les grands artistes qui illustraient la scène de l'Opéra de Paris que dirigeait alors Jacques Rouché.

Quand je me préoccupais de la distribution de l'ouvrage qu'avec Armand Lunel pour le livret j'avais tiré du roman de Stendhal, dont la création eut lieu en mars 1930 à l'Opéra, il m'apparut que Raoul Jobin était très exactement le personnage de Fabrice del Dongo. J'ai donc eu le privilège de l'avoir pour interprète. Pendant les mois durant lesquels cette partition fut en répétition, sous la direction de Philippe Gaubert, inoubliable chef, Raoul Jobin m'apporta son concours généreux, enthousiaste, sa présence incomparable et devint un ami : car l'homme était à la hauteur de l'artiste.

Il a marqué toutes ses interprétations de sa personnalité rayonnante. Il a été un merveilleux défenseur de la musique et de l'école du chant français, partout où il a, sur les plus grandes scènes internationales, interprété les plus grands rôles du répertoire. »

L'Opéra-Comique ferme ses portes en août pour trois mois pendant les travaux de la salle Favart et s'installe au palais de Chaillot. Les mois d'août et de septembre voient donc Raoul Jobin dans *Carmen* et *Louise* ainsi qu'au festival de Vichy et à l'Opéra, qui fêtent avec éclat le centenaire de la première représentation de *Lohengrin,* qui eut lieu le 28 août 1850 à Weimar sous la direction de Franz Liszt. A Vichy, les 12 et 31 août, Paul Bastide dirige *Lohengrin* avec la distribution suivante : Raoul Jobin, Régine Crespin, Simone Couderc, Pierre Nougaro et Roger Hiéronimus.

Pour ce festival vichyssois, le public n'est pas essentiellement composé de fins mélomanes ou de fanatiques de Wagner comme à Bayreuth. La ville thermale a retrouvé son public élégant d'avant-guerre.

La princesse Christian de Hesse dira, en parlant de ce *Lohengrin* : « Nous fûmes on ne peut plus sensibles à la magnifique représentation de *Lohengrin* et à la façon dont cette légende de "notre maison" fut interprétée... Le chef d'orchestre a dirigé cet opéra non seulement avec une grande compréhension musicale de Wagner, mais également avec une intuition de la poésie de cette vieille légende allemande. Les chanteurs ont été de tout premier ordre. Raoul Jobin a chanté le Graal au troisième acte avec tant de maîtrise et de sensibilité que j'en ai été touchée jusqu'aux larmes. Je ne l'ai jamais entendu mieux chanter, même à Bayreuth. »

Cet avis rejoint celui d'un autre témoin de ces belles années du festival de Vichy, le flûtiste français Christian Lardé : « A cette époque, je jouais dans l'orchestre du festival durant la saison d'été. J'étais alors un tout jeune musicien. Nous avions tous la plus grande admiration pour le grand artiste canadien, Raoul Jobin. Jamais je n'oublierai son interprétation du "récit du Graal". Je ne l'ai jamais réentendu chanter avec un si grand art et, depuis son départ de l'Opéra et de l'Opéra-Comique, aucun chanteur ne l'a encore remplacé dans les rôles de Lohengrin, Hoffmann et Werther. Les Canadiens, vous pouvez être fiers qu'il soit des vôtres ! »

Monté également à l'Opéra de Paris, *Lohengrin* réunit Marisa Ferrer, Raoul Jobin, Renée Gilly, Pierre Froumenty, René Bianco, Charles Cambon; l'orchestre est confié à Louis Fourestier. Wagner a reconquis sa place à l'Opéra grâce à un patient travail de formation d'une nouvelle génération de chanteurs wagnériens, français et allemands qui ont donné successivement *La Walkyrie, Le crépuscule des dieux* et *Tristan et Isolde,* comme le faisait Jacques Rouché avant-guerre. Le programme de la saison 1950-1951 prévoit deux importantes reprises : *Siegfried* et *Parsifal.* Paris, qui rejetait Wagner au siècle dernier, compte aujourd'hui ses plus fervents admirateurs. Pour le centenaire de *Lohengrin,* la presse musicale publie une partie de la correspondance Wagner-Liszt et honore la mémoire du chanteur wagnérien Franz, récemment disparu et qui fut avant-guerre « un interprète wagnérien incomparable par son admirable voix, son style mesuré, sa déclamation si parfaite ».

C'est à partir de ce *Lohengrin* du centenaire que ses camarades français surnommèrent Raoul Jobin « Monsieur Lohengrin ». Et au cours d'une représentation de Wagner Max Lorenz lui dit : « Pourquoi ne venez-vous pas en Allemagne ? Même à Bayreuth, nous n'avons pas un Lohengrin comme vous. »

Puis, il repart en Amérique. Il chante *Faust* au théâtre de La Nouvelle-Orléans, où il est invité régulièrement, depuis que, il y a dix ans, il y a remplacé Richard Crooks dans le rôle de Des Grieux lors d'une tournée du Met.

Raoul Jobin rentre à Paris où il est affiché dans *Louise* que dirige André Cluytens à l'Opéra-Comique, en présence de Gustave Charpentier dont on fête le quatre-vingt-dixième anniversaire. C'est le 2 décembre 1937 que Raoul Jobin chantait pour la première fois le rôle de Julien dans cette même salle au côté de Bernadette Delprat, sous la baguette d'Eugène Bigot; il avait alors trente et un ans. Aujourd'hui, c'est un ténor de quarante-quatre ans, au faîte de sa carrière, qui reçoit l'accolade du compositeur et l'ovation des Parisiens. *Louise* n'est-il pas le plus parisien de tous les opéras du répertoire ? Les décors, d'après les maquettes d'Utrillo, sont exécutés par Maurice Moulène et la mise en scène d'Albert Carré est adaptée par Louis Musy. Pour clore cette soirée, Gustave Charpentier dirige son *Chant d'apothéose,* pour chœurs et orchestre. Ce soir-là, la créatrice du rôle de Louise, Marthe Rioton, était dans la salle.

Quelques jours plus tard, le 18 décembre 1950, Raoul Jobin assiste avec Thérèse et leurs deux aînés à la création à l'Opéra de *Jeanne au bûcher,* oratorio d'Arthur Honegger, d'après Claudel. L'œuvre est défendue par

Claude Nollier, très sensible Jeanne, Jean Vilar, émouvant frère Dominique, et une pléiade d'excellents artistes, dans une mise en scène de Jan Doat, chorégraphie de Serge Lifar, décor et costumes d'après les maquettes d'Yves Bonnat, à l'orchestre Louis Fourestier. La soirée se termine sur le ballet de Jacques Ibert, inspiré de *Don Quichotte, Le chevalier errant,* dansé par Serge Lifar qui en assume la chorégraphie et la mise en scène.

A la suggestion de Raoul Jobin, Jan Doat viendra quelques années plus tard monter *Jeanne au bûcher* pour la télévision canadienne francophone.

XV

10 décembre 1950.

« Dans un *Werther* triomphant, le ténor Raoul Jobin a conquis Marseille. Salle comble, ambiance chaude, public vibrant, il y avait de quoi. Pour la première fois, les mélomanes marseillais entendaient le ténor Raoul Jobin. » (*Marseillais-Soir,* 11 décembre 1950)

Voilà l'accueil qu'a réservé à Raoul Jobin le public d'opéra réputé le plus difficile de France. Charlotte était Solange Michel. Si Marseille accueille avec enthousiasme le *Werther* de Raoul Jobin, il n'en va pas moins d'Agen et d'Anvers les jours suivants.

Raoul Jobin est à l'affiche le 24 décembre dans *Carmen* que dirige Albert Wolff à l'Opéra-Comique. Le lendemain de Noël, il prend le train pour Nîmes où il est attendu pour *Carmen* et *Lohengrin* avec Régine Crespin dont *Le Provençal* écrira : « Notre concitoyenne, Mlle Régine Crespin, d'une réelle beauté plastique, a une voix brillante de jeunesse. Dans ce rôle d'Elsa, difficile et délicat, elle a déployé (comme dans ceux de Desdemone et de Floria Tosca) une science scénique et un parfait art du chant. Elle ne s'est pas contentée de tenir son rôle, mais elle l'a joué avec une véritable compréhension, plus particulièrement à la chambre nuptiale, en traduisant avec fidélité le poids de la douleur qui l'accable. »

Raoul Jobin suit avec beaucoup d'attention les débuts de Richard Verreault, dont il se sent responsable. Depuis bientôt une année que celui-ci est à Paris, il constate régulièrement le sérieux de son travail et les possibilités d'avenir que lui procure la qualité exceptionnelle de sa voix. Mme d'Estainville, également, s'intéresse à Richard Verreault. Elle voudrait le voir à l'Opéra et écrit dans ce sens à Raoul Jobin qui est très ennuyé par cette insistance. Il est bien décidé à ne pas brûler les étapes en présentant trop tôt le jeune ténor qu'il estime inexpérimenté. Il a vu, au long de sa carrière, des débuts flamboyants et rapidement éteints. Il veut qu'il entre par la grande porte à l'Opéra. Pour ce, il devra apprendre son métier en province, tout comme lui-même à Bordeaux. Il en discute avec Mme d'Estainville et conclut qu'il le fera auditionner dès qu'il le jugera prêt.

Les mois suivants, son calendrier est encore très chargé. Il alterne les représentations à l'Opéra, en province et en Amérique. Il donne des concerts et des récitals sur les deux continents et se rend aux festivals de Bordeaux et de Vichy. Il devra encore une fois refuser l'Italie; de plus, son agent ne réussit pas à s'entendre sur des dates pour l'Angleterre.

A Lyon, où il n'est pas retourné depuis février 1936, alors qu'il était jeune ténor à Bordeaux, il est invité par le directeur Paul Camerlo pour deux représentations des *Contes d'Hoffmann,* une de *Carmen* et deux de *Werther.*

A Nice, le 24 janvier, l'assistance fait un triomphe à Régine Crespin et Raoul Jobin dans *Lohengrin* que dirige Georges Lauweryns, à la tête de l'orchestre philarmonique de la ville. Régine Crespin est de nouveau sa partenaire à Avignon et à Paris, le 10 août.

En Amérique, il est l'invité du chef Paul Paray pour *La damnation de Faust,* les 24 et 25 mars, avec le Pittsburgh Symphony Orchestra, et à ses côtés Rose Bampton et Martial Singher. Le public du Syria Mosque ovationne les interprètes. Avant de rentrer à Paris, Raoul Jobin fait un arrêt à Québec où il revoit sa mère déjà âgée. Il y donne un récital au Capitol avec son fidèle Jean-Marie Beaudet : « Une saison est incomplète lorsque les Québécois ne peuvent payer à Raoul Jobin le tribut d'affection et d'admiration auquel il a droit. » (*Le Soleil)*

Quelques jours avant le départ de sa famille en vacances au Québec, ils reçoivent un mot de Richard Verreault qui est rentré au Canada pour se marier, et à qui Raoul Jobin avait annoncé la décision de Paul Camerlo de l'engager pour la prochaine saison, à la suite de son audition du printemps dans la troupe de Lyon.

Le 26 mai, à Bordeaux, il chante le *Requiem* de Berlioz, que dirige Charles Munch. Le 18 juin, à l'Opéra de Paris, il interprète pour la première fois *Aïda,* que dirige Georges Sebastian, opéra qu'il reprend à Vichy en commémoration du cinquantième anniversaire de la mort de Verdi. On l'y applaudit également dans *La damnation de Faust,* que dirige Paul Bastide, mise en scène de Pierre Deloger, interprétation d'Adine Yosif, Raoul Jobin et Adrien Legros. Bernard Gavoty signe sous le pseudonyme de « Clarendon » un résumé de la saison de Vichy :

« Je viens d'entendre à trois reprises un ténor exceptionnel. Oh ! ce n'est pas une découverte, tout le monde connaît Raoul Jobin. Mais je ne suis pas certain que, tout en l'acclamant, on l'ait mis à sa vraie place : la première, je n'ose dire la seule par crainte de ne pas rendre justice à M. Jouatte. Il n'est ici question, bien entendu, que des grands ténors lyriques. Donc Raoul Jobin a chanté récemment Radamès d'*Aïda* et Faust de *La damnation,* sans compter un fragment de *Lohengrin* à l'occasion d'un gala. Sa voix, que nous savions facile et richement timbrée, s'est épanouie de façon extraordinaire : elle a pris le large, au sens propre comme au figuré... A l'accroissement de volume ont correspondu une recrudescence de chaleur, un surcroît de lyrisme, une aisance, une sûreté vraiment magistrale. Encore jeune, vaillant, parfait musicien, voilà Raoul Jobin à la tête de notre troupe lyrique; si les deux Amériques ne nous le disputaient, on aimerait le savoir ancré à l'Opéra. » (*Le Figaro*, 4 septembre 1951)

Durant les mois d'été, c'est un va-et-vient constant qui mène Raoul Jobin de Vichy à Marseille (*Aïda*), à Nice (*Werther*), à Aix-les-Bains et Enghien (*Carmen*), à Orange (un concert Colonne que dirige Georges Sebastian), et à Paris (*Werther, Tosca, Lohengrin*).

Raoul Jobin est heureux de partir se reposer à la mi-septembre : il retrouve les siens à l'île d'Orléans. Cette année, les enfants se sont tous mis de la partie pour convaincre la grand-mère Jobin de venir passer les fêtes de Noël avec eux à Paris.

Avec Jean-Marie Beaudet, il est l'invité de Jean A. Anctil pour un concert présenté par la chorale « La Cantoria Calixa-Lavallée » à l'occasion du dixième anniversaire de l'ensemble. Raoul Jobin accepte par amitié pour ce compagnon des années d'études à Laval, et pour l'abbé Léon Destroismaisons, professeur au collège. Les deux amis sont accueillis chaleureusement par le jeune public du collège de la Pocatière.

Une autre grande joie est réservée à Raoul Jobin : la Légion d'honneur.

Jean Deslauriers est le premier à lui télégraphier à cette occasion : « Sincères félicitations pour la décoration que la France vous a décernée — Stop. Suis heureux que vous ayez accepté de chanter Roméo le 15 octobre prochain. »

C'est donc sous sa direction qu'il interprète, au côté de la jeune Claire Gagnier qu'il a connue à Trois-Rivières quelques années plus tôt, le rôle de Roméo à l'auditorium Le Plateau, pour l'émission radiodiffusée du « Théâtre lyrique Molson ». Le 29 octobre, le même chef le dirige dans *Aïda,* au côté de la Canadienne Lise Roy. A l'issue de ce concert, le maire de Montréal, Camilien Houde, vient féliciter les artistes.

C'est à l'automne de la même année que Cambarrot l'accueille avec sa mère, maintenant âgée de quatre-vingts ans, et dont c'est le premier voyage. Les amis parisiens ont vite fait la connaissance de celle qui est à l'origine de la carrière de leur ténor favori. Une seule ombre au tableau : elle n'entendra pas son Roméo à l'Opéra. Des engagements sont en effet pris à l'extérieur de la capitale jusqu'en mars.

Maurice Lehmann succède à Georges Hirsch à la direction des Théâtres lyriques nationaux, avec Louis Beydts à l'Opéra-Comique et Emmanuel Bondeville à l'Opéra. Raoul Jobin, Janine Micheau et Paul Cabanel font partie maintenant de la génération d'avant-guerre. Jusqu'en septembre 1952, Raoul Jobin est à l'affiche dans les principaux théâtres de province et d'Afrique du Nord, ainsi qu'à Paris et dans les festivals. Ce sera son plus long séjour en France depuis la fin de la guerre. Il commence à Lyon où il est engagé par Paul Camerlo dans *Aïda, Lohengrin, Samson et Dalila* et *Tosca*. Un journaliste commente dans un quotidien parisien la tournée du ténor : « Raoul Jobin n'est pas seulement un grand chanteur, c'est aussi un homme organisé. Il est venu d'Amérique avec sa voiture. Le problème le plus délicat qui se posa pour lui fut le transport du costume, fort compliqué, de *Lohengrin*. Jobin a trouvé la solution en se faisant construire une malle spéciale pour les accessoires nécessaires au rôle. Dans cette malle, il peut placer les chaussures, le bouclier construit spécialement en deux morceaux, le cor, le casque (avec les ailes), la couronne et la perruque. Mais l'épée ne peut entrer dans la malle, elle restera solitaire dans son fourreau. »

De Lyon, il se dirige vers Tunis pour l'ouverture de la saison lyrique, le 28 novembre 1952, avec deux représentations d'*Aïda* interprétées au côté de Jane Rinella, la direction d'orchestre étant confiée à Georges Sebastian. La tournée se poursuit à Casablanca où le jeune chef Georges Prêtre dirige quatre représentations de *Lohengrin*. Un critique d'Alger, L.E. Angeli, commente :

« M. Raoul Jobin, depuis son retour des États-Unis, est apparu comme le seul grand ténor français, après la disparition de Franz, pouvant être opposé aux spécialistes étrangers, un Lauritz Melchior, un Max Lorenz. Tout en lui le destine au répertoire wagnérien : stature, ampleur de la voix, technique exemplaire qui lui permet les nuances les plus attachantes. Cette aisance qu'il a de dominer tous les écueils, nous laissant l'impression qu'il n'est pas allé au bout de ses moyens, valait son poids d'or. C'est après le "récit du Graal" que le public de choix qui assistait à cette mémorable reprise lui fit la plus grande des ovations. »

Les derniers jours de décembre, l'Opéra d'Oran affiche *Carmen* avec Raoul Jobin et Augusta Oltrabella, de la Scala. La tournée terminée, le célèbre ténor reprend la route de Paris.

Raoul Jobin apprend que, lors du dernier voyage de Maurice Lehmann à Milan, Oldani a manifesté le désir de l'avoir pour la prochaine saison à la Scala. Mais une fois de plus, il devra refuser car, pour la fin de la saison 1951-1952, son contrat parisien l'engage, à l'Opéra, dans *Lohengrin, Les Indes galantes, Samson et Dalila, La damnation de Faust, Roméo et Juliette* et *Aïda;* à l'Opéra-Comique, dans *Louise, Manon, Carmen, Les contes d'Hoffmann*.

Le 27 mai 1952, en sa résidence du Bois de Boulogne, devant deux cents invités français et canadiens, Raoul Jobin reçoit, au titre de chevalier, le ruban de la Légion d'honneur, que lui remet Georges Hirsch en présence de Thérèse, Claudette et France.

Le lendemain, l'Opéra tout entier témoigne sa sympathie au ténor canadien qui, depuis vingt-deux ans, appartient à l'illustre Maison. Cet homme âgé de quarante-six ans, en essuyant discrètement une larme, reçoit une petite croix ornée de brillants, offerte par les artistes de l'Opéra et la cérémonie est simple et émouvante. Au premier rang de l'assistance, le général Vanier, ambassadeur du Canada, qu'accompagne Mme Vanier, apporte à Raoul Jobin l'hommage de sa patrie. L'assistance est brillante : Maurice Lehmann, bien sûr, et ses prédécesseurs Jacques Rouché et Georges Hirsch, les chefs d'orchestre Albert Wolff, Georges Sebastian, Louis Fourestier, George Blot, les musiciens Louis Beydts et Emmanuel Bondeville, le chorégraphe Serge Lifar. « Au-delà du chanteur, au-delà du serviteur de la musique, cette Légion d'honneur qui vient de m'être conférée c'est, me semble-t-il, au Canada tout entier qu'elle est un peu donnée », déclare Raoul Jobin, ému. D. Inghelbrecht, retenu pour une répétition, lui témoigne par écrit « l'expression de son admiration et de sa fidèle amitié ». Pour sa part, Gustave Charpentier avoue « ne pas vouloir rencontrer Hirsch qui remettra la Légion d'honneur ».

Reconnaissant comme toujours, Raoul Jobin télégraphie à son premier directeur, Jacques Rouché : « J'ai été heureux de vous voir hier après-midi à l'Opéra. Votre présence m'a beaucoup touché et m'a fait un bien grand plaisir. Vous me montrez une considération et une affection que je n'oublierai jamais. Je vous garde toujours une profonde reconnaissance d'avoir été à l'origine de ma carrière. Croyez, cher Monsieur Rouché, à mes sentiments réciproques et à mes sentiments d'affection bien sincères. »

On ne l'oublie pas non plus au Canada. Depuis quelques mois déjà, un comité s'est formé pour fêter le centenaire de l'université Laval, la plus ancienne université française d'Amérique. Les fêtes se dérouleront en septembre et octobre 1952 à Québec. Une correspondance suivie avec son ami et imprésario québécois Émile Caouette informe Raoul Jobin des déroulements de cette grande organisation. Après les distinctions décernées par la France, le Canada veut l'honorer à son tour. Mgr Ferdinand Vandry, recteur de l'université Laval, lui écrit en date du 19 mai 1952 :

Cher monsieur,

J'ai l'honneur de vous apprendre que nous désirons vous conférer le diplôme de Docteur en Musique honoris causa à la séance académique solennelle qui aura lieu à Québec, le 22 septembre prochain, au cours des fêtes du centenaire de l'université Laval. En plus de souligner vos brillantes qualités personnelles, nous voudrions par ce geste manifester notre admiration et notre reconnaissance pour le lustre que votre carrière musicale jette sur le Canada français. Si vous voulez bien, comme j'ose l'espérer, accepter ce parchemin, ce sera un grand honneur pour l'université Laval de pouvoir, au cours de l'année de son centenaire, y inscrire votre nom sur la liste de ses docteurs. Avec mes hommages, je vous prie d'agréer, cher monsieur, l'expression de mes meilleurs sentiments.

Ferdinand Vandry, Ptre.

Le 18 juin 1952, l'Opéra de Paris présente *Les Indes galantes*, opéra-ballet en quatre entrées et un prologue, de Rameau, créé en 1735. La révision musicale en est confiée à Henri Busser et Paul Dukas, les décors à Arbus, Jacques Dupont, Wakhevitch, Carzou, Fos Moulène, Chapelain-Midy — la chorégraphie à Aveline, Lifar, Lander, la mise en scène à Maurice Lehmann et la direction d'orchestre à Louis Fourestier. Les étoiles de l'Opéra sont sur scène : Geori Boué, Christiane Castelli, Janine Micheau, Denise Duval, Raoul Jobin, Jean Giraudeau, Jacques Jansen, René Bianco, Huc Santana, Roger Bourdin, Libero de Luca... Le spectacle est éblouissant.

Si le public est ravi, les musiciens et spécialistes de Rameau, pour leur part, ne sont pas d'accord sur l'orchestration moderne « trop lourde ». Quoique favorable dans l'ensemble, la critique est mitigée. Ainsi : « Pour ne parler aujourd'hui que de la musique, il me semble que celle de Rameau, faite d'ensembles délicats et de mélodies ciselées, s'accommode assez mal du somptueux orchestre dont on l'accable. C'est la bergère déguisée en robe longue. Soixante instruments à cordes solennisent à l'excès les ritournelles charmantes de notre Rameau. Six flûtes, huit hautbois, huit bassons et deux clarinettes font nasiller les ensembles. Les quatre cors et les quatre trompettes alourdissent le ballet. Je me rappelle, au petit théâtre de Trianon, une représentation des *Fêtes d'Hébé* : la scène minuscule et l'orchestre de chambre, conduit par Desormières, étaient à la hauteur de ce qu'avait voulu Rameau... C'est la réserve la plus sérieuse qu'on peut apporter au plus éclatant, au plus somptueux, au mieux réussi de tous les spectacles de Paris. » (Clarendon, *Le Figaro*, 23 juin 1952)

Depuis des années, Thérèse rêve d'accompagner Roméo dans les grands festivals de France. Cet été 1952, tout heureuse, elle prend la direction du sud. Le 5 juillet, la foule est nombreuse à applaudir son mari dans *Samson et Dalila* au Théâtre antique d'Arles. Les semaines suivantes, ils s'installent à Vichy. Raoul Jobin donne un concert sacré que dirige Bigot, à l'abbaye de la Chaise-Dieu, le 7 juillet; à Vichy il chante *La damnation de Faust,* avec Marisa Ferrer, Paul Cabanel, et Paul Bastide à l'orchestre, le 12 juillet. *Marouf* d'Henri Rabaud et *Les maîtres chanteurs* sont les deux grandes reprises de l'été programmées par le directeur du casino de Vichy, René Gorron. Pour Raoul Jobin, les deux derniers spectacles du festival de Vichy seront entrecoupés d'un bref séjour au Canada, où il est attendu pour un *Roméo et Juliette*.

Raoul Jobin et Thérèse retrouvent auparavant avec joie leurs amis les Thibaudeau-Rinfret en Avignon. Les quelques jours passés dans le Midi de la France demeureront parmi les souvenirs les plus chers de Thérèse. Après la première des *Maîtres chanteurs* au festival de Vichy, repris là pour la première fois depuis la fin de la guerre, les Thibaudeau-Rinfret purent voir *La damnation de Faust* au Théâtre antique d'Orange et applaudir, en plus de Raoul Jobin, Suzanne Juyol, Huc Santana et Paul Bastide. Leur joie fut totale avec la représentation de *Marouf* qu'ils voyaient pour la première fois la veille de leur départ.

Quelques mois plus tard, Raoul Jobin avertit le service de l'immigration américaine à New York qu'il renonce à s'installer aux États-Unis... En effet, une page est définitivement tournée dans la vie de Raoul Jobin. Il a derrière lui plus de vingt-deux ans de carrière professionnelle et, pour les années à venir, son désir est d'avoir une vie moins agitée, plus calme, plus près de sa famille qui vit maintenant à Paris.

XVI

20 septembre 1952. C'est à son plus grand artiste que le Canada français fait appel à l'occasion du centenaire de l'université Laval à Québec. Émile Caouette, directeur des manifestations artistiques du centenaire, est fier de présenter à l'élite intellectuelle venue des quatre coins du monde le grand artiste canadien français.

Ce samedi, c'est la première grande séance solennelle, au cours de laquelle discours, remise des adresses des universités, des académies et des sociétés culturelles se succèdent. Raoul Jobin et Wilfrid Pelletier présentent le programme musical, tandis qu'en soirée la jeune compagnie montréalaise « Le Théâtre du Nouveau Monde », dirigée par Jean Gascon, donne une représentation de *L'avare*. Le lendemain, à l'occasion du grand rassemblement au Colisée de Québec, hommage du peuple québécois à son université, Raoul Jobin interprète des mélodies et airs de folklore qu'accompagne Wilfrid Pelletier au piano. Le lundi suivant, Raoul Jobin reçoit des mains de Mgr Vandry, recteur de l'université Laval, le doctorat en musique *honoris causa*. Il est longuement applaudi.

Peu de temps après, Raoul Jobin est l'invité de Pierre Mercure, réalisateur des émissions musicales à la télévision de Montréal. Pour ses débuts à la télévision, Raoul Jobin interprète l'air de *L'Africaine* de Meyerbeer, « O paradis », celui de *Louise* « Depuis longtemps j'habite cette chambre », et, avec Constance Lambert, le duo de *Carmen* « Parle-moi de ma mère ». Agostini dirige l'orchestre.

La rentrée parisienne à l'automne est toujours mouvementée. Les Parisiens sont à la fois sollicités par le théâtre, le concert, le cinéma, les soirées lyriques, les lancements de livres et expositions. Les étudiants canadiens reprennent leurs cours. Les jeunes musiciens sont de plus en plus nombreux et depuis la fin de la guerre plus d'un a applaudi Raoul Jobin.

L'événement de la rentrée 1952 est la reprise à l'Opéra des *Maîtres chanteurs*. La distribution est éclatante : Geori Boué, Rita Gorr, Roger Bourdin, Georges Vaillant, Raoul Jobin, Jean Giraudeau, Xavier Depraz, Robert Massard et Georges Sebastian à la direction de l'orchestre et des chœurs. C'est un Raoul Jobin débutant qui participait, l'automne

1930, aux représentations de ce même opéra, dans le rôle de Moser, au côté de Germaine Lubin, Paul Franz et Marcel Journet. Aujourd'hui au sommet de sa carrière, il reprend le rôle du grand Franz : Walther. « Le héros (Wagner, dit-on) qui combat pour l'art et l'amour, c'est Raoul Jobin dont la voix large et timbrée serait taxée de sensationnelle s'il était allemand ! » écrit H. Jourdan-Morhange.

André Jobin parlera plus tard de la vie familiale à Paris pendant cette période : « Le retour à Paris en 1949 a été un débordement de joie. De là, on suivait toute la carrière de papa au théâtre. C'était la grande période des triomphes ! Quand il avait du succès, on était fiers. Les gens nous reconnaissaient : "Ah ! c'est le fils de Jobin !" Je me sentais important ! Lui, il était modeste, je ne sais pas s'il s'est rendu compte de ce qu'il faisait. Pour les camarades chanteurs, il était généreux; on l'appelait "le Prince". Il détestait la solitude, il était toujours entouré. Il a laissé le souvenir d'un superchanteur, musicien, bon camarade... un roc. C'était un homme juste, autodidacte intelligent, avide et curieux de connaître, cherchant toujours à analyser.

Après le lycée, j'ai voulu m'orienter vers le théâtre. Il y a été favorable même s'il eût préféré me voir en médecine. Il me disait : "Quoi que tu fasses, fais-le bien.„ Je suis rentré chez Barrault en allant donner la réplique à un camarade. J'y suis resté trois ans, de 1954 à 1956. Puis j'ai quitté Barrault et fait un peu de chanson, de l'opérette. J'ai appris à chanter seul, puis avec mes parents. Ce fut un long apprentissage. J'ai fait *Pelléas* à New York et papa ne cessait de me féliciter. Je l'ai chanté par la suite un peu partout en France, en Europe. J'ai fait des tournées d'opérettes en province. C'était une joie pour papa lorsque je faisais *Show Boat* à Londres pendant les trois années qu'ils étaient revenus à Paris en 1970. J'habitais Londres et eux Paris. On a passé notre vie à se courir après les uns les autres. Aujourd'hui, je me dirige vers l'opéra. C'est une année de transition, d'espoir. Je suis heureux, et l'idéal serait d'être six mois en Europe et six mois au Canada. Papa est mort six mois après sa dernière rentrée au Canada, au moment de la retraite. A l'annonce de sa mort, j'ai poussé un cri ! » (André Jobin, Québec, 31 août 1979.)

Pour Raoul Jobin, la saison 1952-1953 sera concentrée dans une seule ville, pour la première fois depuis le début de sa carrière. Maurice Lehmann et son agent Arthur Cambarrot ont signé un accord qui le maintient premier ténor des deux scènes parisiennes. Aussi le voit-on à l'affiche dans les grandes productions : à l'Opéra, *Les Indes galantes, Les maîtres chanteurs, Aïda, Lohengrin, La damnation de Faust, Samson et Dalila;* à l'Opéra-Comique, *Carmen, Paillasse, Les contes d'Hoffmann, Tosca.*

Au théâtre des Champs-Elysées, le 6 novembre 1952, Raoul Jobin participe à la création de l'œuvre d'Henri Tomasi, *Don Juan de Manara,* retransmise par Radio-Paris. Le 19 décembre, lors d'un concert-gala que dirige André Cluytens à l'Opéra, il crée l'*Hymne à la Légion d'honneur*.

Dans la seconde partie de la saison, Raoul Jobin retrouve à l'Opéra-Comique ses compatriotes Pierrette Alarie et Léopold Simoneau, tous deux à l'affiche dans *Le barbier de Séville* et *Les pêcheurs de perles;* Pierrette Alarie chante également dans *Lakmé* et *Les contes d'Hoffmann*, et Léopold Simoneau dans l'œuvre de Stravinsky, *Le libertin (The Rake's Progress)*, au côté de Xavier Depraz, Janine Micheau, Pierre Froumenty et Simone Couderc, sous la direction d'André Cluytens. Il revoit Georges Thill affiché pour la dernière fois dans *Paillasse*. L'un des débutants de ces années, le Suisse Pierre Mollet, baryton à l'Opéra-Comique, fut très impressionné par Raoul Jobin :

« Un jour, le théâtre afficha *Werther* en me confiant le rôle d'Albert. A la première répétition apparaît un homme d'allure exceptionnelle, à la fois simple et majestueux, inspiré, amical. C'était "Werther", c'est-à-dire Raoul Jobin, un ténor glorieux. Du coup, sa présence apporta à notre travail un sens et une dimension nouvelle. Jobin avait conquis Paris, la France, les Amériques et l'Europe. Par sa voix, son tempérament et sa culture, il s'inscrivait dans la lignée des plus célèbres interprètes du chant français à côté de Georges Thill, André Pernet, Roger Bourdin et quelques autres. La sûreté de ses interprétations conférait à des rôles connus, parfois usés, tout l'éclat qu'ils méritaient. Il les portait comme un flambeau sans jamais que la flamme ne s'altérât, toujours vigilant, scrupuleux, au-dessus de la routine qui guette chacun de nous.

Raoul Jobin brilla ainsi tout au long de sa carrière jusqu'au jour où il s'en détourna pour apporter aux plus jeunes les richesses de son expérience ou faire bénéficier, à Paris, le gouvernement du Québec des fruits de son prestige. »

Ce sera la dernière année où la famille Jobin sera réunie au complet. Bientôt, quand chacun orientera sa vie, commenceront les séparations. C'est une année heureuse et accomplie que cette saison 1952-1953.

Le 19 mars 1953, sous la présidence de Vincent Auriol, président de la République, l'association des anciens élèves de l'École centrale présente *Faust 53*, en grande soirée de gala à l'Opéra. Répondant aux questions d'un journaliste, Raoul Jobin décrit dans *Comedia* du 17 mars 1953 ce que sera cette « Nuit des Centraux ».

« Jeudi, je serai Faust... que dis-je, Faust ? Sept Faust ! Ou mieux un Faust à facettes dont chaque reflet est dû à un compositeur différent... Je m'explique : pour le gala de l'École centrale, Max de Rieux présentera *Faust 53*, composé des plus belles pages connues et inconnues inspirées par le drame de Goethe... Que sera ce Faust mosaïque dû à l'extraordinaire collaboration de Wagner, de Berlioz, de Boïto, de Schumann, de Liszt, de Gounod, d'Emmanuel Bondeville ?

Depuis trois semaines, nous répétons uniquement par fragments, Marguerite (Geneviève Moizant), Méphisto (Georges Vaillant) et moi.

J'aimais déjà beaucoup mon Faust sincère de Berlioz, mon Faust insatiable de Gounod et je connaissais l'action poignante que lui donne la musique de Liszt, mais j'ai fait une découverte : l'aspect Schumann de notre futur Faust, un Faust socialiste-idéaliste, qui rêve au bonheur des foules et au bien-être des peuples. Curieux romantique, mais romantique cependant, ce Faust que Méphisto décrit ainsi :

Aucun bonheur n'a pu le satisfaire,
Jamais aucun plaisir ne l'a fixé,
Cherchant le ciel sur terre
Le voilà terrassé par le temps...

J'attends avec beaucoup de curiosité et non moins de tendresse ma rencontre avec ce *Faust 53* qui va naître et mourir le même soir... Qui est-il exactement ? Nous le saurons jeudi. »

Le 12 avril 1953, Raoul Jobin reçoit à l'Opéra un télégramme des Festivals de Montréal signé Paul Gouin : « Pourriez-vous obtenir pour Lionel Daunais mise en scène et photos décors *Jeanne au bûcher* que nous donnerons en août. Amitiés. »

Sa délicatesse bien connue lui fait répondre qu'« il faudra attendre que le metteur en scène de *Jeanne au bûcher* soit de retour à Paris, ce qui veut dire environ deux semaines. Cette mise en scène est sa propriété personnelle. Je veux bien m'occuper de cette affaire mais je sais que M. Beaudet s'en occupe avec M. Simoneau. Je ne voudrais pas d'abord blesser l'un ou l'autre ni faire un faux pas vis-à-vis du metteur en scène de *Jeanne*. » Peu de temps après, Wilfrid Pelletier l'informera de la programmation définitive de *Jeanne au bûcher* à l'église Notre-Dame, à Montréal.

Raoul Jobin a déjà à son crédit une bonne discographie, contenant aussi bien des 45 tours que des 78 tours et maintenant des 33 tours. Après *Les contes d'Hoffmann* et *Carmen*, il vient de terminer l'enregistrement intégral de *Roméo et Juliette* avec Janine Micheau, sous la direction d'Alberto Erede. Les deux musiciens travaillent ensemble pour la première fois. L'entente est parfaite et les séances d'enregistrement se font dans les meilleures conditions.

Le 24 juin 1953, la troupe de l'Opéra de Paris, invitée à Florence par le « Mai florentin » pour y représenter *Les Indes galantes* dans les jardins Boboli, assiste avec ravissement à la fête nationale de cette ville-musée. Raoul Jobin se souvient du voyage fait dans cette ville toscane en 1935 alors que, jeune ténor, il avait été, avec la troupe de l'Opéra, invité à ce festival pour un autre opéra de Rameau, *Castor et Pollux*. « Mis à part mon Québec natal, dira-t-il, Florence et San Francisco sont les deux villes au monde où j'aimerais vivre et mourir. »

Le « Mai florentin » accueille avec enthousiasme la production parisienne qui affiche, sous la direction d'orchestre de Louis Fourestier, presque la même distribution qu'en 1952 à l'Opéra. Le raffiné public florentin est ébloui. Les jardins Boboli sont l'endroit rêvé pour la féerie de ce spectacle. Outre les Florentins, les mélomanes de Milan, Venise, Turin, Rome et Naples, sans oublier les touristes de passage, sont fidèles au rendez-vous annuel.

Raoul Jobin retrouve les siens à Paris avant de se rendre à Lyon pour un *Samson et Dalila* au Théâtre romain de Fourvière. La distribution réunit les noms d'Hélène Bouvier, Raoul Jobin, Pierre Nougaro, la basse Pierre Savignol, dans une mise en scène du jeune Louis Erlo, des décors de Jean Guiraud et une direction d'orchestre de A. Lebot. L'été se poursuit avec un *Werther* dirigé par K. Trik, avec Suzanne Juyol, à Marseille et un *Roméo et Juliette,* que dirige Paul Bastide, à Vichy.

De retour au Canada, les Jobin vont rejoindre les enfants, arrivés depuis quelques semaines déjà. Thérèse veille de très près aux préparatifs du mariage de Claudette qui sera célébré le samedi 19 septembre dans la petite église de Sainte-Pétronille de l'île d'Orléans. Une longue liste d'invités fait de ce mariage à la campagne un événement mondain.

Au début de la saison, dans la tournée que fait au Canada la Garde républicaine de Paris (74 musiciens sous la direction de François-Julien Brun), son imprésario Nicolas Koudriatzeff a inscrit Raoul Jobin comme soliste pour quatre concerts. Il interprète en deuxième partie du programme trois airs d'opéra français, comptant parmi ses succès constants : « L'invocation à la nature » de *La damnation de Faust*, « L'air de la Fleur » de *Carmen*, « Pourquoi me réveiller ? » de *Werther*.

Le 6 octobre 1953, Raoul Jobin termine sa tournée estivale canadienne en ouvrant la saison du Quebec Ladies' Musical Club dans la salle de bal du château Frontenac, avec la collaboration du pianiste Guy Bourassa. Voilà plus de vingt ans que Raoul Jobin est fidèle à son auditoire du Musical Club, le premier récital remontant au 1er décembre 1931. Ce récital d'octobre 1953 sera cependant le dernier.

Avant de quitter Québec à la mi-octobre, les parents Jobin ont la joie de revoir les jeunes mariés à leur retour de voyage de noces. Claudette est rayonnante de bonheur et l'avenir sourit au jeune couple. C'est toutefois avec nostalgie que Raoul Jobin se sépare de sa fille aînée. C'est le premier départ hors du nid familial.

Claudette Jobin-Taschereau racontera : « A Paris, lorsque nous sommes rentrés en 1949, c'était la période des grands triomphes. Le public était insatiable et en réclamait toujours davantage. Les réceptions et les dîners se succédaient à la maison et nous avons vu défiler tous les Canadiens de passage à Paris, depuis les étudiants jusqu'aux hommes politiques. La maison était ouverte à tous. Papa avait des idées un peu de gauche tout en étant attaché à la tradition. Il était ordonné, méticuleux, discipliné et ne renonçait pas facilement à une opinion lorsqu'il y croyait. Il pouvait aussi être autoritaire et violent mais ses colères, ou plutôt ses moments d'humeur, étaient de courte durée et il ne gardait jamais de rancune. C'est l'être le plus foncièrement généreux que j'aie connu. Il était toujours prêt à donner dès que quelqu'un faisait appel à lui. Il était aussi, à mon avis, trop modeste et trop humble vis-à-vis des grands succès de sa carrière. Cette mentalité, due en partie à ses origines modestes, lui a nui par la suite et il se défendra mal contre ses détracteurs. Il sera l'objet de plus d'une mesquinerie.

Notre vie familiale était extraordinaire : chaleureuse et fidèle aux traditions québécoises, partout où nous avons vécu. Papa adorait sa mère qu'il vénérait. Il était l'être le plus extraordinaire qui soit. »

Alfred, Roméo à quatre ans
et leur mère.

Au collège du Sacré-Cœur,
à Sainte-Anne de la Pérade
(3ᵉ rang, 4ᵉ à partir de la gauche)

Alfred,
la grand-mère paternelle,
née Stanford,
le père, la mère
et Roméo Jobin
à quatorze ans.

Mariage de Raoul Jobin
avec Thérèse Drouin,
le 22 avril 1930,
en l'église
Saint-Roch de Québec.

Après quatre années d'absence, arrivée à Québec en 1938. Sur le pont de l'*Empress of Britain* : le Dr Bernard Grenier, Raoul Jobin, sa femme et ses enfants André et Claudette, et ses parents.

Georges Hirsch remet à Raoul Jobin la croix de chevalier de la Légion d'honneur en 1952, dans sa résidence de Boulogne, en présence de France, Claudette et Thérèse.

Roméo et Thérèse
à New York en 1940

Thérèse avec André et Claudette
à New York en 1942

Roméo à vingt-trois ans dans le studio de Mme d'Estainville
pour le spectacle de fin d'année

Création du rôle de Fabrice,
dans *La Chartreuse de Parme,*
d'Henri Sauguet,
à l'Opéra de Paris en 1939

Pelléas, en 1942,
au théâtre Colon de Buenos Aires,
sous la direction de Albert Wolff

Au théâtre Colon de Buenos Aires :
Don José, dans *Carmen*, en 1942
Marouf, d'Henri Rabaud, en 1943

Au Metropolitan de New York :
Gérald, dans *Lakmé*,
avec Lily Pons, en 1941
et Don José dans *Carmen*, en 1944

Canio, dans *Paillasse,*
au Met, en 1944

Lohengrin, en 1947,
à l'Opéra de Paris.
Costume de Jean de Reszke,
don du baryton Arthur Endrèze.

Au Met :
Le chevalier Des Grieux dans *Manon*
et Hoffmann en 1943,
dans *Les contes d'Hoffmann*

Au Met :
Faust, de Gounod
Julien dans *Louise*, en 1948

Raoul Jobin avec Albert Wolff en 1942 à Buenos Aires.

Chez le Dr Cayla à Paris en 1939. *De gauche à droite :* Dr Cayla, Mme Marcel Cayla, Mme Jacques de Marsillac *(assise)*, Mme André Beaugé, André Beaugé, Raoul Jobin, Marcel Cayla *(Le Journal)*, Serge Hyb *(Le Journal)*, Thérèse Jobin *(assise)*, Jacqueline de Marsillac, Jacques de Marsillac (rédacteur en chef du *Journal)*, Mme Louis Cayla, José de Trévi.

Raoul Jobin et Thérèse, Pierrette Alarie et Léopold Simoneau,
en 1947, à Sainte-Pétronille de l'île d'Orléans

Raoul Jobin avec Louis Beydts à Paris en 1947, sur la terrasse de Jacques Jansen

Réception, après une représentation de *Tosca,* au festival de Montréal, en août 1949.
Parmi les invités : Wilfrid Pelletier, Mr Bronfmann, Rose Bampton, Mme Antonia
David, Pauline Donalda, Jean-Marie Beaudet.

La troupe de Gratien Gelinas en tournée avec *Ti-Coq*.
Visite chez les Jobin à Sainte-Pétronille.

Raoul Jobin avec André Malraux en 1964 au Musée de Québec

Raoul Jobin et Edward Robinson à Los Angeles en 1942

Au Centre culturel canadien à Paris en 1971, Renée Maheu, Norbert Dufourc et Raoul Jobin à l'issue d'un récital de Renée Maheu, ayant pour thème : « Chansons de France et du Canada ».

XVII

11 décembre 1953. Pour la commémoration du cent cinquantième anniversaire de la naissance de Berlioz, l'Opéra présente une soirée de gala dans la grande salle du palais Garnier. En première partie, Georges Sebastian dirige des fragments des *Troyens à Carthage* avec Suzanne Juyol, Raoul Jobin, Xavier Depraz, Rita Gorr, Jean Giraudeau, tandis qu'en deuxième partie, sous la baguette d'André Cluytens, le concert se poursuit avec des extraits de *Roméo et Juliette*, l'ouverture du *Carnaval romain* et le final du second acte de *Benvenuto Cellini* avec René Bianco, Suzanne Sarocca, Jean Giraudeau, Geneviève Serres, Louis Noguera... Les textes de présentation sont dits par Jean Berger.

Quelques jours plus tôt, le 8 novembre, Raoul Jobin était l'invité des Concerts Pasdeloup dans un festival Wagner au palais de Chaillot, avec au programme le « récital du Graal » de *Lohengrin* et le « chant de la Forge » de *Siegfried*.

Pour la saison lyrique 1953-1954, Raoul Jobin est toujours en exclusivité à Paris et doit discuter avec Maurice Lehmann de chaque invitation à l'extérieur. Néanmoins, il garde contact avec ses imprésarios de New York, Montréal et Buenos Aires. Il espère toujours chanter au Covent Garden et à Milan où, comme il l'écrit au directeur de la Scala, en décembre 1953, il serait très heureux de venir chanter le *Don Carlo*, « mais je désirerais d'abord me présenter dans un rôle plus important, c'est-à-dire être présenté en vedette, dans *Aïda* par exemple, ou si vous préférez dans un rôle du grand répertoire français. Nous donnons *Les Troyens à Carthage* vendredi soir à l'Opéra, à l'occasion du cent cinquantenaire de Berlioz. Voilà un rôle dans lequel j'aimerais être présenté à la Scala si vous décidiez de l'y monter la saison prochaine. J'espère que nous arriverons à une entente et que j'aurai le plaisir et l'honneur de venir chanter dans ce grand théâtre de la Scala ».

Ce retour parisien est assombri pour Thérèse dont le père est décédé à Québec, le 31 juillet précédent, et pour qui l'absence de sa fille aînée se fait sentir plus qu'elle ne l'aurait cru. Elle est, comme toujours, entourée des jeunes chanteurs canadiens étudiants à Paris, dont, depuis un an, la Québécoise Marguerite Paquet, qui est reçue, ainsi que le furent Thérèse

Pageau et Gaby Hudson avant la guerre, comme l'enfant de la maison.

L'événement de la saison lyrique 1953-1954 est la reprise à l'Opéra-Comique de *Résurrection*, de Franco Alfano, d'après Tolstoï. Les sept représentations s'échelonnent du 15 mai au 5 juin, veille du départ de Raoul Jobin à Buenos Aires où il chantera dans *Alceste*. La reprise de *Résurrection* obéit aux dernières volontés de Louis Beydts, décédé en novembre dernier, et que remplace provisoirement Maurice Decerf. Dans le programme de la première de *Résurrection*, Stéphane Wolff, fils d'Albert Wolff, écrit au sujet de cette œuvre :

« Cet ouvrage émouvant comme profondément humain fut créé à Turin en 1904. Le théâtre royal de la Monnaie, à Bruxelles, le présenta le 18 avril 1906 dans une version française. Vingt et un ans plus tard, on l'accueillait à l'Opéra-Comique. La première eut lieu le 16 mai 1927. Ce furent Mary Garden (Katia), René Maison (Dimitri) et José Beckmans (Simonson) qui le firent alors triompher. Par la suite, Madeleine Sibille, puis Claudia Victrix interprétèrent à leur tour l'héroïne de Tolstoï. Cependant, l'ouvrage cessa d'être affiché en 1934. Sa reprise, après vingt ans de silence, ne pourra que confirmer un succès maintenant mondial, puisque *Résurrection,* sur l'ensemble des grandes scènes lyriques européennes, a dépassé la millième représentation. »

Le spectacle est en général bien reçu par la critique. La partition, sur des paroles de César Hanau traduites par Paul Ferrier, est admirablement défendue par Patricia Neway (Katiousha), Rita Gorr (Sofia), Raoul Jobin (Dimitri), Michel Roux (Simonson) dans les principaux rôles et par Georges Sebastian qui dirige l'orchestre.

Une lettre de Montréal en provenance de son ami Charles Goulet lui apprend la fermeture des Variétés lyriques qui viennent de célébrer leur millième représentation. Cette fermeture se fera sentir quelques années plus tard, et plusieurs tentatives de mouvements lyriques verront le jour avant que ne renaisse l'Opéra du Québec, avec Léopold Simoneau et, quelques années plus tard, l'Opéra de Montréal dont Jean-Paul Jeannotte assume la direction.

Témoin des années glorieuses de Raoul Jobin à Paris et à Montréal, Jean-Paul Jeannotte gardera toujours une profonde admiration et un grand respect pour l'artiste : « A Paris, je l'ai vu dans les rôles de Lohengrin, Werther, Hoffmann, Don José, Julien de *Louise,* presque tout son répertoire. Je ne suis pas un chanteur d'opéra mais j'ai toujours aimé le théâtre lyrique. Je me souviens d'une représentation de *Tosca* à l'Opéra-Comique. A cette époque, on permettait à un chanteur étranger de bisser un air. Après l'air du troisième acte, "E lucevan le stelle", chanté en français, le public criait, hurlait, et Jobin a dû bisser l'air mais en italien. Ce fut du délire ! Le public du poulailler est sorti immédiatement après, sans attendre la fin de la représentation; il avait entendu ce qu'il voulait. En 1951, à l'occasion de ses débuts dans *Aïda*, il avait commencé le grand air de Radamès en retenant la voix, en contrôlant le débit vocal et en l'amplifiant graduellement jusqu'à l'éclatement final. Ce furent dix minutes d'ovation !

Il n'y avait que lui qui, physiologiquement, pouvait chanter sur la force physique avec des *ut* ouverts. J'ai toujours eu beaucoup de respect pour ce grand artiste, pour sa grande humilité devant son art et devant sa rare conscience professionnelle. C'était aussi un très grand musicien, au quart de soupir, il lisait admirablement bien la musique. Il a fait la première grande carrière internationale canadienne, plus internationale que Johnson.

J'ai écrit des mélodies dont une dédiée à Raoul Jobin qu'il a créée à Radio-Carabin et qui est toujours restée à l'état manuscrit. J'ai chanté avec lui *Paillasse* à la radio pour le programme Molson, Tybalt dans *Roméo et Juliette* en 1952, au Chalet de la Montagne avec un vent terrible qui avait soulevé les décors jusqu'au pied de la montagne. Raoul Jobin a continué de chanter comme si de rien n'était. »

A Buenos Aires, ce sera la dernière saison de Raoul Jobin au théâtre Colon. C'est avec *Norma*, dirigé par Ferrucio Calusio et chanté par Dorothy Dow et Ebe Stignani, que s'ouvre la saison 1954 du Colon. Le répertoire français, italien et allemand est défendu par les chefs Hector Panizza, Ferrucio Calusio, Alberto Erede, Jean Martinon, Jose Maria Castro, Karl Elmendorf, et Paul Hindemith qui dirige son *Requiem* en première audition. Les chanteurs invités sont, entre autres, Victoria de Los Angeles, Giuseppe Campora, Giuseppe Taddei, Felipe Romito, Hines, Karl Donch, Paul Schoffler, Consuelo Ruvio, Raoul Jobin, Jacques Jansen, Delia Rigal. De plus, les mélomanes de Buenos Aires entendent en concert des noms tels que Rudolf Firkursny, Claudio Arrau, Arthur Rubinstein, Byron Janis, Wilhelm Kempff, Ida Haendel, Pierre Fournier, Christian Ferras. Peu de temps après son arrivée, Raoul Jobin signe avec la direction du Colon un contrat qui l'engage du 10 juin au 30 juillet.

Le 25 juin 1954, il chante dans *Alceste* en compagnie de Delia Rigal, Jacques Jansen et Italo Pasini. L'orchestre est confié à Hector Panizza, la mise en scène à Otto Erhardt et la scénographie à Hector Basaldua. Le public et la presse sont unanimes à reconnaître la qualité musicale de la production :

« Mlle Delia Rigal, chanteuse argentine dont c'était la rentrée après une longue absence, incarna une héroïne douloureuse et touchante d'humanité, à la voix splendide et aux attitudes hiératiques. Une autre rentrée accueillie avec plaisir, celle du ténor canadien Raoul Jobin, dont le bel organe vocal se trouve à son apogée et qui fit merveille dans les tessitures parfois cruelles du rôle d'Admète. M. Jobin nous revient en pleine forme. » (Henry Larroque, *Le Quotidien de Buenos Aires*, 26 juin 1954.)

Cinq autres représentations d'*Alceste* recueillent un égal succès. Témoin des années d'après-guerre à Paris et de cette dernière saison au Colon, Fulgence Charpentier, ambassadeur canadien à Montevideo rappellera : « Je cherche encore une voix aussi bonne que la sienne parmi nos chanteurs. Jon Vickers s'en rapproche un peu mais il n'a pas la chaleur, la générosité d'un Jobin. Nous avons entendu Jobin dans *Carmen*, *Tosca*, *Les contes d'Hoffmann*, *Manon*, *Werther*, *Les Indes galantes*, *Aïda*, *Samson et Dalila* et en récital à Gaveau. Nous étions avec lui lorsqu'on lui a remis la Légion d'honneur durant la réception à son appartement près de notre ambassade, au square du Bois de Boulogne, une maison qu'avait déjà habitée Claude Debussy quelques années. Raoul Jobin était très affable, très accueillant et généreux. Il avait beaucoup d'amis et il les recevait chez lui. Dans le temps de Duplessis, on a vu défiler les ministres. Jobin jouait un rôle dans la société canadienne. Il avait un grand cœur et les jeunes étaient assurés de trouver en lui un conseiller juste mais ferme. Il était très discipliné, exigeant pour lui-même et pour les autres.

Parmi les jeunes qui ont bénéficié de ses conseils, on peut surtout citer Richard Verreault et Yoland Guérard.

Raoul Jobin était un homme très intelligent. Il avait un caractère un peu prompt mais ses éclats de colère étaient vite oubliés. Quelques années après la fin de sa carrière, on a songé à lui pour un poste d'ambassadeur. Il a été nommé conseiller culturel à la Délégation générale à Paris. Ce fut son dernier poste.

Nous l'avons retrouvé en Amérique du Sud en 1954 où il était venu pour des représentations d'*Alceste* au Colon de Buenos Aires. J'étais en poste à Montevideo et il nous a invités dans ce magnifique théâtre.

Chez Sicillo, tout le monde parlait espagnol mais ils étaient tous italiens, musiciens et passionnés d'opéra. J'ai dit à Raoul : "Vous savez, je pense bien qu'ils vont vous demander de chanter." Il me dit : "Vous savez que je ne chante jamais dans les restaurants et je ne sais pas quoi chanter." Je lui ai dit : "Chantez donc le dernier air de *Tosca*, celui que vous chantez si bien, "E lucevan le stelle".

Il y avait un pianiste pour l'accompagner. Sa voix était chaude, forte, et quand il s'est mis à chanter, tout s'est mis à vibrer et tout le monde est sorti de la cuisine, la cuisinière, les femmes avec les marmites à la main. Tout le monde pleurait. Lorsqu'il eut terminé, tous sont venus lui baiser les mains : "Maestro… maestro…" Nous ne l'avons jamais oublié !

Raoul Jobin a eu le grand bonheur d'avoir une femme extraordinaire à ses côtés. Thérèse était une femme admirable. Dans la misère ou dans l'abondance, elle a toujours été là, toujours présente. »

A son retour d'Amérique du Sud, Nicolas Koudriavtzeff le sollicite pour la première audition intégrale à Montréal de *L'enfance du Christ*, trilogie sacrée de Berlioz qui sera présentée à l'église Notre-Dame, le 22 septembre. Donnée pour la première fois à Paris en 1854, l'œuvre centenaire est présentée à Montréal avec, outre Raoul Jobin, Maureen Forrester (soprano), Martial Singher (baryton), Joseph Rouleau (basse), le chœur Hector Berlioz, sous la direction de Marcel Laurencelle; les chanteurs de Notre-Dame, sous la direction de Claude Létourneau; les musiciens de l'orchestre symphonique de Montréal; Maurice Beaulieu, organiste titulaire de Notre-Dame de Montréal; le tout sous la direction du père Émile Martin, directeur de la Société des Chanteurs de Saint-Eustache à Paris.

Le 24 août 1954, c'est une petite-fille, Fabienne, qui comble l'attente de Raoul et Thérèse Jobin, heureux grands-parents. Quant à André, il est fier de ses premiers succès au théâtre. Très apprécié de ses maîtres, Pierre Bertin et Suzanne Nivette, de la Comédie-Française, il a déjà fait une tournée de deux mois en Angleterre dans *Le bourgeois gentilhomme* et *Le barbier de Séville* avec la troupe de Jean-Louis Barrault, et a tenu un rôle de jeune étudiant français dans le film américain *Cinerama Holyday*. L'avenir lui semble prometteur.

Début octobre, après un séjour de deux mois, la famille Jobin quitte encore une fois le Québec. Pour la première fois de sa carrière, Raoul Jobin se rend directement à Londres pour enregistrer chez Decca-London, au Kingsway Hall, des extraits de *La damnation de Faust* et de *Werther* avec Irma Kolassi, sous la direction de Fistaulari. Il est enchanté de son séjour londonien : avec Arthur Cambarrot, il a pu s'entretenir avec David Webster, administrateur général du Covent Garden.

Dans le milieu musical parisien de la rentrée, il n'est question durant ces derniers mois que des festivals de l'été précédent. Les commentaires les plus contradictoires circulent autour du festival de Bayreuth, de la transformation du *Ring* par Wieland Wagner : l'on va jusqu'à parler de « décadence ». Les mélomanes disent le plus grand bien de Salzbourg et de l'œuvre de Rolf Liebermann, *Pénélope*, de même que du festival d'Aix-en-Provence : *Don Giovanni*, dans des décors de Cassandre, *L'enlèvement au sérail* dans des décors de Derain, *Les caprices de Marianne*, d'Henri Sauguet, admirablement servi par la jeune Italienne Graziella Sciutti dans le rôle-titre. L'événement de l'automne est la venue à Paris du « Sadler's Wells Ballet » de Londres avec Margot Fonteyn et le départ pour Covent Garden du Ballet de l'Opéra dans le cadre d'échanges culturels.

Raoul Jobin reçoit d'Arthur Cambarrot une liste complète de ses activités de la fin avril à la mi-septembre 1955 : devant cette série de galas, créations et représentations de festivals, Raoul Jobin doit décliner les invitations de Buenos Aires, Londres et San Francisco.

A Toulouse tout d'abord, le Capitole offre une grande soirée de gala qui met fin à sa saison lyrique avec *Aïda* dont la distribution comprend Raoul Jobin, Jane Rinella, Raymonde Lapeyre, Tomatis, Valère Blouse, Taverne, réunie par le directeur Louis Izar qui a également confié la direction d'orchestre à Pierre Dark. Le public toulousain est réputé être, avec Marseille, l'un des plus exigeants de France pour le bel canto. La critique souligne avec enthousiasme cette reprise. A l'Opéra d'Alger, *Samson et Dalila* obtient aussi un succès pour les deux dernières représentations de la saison. La partition de Saint-Saëns est défendue par Raoul Jobin, Raymonde Lapeyrette, René Bianco, Algérois d'origine, sous la direction de Maurice Hendérick et dans une mise en scène de Legros-Sorgel. A Marseille, c'est *Roméo et Juliette* qui termine la saison lyrique : autre triomphe pour Raoul Jobin.

Puis, de Nîmes, Raoul Jobin se rend à Lyon pour les répétitions de *Geneviève de Paris,* drame lyrique en trois actes qui sera créé le 4 juin, sous la direction musicale du compositeur Marcel Mirouze, qui déclare :

« Je ne pouvais pas rêver plus belle distribution. J'ai deux des meilleurs ténors français; un baryton exceptionnel; deux cantatrices magnifiques. Régine Crespin, avec la beauté de sa voix, sa musicalité, l'étendue de ses moyens, est la Geneviève de mes rêves. Quant à Mady Mesplé, sa voix ravissante plane comme celle d'un rossignol dans l'atmosphère magique de Fourvière. Elle m'a tellement enchanté que j'ai allongé son rôle aux répétitions, ajoutant çà et là une phrase mélodique. Ce qui était aisé : Priscilla étant la compagne de Geneviève, une sorte de confidente de tragédie classique. »

L'Opéra de Lyon, dirigé par Paul Camerlo, présente donc les 4, 6, et 8 juin 1955, en première mondiale, le « mystère » *Geneviève de Paris,* poème de Gabriel Boissy, avec Régine Crespin, Raoul Jobin, Mady Mesplé, Pierre Nougaro, Libero de Luca, Michel Sandoz, le Grand Ballet de l'Opéra de Lyon. Les dispositifs et costumes sont de Jean Guiraud, la mise en scène de Louis Erlo, le compositeur lui-même dirige orchestre et chœur (trois cent cinquante exécutants), sous la présidence d'Edouard Herriot, président d'honneur de l'Assemblée nationale et maire de Lyon, de M. Berthoin, ministre de l'Éducation nationale, et du cardinal Gerlier, primat des Gaules et archevêque de Lyon. L'accueil de la critique fut favorable à l'auteur et à la grandeur du spectacle.

Et c'est Enghien-les-Bains, avec l'œuvre d'Henri Tomasi, *Atlantide,* créé quelques mois auparavant en concert à Pleyel, sous la direction du compositeur. Le rôle d'Antinéa est confié à la grande danseuse Ludmilla Tchérina, « moulée de noir et soulignée d'or ». « Auprès de cette ensorcelante idole, les adorateurs paraissent facilement mièvres, écrit

Clarendon dans *Le Figaro* du 29 juin. Il faut le prestige vocal de Raoul Jobin et la mâle sobriété de Michel Roux pour éviter, de justesse, le ridicule où d'autres tomberaient. »

Le 3 juillet 1955, après une représentation de *Lohengrin* au Théâtre romain d'Arles, une bande joyeuse, composée des organisateurs et camarades de la distribution, Régine Crespin, Lucienne Delvaux et Jean Laffont, Roger Hiéronimus et le chef d'orchestre Jean Trick, fête les vingt-cinq ans de carrière de Raoul Jobin. Vingt-cinq ans, jour pour jour. C'était en effet le 3 juillet 1930 qu'un jeune Québécois de vingt-quatre ans, timide mais confiant en sa bonne étoile, faisait ses débuts sur la scène de l'Opéra de Paris dans le rôle de Tybald de *Roméo et Juliette*.

La soirée est belle et chaude; une fois de plus, Raoul Jobin est acclamé dans ce rôle de *Lohengrin* où il apparaît solidement armé de pied en cap, cuirassé et casqué; de nouveau, le « récit du Graal » est le sommet de la représentation.

Pourtant, à son ami Cambarrot, il envoie un peu plus tard une lettre teintée de mélancolie : « *J'ai cinq jours de vide et je vais visiter la Provence. J'irai probablement aux Saintes-Maries-de-la-Mer et dans ce coin, puis, de là, je monterai voir Louise dans le Périgord, puis enfin Vichy où je pense bien avoir le plaisir de te voir. Je dois te dire que, hier soir, lorsque je suis rentré dans ma chambre et que je me suis trouvé seul, cela m'a donné un coup. C'est de l'égoïsme, car après tout c'est parce que je veux une compagnie près de moi, mais quand même, j'ai eu une petite émotion. Je suis heureux qu'André parte pour le Canada, ils vont être si heureux tous. Mon petit Camba, je t'embrasse et je te remercie.* »

XVIII

1ᵉʳ août 1955. C'est un ténor de quarante-neuf ans, avec vingt-cinq années de carrière, qui reçoit l'ovation de plus de dix mille personnes réunies dans l'hémicycle du Théâtre antique d'Orange. Et alors, comme le racontera Raoul Jobin : « Au moment où s'éteignaient les derniers accords de cette musique irréelle et envoûtante de *Lohengrin,* voici que, venue de l'arrière, une immense lueur nous aveugle et s'abat sur nous comme la vague de l'océan s'écrase sur le nageur qui rêve... De surprise, nous nous retournons. A cet instant précis, un cri formidable jaillit de milliers de poitrines. Les organisateurs des Chorégies d'Orange avaient fait embraser le mur entier. C'était une vision de rêve, une fantasmagorie, quelque chose de quasi surnaturel. La magnifique représentation que nous venions de donner, cette sensationnelle surprise de la fin déchaînèrent les applaudissements frénétiques de la foule. Le crépitement nourri des applaudissements de la foule répond au crépitement de ce feu d'apocalypse; l'émotion qui nous étreignait tous, mes camarades et moi-même, était si intense que nous étions partagés entre le désir de remercier le public, de saluer et de continuer en même temps à regarder ce mur colossal qui flambait de toute son immensité. Nous sommes happés dans un remous d'émotion électrisante qui nous tire en avant et en arrière comme des fantoches. Vision inoubliable ! Des heures pareilles vous paient de tous les ennuis, de toutes les déceptions, vous redonnent courage et espoir. La beauté, croyez-moi, est une valeur ! »

En ce beau soir d'été 1955, c'est André Cluytens qui est à la direction d'orchestre et les voix sont : Berthe Monmart, Suzanne Juyol, Pierre Froumenty, René Bianco et Robert Massard.

La représentation de *Lohengrin* clôture le premier festival de France par son ampleur. La chorégie 1955, sous la direction de Maurice Lehmann, affichait deux représentations de la Comédie-Française : *La mort de Pompée* de Corneille et *Mithridate* de Racine, sur des musiques de scène d'André Jolivet. Suivait une représentation officielle du Ballet du Théâtre national de l'Opéra : *La tragédie de Salomé* de Florent Schmidt et une *Suite de danses* de Chopin dans les chorégraphies d'Albert Aveline, avec l'orchestre et les chœurs du Théâtre national de l'Opéra dirigés par André Cluytens.

Le 24 août 1955 s'ouvre le cinquième festival de Vichy dans le Grand Casino, qui n'est pas sans rappeler la Scala. Parmi les villes d'eaux, Vichy occupe une place de premier plan. Elle dispose d'un théâtre, d'une troupe régulière, d'un orchestre et peut offrir des concerts et des spectacles de qualité. Si les manifestations de la saison 1955 constituent un hommage à la musique française, la soirée d'ouverture est réservée à un hommage à Richard Strauss. C'est ce soir-là qu'est donnée, pour la première fois en France, l'audition intégrale au concert de sa *Daphné,* sous la direction d'Henri Tomasi.

« A Mme Janine Micheau revenait le rôle de Daphné. Elle l'a chanté avec cet art qui semble se jouer de tous les périls et donner à chaque détail le relief qui lui convient. Il lui semble impossible de nuancer avec plus de grâce la tendre et émouvante mélodie de Daphné transformée en laurier par laquelle Strauss a terminé son ouvrage. M. Raoul Jobin a donné au rôle d'Apollon toute la chaleur qui convient au dieu Soleil dont l'éclat foudroie Leucippe. » (René Dumesnil, *Le Monde,* 27 août 1955)

La semaine de musique française débute sur un récital de mélodies chantées par Suzanne Danco et Roger Boutry. Au Grand Théâtre, *La damnation de Faust* est à l'affiche dans une réalisation de René Chauvet, avec Raoul Jobin, Régine Crespin, Paul Cabanel, Frédéric Adam à la direction musicale. Comme pièce de résistance, *Atlantide* est repris. Se succèdent les concerts symphoniques; Jean Doyen, Roland Charmy, Samson François y participent, tandis que Louis de Froment dirige un gala chorégraphique où le public applaudit Yvette Chauviré. Le festival se termine le 3 septembre avec une représentation d'*Andromaque* par la Comédie-Française.

Durant son séjour à Vichy, Raoul Jobin accepte de faire partie du comité d'honneur de l'institut France-Canada.

Si l'été 1955 le conduit sur la scène des grands festivals de France, il y conduit aussi ses compatriotes Pierrette Alarie et Léopold Simoneau qui sont à l'affiche à Aix-en-Provence où un jeune festival reçoit déjà ses lettres de noblesse sous le signe de Mozart et de Rameau. Cette saison révèle l'opéra-ballet *Platée,* chanté par Michel Sénéchal, dans une réalisation de la Genevoise Renée Viollier. Pierrette Alarie et Léopold Simoneau seront par la suite invités fréquemment dans les festivals prestigieux. Se souvenant de ces années de leurs débuts où ils se lièrent d'amitié avec leur illustre compatriote, ils écriront quelques années plus tard :

« Nous étions fascinés par sa ténacité au cours des premières et difficiles années de la carrière, à son arrivée en France, sa détermination dans la poursuite d'une maîtrise de technique vocale (qui se laissait obstinément

153

prier), sa lente mais constante ascension parmi les rangs des artistes lyriques les plus réputés de la scène française d'abord puis de la scène mondiale, et finalement son incomparable interprétation de certains rôles comme celui de Don José, Hoffmann, Canio, où il était insurpassable grâce à son électrisante vaillance vocale dans les passages dramatiques.

Les années de notre propre ascension dans la carrière nous avaient bien rapprochés. Pierrette, par exemple, a souvent chanté Olympia à ses côtés au Metropolitan et à l'Opéra-Comique; d'autre part, nous alternions lui et moi dans le même rôle (Damon) des *Indes galantes* à Paris, dans les années 50, de sorte que la musique nous avait conduits à l'amitié. Combien de mémorables soirées passées à l'appartement des Jobin à Paris, rendez-vous de la petite colonie musicale canadienne au cours de ces années ! »

Durant ses trop brèves vacances au Canada, et pour la première fois depuis le début de sa carrière, Raoul Jobin n'accepte aucune invitation de concert ou de récital. C'est un repos bien mérité qu'il s'accorde. Il voit quelques amis et accepte un rendez-vous avec Jean Bruchési qui l'informe de réformes envisagées pour le Conservatoire, à la recherche d'un remplaçant de Martial Singher qui s'en va après quelques années d'enseignement. Raoul Jobin recommande Georges Jouatte, artiste qu'il apprécie. A son sujet, il écrit au ministre Omer Côté :

Institu « Lorsque je vous ai parlé de M. Jouatte, je n'avais pensé à lui que comme professeur de chant, mais je vois qu'il a toutes les données pour l'organisation d'une école complète de déclamation lyrique et qu'il en est qualifié. Il est sûrement le seul en France et un des rares au monde dans ce cas. Si M. Jouatte pouvait venir au Canada, ce serait un apport extraordinaire pour le pays et l'avenir. On parle de la construction d'un théâtre et de l'organisation de ce théâtre. L'école ainsi organisée deviendrait une source où l'administration du théâtre pourrait puiser avec intérêt. Nous arriverions ainsi, au bout d'un certain temps, à avoir chez nous un théâtre national avec des Canadiens seulement, sans avoir à importer d'éléments étrangers. »

Hélas ! Raoul Jobin sait, avant la réponse officielle, que la classe de chant français et d'interprétation de Martial Singher tombera et que, depuis la démission d'Omer Côté, il a perdu un appui. Georges Jouatte, pas plus qu'André Pernet, quelques années plus tôt, ne viendra à Montréal et l'enseignement du « style français » y sera négligé longtemps.

A Québec, le 12 octobre, René Arthur, animateur d'un jeu télévisé où il faut identifier un personnage, présente Raoul Jobin sous le pseudonyme de « Monsieur Sibémol ». Plusieurs années après son retour au Canada, en 1969, René Arthur, devenu un fidèle ami après avoir été un fervent admirateur, enregistrera une série d'émissions pour Radio-Canada sous le titre *Une carrière, une marotte*, dans lesquelles Raoul Jobin racontera avec humour quelques anecdotes de sa carrière, plus spécialement celles concernant les années d'apprentissage du « jeune Sibémol ».

Rentré à Paris, il inaugure le nouvel Institut France-Québec, le 10 novembre 1955, par un concert de gala dans le grand amphithéâtre de la Sorbonne, avec la Garde républicaine de Paris que dirige M. Brun. Le nouvel Institut, dont les buts premiers sont de favoriser le commerce, l'industrie et la grande culture, doit sa formation à Jean Désy et René Garneau, et à Jean Vinan qui en sera le directeur jusqu'en 1981. Raoul Jobin fait partie du comité fondateur. Les personnalités présentes parlent de la récente tournée au Canada de la Comédie-Française. Raoul Jobin suggère une tournée nord-américaine de l'Opéra avec le répertoire qui lui est propre, comme le fait la Comédie-Française.

Pour la période des fêtes, Raoul Jobin est à l'affiche dans *Aïda, Lohengrin, Samson et Dalila* à l'Opéra, et à l'Opéra-Comique, dans *Paillasse,* le 28 décembre. Ce sera son dernier Noël à Paris.

Dès les premiers jours de janvier jusqu'à la mi-mars, Raoul Jobin prend la route de Marseille pour une tournée qui le conduira à Marseille, Toulouse, Nice, Bordeaux, Lyon et Grenoble, avec de brefs retours à Paris.

Le 18 mars 1956, il est l'invité de Sir John Barbirolli, qui est à la tête du London Symphony Orchestra, au Royal Festival Hall de Londres, pour y interpréter l'œuvre de Chausson *Le poème de l'amour et de la mer.* Peu de temps après son retour en France, il reçoit une lettre de remerciements d'Étiennette Lerolle-Chausson, la fille d'Ernest Chausson.

C'est à nouveau Toulouse pour *Tosca* et *Hérodiade,* spectacles que dirige Robert Herbay, avec Suzanne Sarocca et Paul Cabanel, et l'Algérie où il est attendu pour deux représentations des *Contes d'Hoffmann,* sous la direction de Godefroy Andolfi. Et Londres encore une fois pour deux *Alceste* à la BBC et l'enregistrement de l'œuvre chez Decca, les 22 et 24 avril, dans sa version italienne : Geraint Jones dirige l'orchestre de la BBC et Kirsten Flagstad (Alceste), Marlon Lowe (Ismène), Alfred Orda (grand prêtre) interprètent les principaux rôles.

Parmi les événements de la saison musicale parisienne : la représentation, sous forme d'oratorio, au théâtre des Champs-Élysées, de *Pénélope,* par la Radio-Télévision Française (RTF) dans le cadre du troisième festival de Paris. L'enregistrement est diffusé en différé. Raoul Jobin aborde pour la troisième fois de sa carrière le rôle d'Ulysse. Dans la version du festival international d'Art lyrique 1956, D. Inghelbrecht est à la tête de l'orchestre national et des chœurs de la RTF et Régine Crespin chante le rôle-titre. En 1981, un disque, édité chez Discoreal, fera revivre cette soirée du 31 mai 1956.

Pour Raoul Jobin, la saison se termine avec deux *Samson et Dalila* à l'Opéra ainsi qu'avec *Werther, Carmen, Tosca* et, le 23 juin, à l'Opéra-Comique, la millième de *Louise* dont l'auteur est décédé quelques mois plus tôt. Le 14 juillet, il est l'invité de la radio-télévision italienne pour chanter, au côté d'Hélène Bouvier, *Padmavati*, d'Albert Roussel, œuvre qu'il connaissait pour avoir chanté le rôle de Badal à l'Opéra de Paris en mai et juin 1931; il avait alors vingt-cinq ans et était entouré de Lapeyrette, Jane Laval, Rouard et Paul Franz, sous la direction de Philippe Gaubert.

C'est à Pointe-au-Pic, dans le comté de Charlevoix, que, désormais, Raoul Jobin, Thérèse et France, qui brille aujourd'hui de ses quinze ans, passeront les mois d'été, à deux pas de la jeune famille Taschereau. Raoul Jobin est aujourd'hui à un tournant décisif de sa carrière. Sera-t-il toujours partagé entre le travail et sa famille, entre deux continents ? Il y réfléchit tout au long de ce mois d'août et, à la suite d'une longue conversation avec le Premier Ministre de la province de Québec, Maurice Duplessis, le 30 août, il lui fait parvenir un projet qui lui tient à cœur, projet qu'il est intéressant de citer en son entier :

« Monsieur le Premier Ministre,

Faisant suite à notre conversation du jeudi 30 août, voici quelques renseignements sur l'affaire dont nous avons parlé.

Je crois qu'avec le nombre déjà très important et toujours croissant des boursiers que la Province envoie étudier en Europe il serait utile et très intéressant pour le Gouvernement de savoir ce que font ces boursiers et s'ils justifient la confiance que le Gouvernement a mise en eux, par un travail assidu et sérieux, et si, en plus du développement de leur spécialité, ils profitent de tout ce qui les entoure pour acquérir un développement général.

Voici comment j'entends m'organiser à ce sujet :

A PARIS : Les boursiers pourraient communiquer avec moi durant toute l'année, excepté pour la période des vacances, c'est-à-dire un mois. Mon secrétaire pouvant recevoir les boursiers durant mes absences.

EN FRANCE : Mes représentations m'amenant dans les grandes villes de province, je pourrais rencontrer les boursiers aussi souvent qu'ils le désireraient lors de mes passages dans leur ville.

EN EUROPE : Faire deux tournées chaque année dans les villes où il y a des boursiers, ce qui en plus d'une correspondance régulière me permettrait de suivre l'effort et le travail accompli puis d'en faire rapport au Gouvernement. Ces visites dureraient environ un mois chacune, tout en dépendant du nombre d'étudiants et de villes à visiter. Il est bien entendu que je me ferais un devoir de rencontrer chaque étudiant en particulier en plus de les réunir chaque fois. Quant à ceux qui sont à Paris, ils trouveront toujours quelqu'un au bureau pour les recevoir, soit moi-même, soit mon secrétaire si je suis en tournée. Ayant une charge officielle de la Province, je pourrais me permettre de faire rencontrer les boursiers avec des personnalités pouvant les intéresser et les aider dans leurs études et leur travail, surtout les musiciens qui sont ceux qui me sont les plus proches...

Je suis à votre entière disposition pour parler de tout cela en détail. Je serais très heureux si une solution concernant cette affaire était trouvée avant mon départ pour Paris, que je viens de fixer au 20 septembre, car je suis affiché à l'Opéra dans *Samson* le 23.

Vous remerciant d'avance, permettez-moi, Monsieur le Ministre, de vous exprimer mes sentiments les plus sincères, avec toute ma reconnaissance. » (Paris, 4 septembre 1956)

Les événements se bousculent dans la vie de Raoul Jobin et de Thérèse qui souffre beaucoup de l'absence de sa fille aînée et des siens, toujours à Québec. Roméo montre de plus en plus de signes de fatigue. Après la représentation de *Werther* du 5 novembre, il a dû garder le lit avec une forte fièvre, ce qui a occasionné l'annulation de la reprise de *La damnation de Faust* à l'Opéra, prévue pour le 12 novembre. Thérèse croit plus sage de rentrer au Canada pour quelques mois avec la jeune France, espérant réunir bientôt la famille autour d'elle.

Elle part donc le 30 novembre sur un bateau qui se rend directement à Québec : c'est le dernier de la saison et le dernier qu'elle prendra de France. Raoul Jobin, quant à lui, demeure sur place pour une tournée de six semaines avec *Pénélope,* en janvier.

Quelques jours après le départ de Thérèse, un télégramme de Québec l'étonne : « Nombreux citoyens me prient de vous demander si vous acceptez être choisi candidat officiel libéral au Fédéral pour Saint-Sauveur — Stop — Réponse câble. Émile Charest, Président, 89 Saint-Vallier Ouest. »

Il répond immédiatement : « Je vous remercie très sincèrement de la demande que vous me faites, j'en suis très touché et très flatté. Malheureusement, je ne puis vous donner une réponse aussi rapidement sur une question à laquelle j'étais loin de m'attendre. Pour le moment je ne refuse pas, mais je n'accepte pas non plus; je voudrais avoir plus de détails sur cette affaire et aussi j'aimerais savoir quelle en est la source. »

Il saura quelques mois plus tard la fin de cette étrange proposition. En effet, Jean Lesage, futur Premier Ministre du Québec, informe Thérèse le 1er avril 1957 que c'est René Béguin qui a été choisi comme candidat.

QUATRIÈME
PARTIE

XIX

11 janvier 1957. C'est la mémoire d'un enfant du pays, Gabriel Fauré, né à Pamiers, non loin de Toulouse, que veut honorer le Capitole avec le choix de *Pénélope,* qui fait l'objet d'une grande réalisation. Rarement joué, surtout en province, *Pénélope* entrait au répertoire de l'Opéra de Paris, en 1943, sous l'Occupation; les représentations qui eurent lieu suscitèrent dans le public une émotion profonde, « l'œuvre tout entière étant une magnifique leçon de confiance et d'espoir ». M. Izar, qui assure la direction du Capitole, confie les décors et les costumes à Maurice Mélat, la mise en scène à Pierre Deloger et la direction musicale à Louis Auriacombe, jeune chef de la radio de Toulouse; la distribution regroupe Raoul Jobin (Ulysse), Régine Crespin (Pénélope), Paul Cabanel (Eumée), Suzanne Darbans (Euryclée), Bernard Plantey (Antinoüs), Julien Haas (Eurymaque), Jane Berbié (Cléone).

Pourtant, la préparation fut difficile : « Nous travaillions dans une pagaille formidable », avoua Raoul Jobin, mais pour ajouter : « Il y a un Bon Dieu pour le théâtre. » En effet, la bataille de *Pénélope* fut gagnée. « Si elle ne l'avait été, M. Izar aurait très bien su qui l'aurait perdue : aussi le déclarons-nous grand vainqueur. Telle qu'elle est, cette *Pénélope* essentiellement toulousaine peut partir dans la France montrer que Toulouse est toujours un haut lieu de l'art lyrique et cela non plus avec l'opéra traditionnel, mais avec un chef-d'œuvre de la musique moderne, illustré et rénové par l'esthétique la plus neuve et la plus féconde de la décoration de théâtre. Telle qu'elle est, cette *Pénélope* toulousaine pourrait se montrer à Paris, ce serait sa juste récompense et nous le lui souhaitons. » (Maurice Becq, *La Dépêche du Midi,* 13 janvier 1957.)

Pénélope est joué ensuite à Bordeaux et Lyon, puis à Avignon; la tournée, qui se termine à Nice et Montpellier, aura laissé plus d'un souvenir aux chanteurs. Ainsi, comme le racontera Pierre Savignol : « Raoul Jobin avait fait une blague à Crespin en écrivant sur son métier à broder : "Régine, avec tout mon amour, à toi pour la vie. Raoul." A Montpellier, la poignée de l'épée d'Ulysse avait été enduite de vernis à ongles. Elle collait dans la paume de la main et il n'arrivait plus à s'en détacher pour la jeter aux pieds de Pénélope. C'était une petite vengeance comme on en voit tant au théâtre. Ils en ont bien ri par la suite. »

Plus sérieusement, Raoul Jobin écrira à son agent de Buenos Aires, Nicolas Zborowsky, que *Pénélope* « est un très bel ouvrage et vraiment un opéra d'exportation; avec *Pelléas,* ce sont les deux plus beaux et les deux plus intéressants du répertoire français ».

A Paris, Raoul Jobin trouve enfin un atelier à Montmartre, 36, avenue Junot, pour lui et André qui rentrera de sa tournée début avril. Il se rend à l'Opéra-Comique pour les répétitions de *Capriccio* qui sera affiché début mars. La saison lyrique 1956-1957 continue à être mouvementée : Georges Hirsch est revenu à la direction générale des deux théâtres nationaux, succédant ainsi à Jacques Ibert, compositeur et directeur de la Villa Médicis à Rome, dont l'intérim n'aura duré que quelques mois. En octobre dernier, Georges Hirsch acceptait la démission de Serge Lifar et l'Opéra accueillait le « New York City Ballet » de George Balanchine. En novembre, *Le martyre de saint Sébastien* de Debussy, créé au Châtelet par Ida Rubinstein en 1912 et à l'Opéra en 1922, reprenait l'affiche avec Ludmilla Tcherina. Mais l'événement de la saison devait être la création française de *Capriccio* de Richard Strauss à l'Opéra-Comique; les décors et costumes sont confiés à Romain Erté, la direction musicale à Georges Prêtre : Jeanne Segala, Raoul Jobin, Michel Roux, Pierre Froumenty, Robert Massard, Suzanne Juyol, Liliane Berton et Pierre Gianotti assurent l'interprétation. Œuvre majeure de Richard Strauss, *Capriccio* est aussi significatif que *Pelléas* de Debussy ou *Wozzeck* de Berg. Un critique musical écrit :

« *Capriccio,* de Richard Strauss, est le plus grand événement musical de la saison lyrique. Présentée avec moins de publicité que les trois reprises mozartiennes de nos théâtres lyriques ou que la contestable version nouvelle du *Martyre de saint Sébastien,* la création française de *Capriccio* constitue peut-être le plus grand événement musical de l'année, au moins de la saison. Notons qu'un des derniers désirs de Richard Strauss, dédiant cette œuvre à la France, était de voir représenter *Capriccio* en français à Paris. L'adaptation amoureusement réalisée par Gustave Samazeuilh a eu l'approbation du musicien et du librettiste. Nous n'hésiterons pas à dire que l'œuvre gagne à être jouée dans notre langue. D'autant plus que la production de l'Opéra-Comique est la meilleure que nous ayons vue à ce théâtre depuis des années. Sans doute faut-il en rendre responsable Rudolf Hartmann, venu spécialement de Munich, qui est un des meilleurs metteurs en scène lyriques actuels (c'est lui qui créa l'œuvre sous la direction de Strauss en 1942). Voilà une preuve de ce que nous avons souvent affirmé : nos chanteurs sont capables d'égaler n'importe quelles vedettes internationales à condition qu'ils soient dirigés. » (Jacques Bourgeois, 6-12 mars 1957.)

Raoul Jobin est de ceux qui ont chanté sous la direction de Richard

Strauss. C'était le 5 novembre 1930, alors que le célèbre compositeur dirigeait *Salomé*. Jobin y chantait le rôle du premier Juif au côté de Geneviève Vix et de Forti et John Brownlee. Il a aussi chanté sous sa direction dans *Le chevalier à la rose*, notamment le 29 octobre 1930.

Les événements politiques internationaux inquiètent de plus en plus Raoul Jobin qui décide de partir plus tôt que prévu au Canada. Il se réjouit de faire la traversée par bateau, la dernière remontant à juin 1938 avec Thérèse et les deux aînés. Mais un câble d'Olga Troughton de New York lui demande de remplacer Kurt Baum à Toronto, dans la *Carmen* du Met Tour 57.

Pour sa tournée 1957, le Metropolitan voyage avec six ouvrages : *Les noces de Figaro, La Traviata, Le trouvère, Carmen, Tosca, La bohème*. Les vedettes en sont : Renata Tebaldi, Lucine Amara, Rise Stevens, Zinka Milanov, Laurel Hurley, Rosalind Elias, Frank Guarrera, Nicola Moscona, Danielle Barioni, George London, Kurt Baum, Jean Medeira, Robert Merril, Giorgio Tozzi, et les chefs d'orchestre Max Rudolf, Fausto Cleva, Dimitri Mitropoulos. A Toronto, Raoul Jobin a le bonheur de retrouver d'anciens camarades dont Rise Stevens, une de ses Carmen américaines. Après la représentation que dirigeait Dimitri Mitropoulos, Raoul Jobin reçoit la visite dans sa loge de son compatriote et ancien directeur au Met, Edward Johnson, qui le félicite.

Comme dans les années des grandes retrouvailles, Raoul Jobin rejoint sa famille avec joie. Il se rend compte, une fois de plus, qu'il a passé le temps des séparations et des longs voyages. Il devra trouver une solution et changer de vie pour les années à venir. Il fait le récit de sa tournée avec *Pénélope*, le grand succès des représentations de *Capriccio*, la grande soirée de gala que l'Opéra donnait le 8 avril lors de la visite de la reine Elizabeth II d'Angleterre, le retour de tournée d'André et ses derniers engagements au théâtre. L'été est magnifique dans cette maison qui domine le grand fleuve. André est venu rejoindre la famille. C'est durant ces deux mois d'été que Raoul Jobin décide de s'installer à Montréal. De Pointe-au-Pic, il confie par lettre à Arthur Cambarrot :

[...] Cela me semble drôle de rester de ce côté-ci de l'Atlantique, et je me demande comment je vais prendre cela. La vie ne sera pas la même pour moi, le changement est très grand, et je crains de vieillir rapidement. Je sais bien que je devais faire ce que je fais en ce moment, mais tout de même c'est un très gros changement et je ne suis pas très optimiste. Nous verrons bien d'ici six mois. Tout ce que je demande c'est d'être très occupé et dans des choses intéressantes. Il y a beaucoup à faire dans ce pays, mais me laisseront-ils faire ces choses ?

Raoul

Il reçoit une réponse de Cambarrot qui le raffermit dans sa décision :

163

Mon cher Raoul,

J'ai parlé assez longuement avec M. Hirsch qui est comme toujours d'une gentillesse extrême. Je lui ai demandé ce qu'il pourrait envisager pour toi pour que, le cas échéant, tu puisses faire une rentrée au cours d'une saison. Il m'a répondu que le problème était difficile car la question de cachet joue évidemment. Après Capriccio, *il ne pourrait donc te donner que les grands ouvrages de l'Opéra :* Lohengrin, Samson, Hérodiade, *qui ne peuvent se donner à jet continu. Il faudrait donc y adjoindre quelques Wagner autres que* Lohengrin *et* Les maîtres chanteurs, *soit* Tannhäuser *et peut-être* Siegfried *? Là est la grosse question et il n'y a que toi qui puisses y répondre. Cette décision est à mon sens très grave et il faut être sûr. Je sais que le changement pour toi est immense mais une non-réussite (je ne dis pas qu'elle ne soit pas possible) te mettrait dans une situation impossible où tu perdrais ta tranquillité et ta santé; cela, il faut l'éviter. Je te dis tout cela avec toute ma conscience et avec toute l'affection que je te porte, mon cher grand. Réfléchis bien et dis-moi tout ce que tu en penses.*

Voilà, mon cher Raoul, c'est un grand vide aussi pour moi de ne pas t'avoir. Il ne me reste plus que ma grande fille Régine qui est toujours tellement gentille. Tu seras certainement ravi d'apprendre qu'elle vient d'être engagée à Bayreuth pour quatre représentations de Parsifal *dans le rôle de Kundry, pour la saison 58. C'est un grand départ pour elle et j'en suis heureux.*

Azie et moi t'embrassons bien affectueusement.

Mon souvenir à tous les tiens.

Camba

Après son installation à Montréal, Raoul Jobin ouvre également un studio d'enseignement à Québec, où il se rendra tous les quinze jours. A Montréal, il requiert les services d'une pianiste répétitrice, Géraldine Lavallée.

Raoul Jobin possède encore à Paris sa magnifique garde-robe personnelle de théâtre qui compte plus de vingt riches costumes. Aujourd'hui, les costumes sont généralement fournis par le théâtre aux artistes comme aux chœurs, afin d'arriver à une certaine unité dans chaque ouvrage joué. Il possède le costume de *Lohengrin* ayant appartenu au célèbre ténor Jean de Reszke qui fit les beaux jours de l'Opéra de Paris au début du siècle.

Depuis sa récente réinstallation au pays, il accorde de nombreuses interviews. Ainsi, il déclare à Claude Gingras : « Je préfère quitter petit à petit que de laisser tout tomber d'un seul coup. Donc, au lieu de passer huit à neuf mois de l'année en Europe, je les passerai ici, tout en conservant un port d'attache là-bas. Au Canada, j'enseignerai. J'habiterai

Montréal et y donnerai des cours. Deux fois par mois, j'irai faire des classes à Québec.

Nous avons au Canada un nombre incroyable de belles voix qu'il faut développer et qu'il faut faire chanter en français. Redites-le sinon, un jour, on remplacera ceux des nôtres qui se font actuellement une gloire de ne chanter qu'en italien par des chanteurs importés d'Italie. L'organisation déjà existante, l'Opéra Guild, est un beau mouvement, mais il faudrait trouver les moyens d'y donner plus qu'une œuvre par année. Nous avons ici tout ce qu'il nous faut en tant que chanteurs, nous avons de très bons instrumentistes et il se fait, me dit-on, de grandes choses en ballet : tout ce qui nous manque maintenant, ce sont des metteurs en scène d'opéra et une scène. »

Et Gingras ajoute : « Au sujet de personnalités "d'une autre époque", telles que Mme d'Estainville, M.Jobin déplore que les artistes d'aujourd'hui n'aient plus la personnalité des musiciens d'autrefois. Une des principales raisons est que l'artiste, maintenant membre d'union, est devenu un travailleur, comme tout le monde : il fait une besogne, on le paie et il s'en va. » (*La Presse,* 21 septembre 1957.)

Le *Journal Musical Canadien,* organe des Jeunesses Musicales du Canada, présente Raoul Jobin :

« — Monsieur Jobin, que pensez-vous de l'Opéra de Paris ?

— C'est un des rares théâtres qui joue douze mois de l'année. C'est le seul où l'on peut faire une carrière lyrique. Les Opéras italiens n'ouvrent pas leur porte aux étrangers. New York n'engage comme artistes que des vedettes, c'est-à-dire des gens arrivés. Paris accepte des débutants qui auront l'occasion de chanter un jour les premiers rôles. A chacun de faire ses preuves. Avec l'Opéra de Paris, ce sont les engagements pour les grands festivals internationaux, les représentations dans les théâtres de province et à l'étranger. C'est ainsi que j'ai chanté en 49 au festival de Strasbourg, en 52 au festival de Vichy avec son concert sacré à la Chaise-Dieu. C'est grâce à l'Opéra que j'ai chanté à New York, Chicago, en Amérique latine et dans les grandes capitales musicales.

— Le théâtre lyrique est-il un genre actuellement en vogue ?

— Tous les opéras ont gardé la faveur du public. Il suffit que les spectacles y soient bien montés. Le public a besoin de musique compréhensible. Il reste curieux et intéressé. Ainsi l'accueil de *Pénélope* dans les villes françaises est une preuve que le public ne limite pas son attention aux opéras chevronnés. Et les compositeurs continuent à écrire des opéras qui ont leur succès : *La princesse lointaine* de Marcel Landowski, *La tour de feu* de Sylvio Lazzari, *Geneviève de Paris* de Marcel Mirouze, les deux opéras d'Henri Tomasi et tant d'autres. Il y a une production énorme en France. »

L'interview s'achève sur le souhait que la province de Québec profite au maximum du talent de Raoul Jobin et de sa grande expérience du théâtre lyrique. Le Canada possède tant de jeunes talents et de belles voix qu'un maître de sa valeur a un rôle à jouer en son pays.

Le vendredi 18 octobre 1957, Raoul Jobin inaugure à l'auditorium Le Plateau les débuts d'une nouvelle société musicale : « Les Concerts de Montréal ».

Pourtant, il est angoissé. Thérèse confie ses craintes à Cambarrot qui tente de la rassurer : « Je ne doute pas qu'il ait encore des moyens vocaux splendides, comment pourrait-il en être autrement ? Nul doute que les ennuis de santé qu'il a eus ne créent en lui un complexe qui le fatigue et l'énerve et contre lequel il doit lutter. Vous savez mieux que moi qu'il ne fait jamais les choses à moitié et, quand ça va mal, je sais ce que cela peut donner.

Que ce soit maintenant ou plus tard, il aura une mission d'enseignement à faire dans son pays. Qui en effet mieux que lui peut être qualifié pour apprendre, conseiller et guider de jeunes carrières ? »

En écho à cet espoir parvient à Raoul Jobin une lettre du 3 décembre 1957, signée Jean Vallerand, secrétaire général du Conservatoire de Musique et d'Art dramatique de Montréal : *M. Pelletier me charge de vous proposer le projet suivant. Le Conservatoire serait honoré et heureux de pouvoir organiser, sous votre direction, des cours d'interprétation : lieder et mélodies françaises. Ces cours seraient ouverts à tous les élèves chanteurs du Conservatoire, à la condition évidemment qu'ils subissent un petit examen. Il ne nous est donc pas possible de prévoir le nombre d'élèves qui pourront être versés à un cours semblable, non plus que le nombre de cours par semaine. Si le projet vous intéresse, essayez donc d'entrer de nouveau en communication avec M. Pelletier.*

L'un des chanteurs de la jeune génération, le ténor québécois Pierre Boutet, a une très grande admiration pour Raoul Jobin. Connaissant sa générosité, il sollicite son appui pour une demande de bourse. Plus tard, il se souviendra des dernières années de son « inspiration de jeunesse » : « J'ai vu la dernière émission de Raoul Jobin dans *Paillasse* à la télévision. Il était fatigué, brûlé, il avait eu beaucoup de difficultés à la faire. Il était peu rodé à la télévision qui était en direct à cette époque. On avait les répétitions et souvent la générale dans la même journée; le soir, en direct, on était vidé. Le côté dramatique, à la fin, a tout de même été extraordinaire. Je l'ai aussi entendu chanter aux funérailles de M. Larochelle, son ancien professeur. Il a chanté le *Notre Père* de Busser et Richard Verreau, « l'Ingemisco » du *Requiem* de Verdi.

Il avait une femme extraordinaire qui l'a toujours soutenu. Je l'ai beaucoup revu lorsqu'il est revenu à Québec comme directeur du Conservatoire en 1960. J'aimais beaucoup discuter avec lui de religion, de foi. Il n'était pas pratiquant mais il était croyant.

166

A chaque année, je vais lui rendre visite au cimetière avec ma femme et mes enfants. A ses funérailles, l'abbé Pierre Gravel, qui avait une très grande admiration pour Jobin, a fait l'éloge de ce grand Canadien, fils de Saint-Sauveur à Québec, qui a fait honneur à son pays comme aucun d'entre nous. On ne le dira jamais assez. »

Le 11 mars 1958, Raoul Jobin est à l'affiche dans *Paillasse* à la télévision canadienne, dans une production de Françoys Bernier. Il est entouré de Belva Boroditzky, Robert Savoie, Robert Kearns, Nosco Petroff, et de Wilfrid Pelletier à la direction d'orchestre, mise en scène de Jan Doat, décors de Jean-Claude Rinfret et costumes de Solange Legendre.

Le 24 mars, au Capitol de Québec, le public ovationne une fois de plus son fils préféré. Ce sera le dernier grand concert de l'artiste dans sa ville natale. Pourtant, pour la jeune génération, l'idole des années quarante appartient à un passé oublié. Il deviendra figure de légende.

« Raoul Jobin reste un grand chanteur et peu d'artistes ont, comme lui, le privilège d'être à la fois autant admirés et aimés du public... Sans doute le grand ténor ne compte plus ses succès remportés sur les scènes les plus célèbres du monde depuis un quart de siècle, mais nous sommes convaincus que nulle part autant que dans la Vieille Capitale qui l'a vu naître et grandir il n'éprouve la même joie à se faire entendre. Ces liens entre l'artiste et les Québécois sont tellement perceptibles qu'ils n'ont échappé à personne. Il serait superflu d'énumérer les qualités qui ont valu à Jobin sa renommée, car l'immense majorité des amateurs de musique d'opéra à Québec ont eu à plusieurs reprises l'occasion de rendre hommage à son talent. Ce qui permet à Jobin de rester égal à lui-même c'est non seulement la souplesse, l'ampleur de sa voix, mais aussi cette prestance sur la scène, cette autorité qui s'affirme dans le moindre de ses gestes. Enfin, une conviction, une simplicité qui vont droit au cœur. » (*L'Événement-Journal*, 25 mars 1958)

Cette même année, au huitième festival de Vichy, le concert et la musique de chambre côtoient le théâtre et le ballet. Le festival débute avec la représentation de *L'étourdi* de Molière par le TNP que dirige Jean Vilar, suivi le lendemain de *Henri IV* de Luigi Pirandello. Les principaux chefs d'orchestre invités sont : Georges Sebastian, Jean Fournet, Eugène Bigot, Georges Prêtre, Edmond Carrière, Louis de Froment; les chanteurs : Raoul Jobin, Janine Micheau, Berthe Monmart, Denise Duval, Heinz Rehfuss, Jean Giraudeau, Robert Massard, Julien Hass, Pierre Mollet, Paul Finel, Jacqueline Lucazeau, Irène Joachim; les violonistes : Henriyk Szeryng et Nathan Milstein.

Le 24 juin 1958, au Capitole de Toulouse, Raoul Jobin est à l'affiche dans *Pénélope,* que dirige Edmond Carrière. Ce sera la dernière prestation de Raoul Jobin en France, la précédente remontant à *Capriccio* de Strauss, le 25 mai 1957, à l'Opéra-Comique. C'est avec joie qu'il retrouve ses camarades de la tournée de janvier-février 1957 dans le Sud de la France : Régine Crespin, Paul Cabanel et Suzanne Darbans. Les retrouvailles sont de courte durée et Raoul Jobin reprend la direction du Canada.

Le 20 août 1951, Gilles Lefebvre, directeur et fondateur des Jeunesses Musicales du Canada, ouvrait, dans le parc national du Mont-Orford, au cœur de l'Estrie, deux bâtiments destinés à devenir la base d'un vaste projet culturel. Vingt jeunes musiciens étaient inscrits aux cours donnés par les premiers professeurs invités : Jocelyne Binet, Dom Lemieux et Gilles Lefebvre pour les matières théoriques. L'expérience était nouvelle.

Durant les premières années du Camp des Jeunesses Musicales, les grands maîtres se sont succédé, côtoyant les professeurs du Conservatoire de Montréal que dirigeait alors Wilfrid Pelletier : Walter et Otto Joachim, Rafael, Pietro, Rodolphe et Paul Masella, Dorothy Weldon, Calvin Sieb, Jean Vallerand, Clermont Pépin, Marcel Laurencelle, Sylvio Lacharité, Victor Bouchard, Renée Morissette, Jacqueline Richard, les premiers maîtres français étant Christian Lardé et Marie-Claire Jamet, Idà Presti et Alexandre Lagoya, René Benedetti, Pierre Sancan, Paul Tortellier. Les concerts pouvaient accueillir deux cents personnes bien serrées sur des chaises inconfortables dans la salle du pavillon central qui servait à la fois de dortoir pour les filles, de salle de répétition et d'exposition.

Durant cet été 1958, une soixantaine de campeurs, dont onze chanteurs pour le cours d'opéra de Raoul Jobin, sont inscrits dans la deuxième période qui s'étend du 20 juillet au 10 août. Le 31 juillet, Pierrette Alarie et Léopold Simoneau attirent tellement de monde pour leur récital qu'il faut ouvrir les fenêtres de la salle et asseoir le public sur des pelouses environnantes. Le samedi suivant, les campeurs-chanteurs, préparés par Raoul Jobin, présentent le deuxième acte de *Carmen* : ce sont Suzanne Lapointe, Jean-Louis Pellerin, Étienne Paquin, Monique Savard, Édith Bilodeau, André Lortie, avec au piano Jacqueline Richard.

Raoul Jobin, président des Jeunesses Musicales, reviendra les années suivantes comme professeur au Camp Orford et, le 20 août 1960, il inaugurera l'actuelle salle de concerts Gilles Lefebvre, avec la création d'une œuvre de Clermont Pépin, *L'hymne au vent du nord,* sur un poème d'Alfred Desrochers (*A l'ombre d'Orford*) et sous la direction de Sir Ernest Mac Millan. L'inauguration se fera en présence du Premier Ministre de la province de Québec, Jean Lesage. La soirée sera retransmise par la télévision, au cours d'une émission réalisée par Françoys Bernier. Ce sera la dernière apparition au Canada de Raoul Jobin. Quelques mois plus tôt à l'occasion du trois cent cinquantième anniversaire de la fondation de la ville de Québec (1608), il enregistrait l'*Hymne à Champlain* avec la chorale du Belvédère et son directeur Maurice Montgrain.

Gilles Lefebvre témoignera :

« Aussi longtemps que je remonte dans ma plus tendre enfance, Raoul Jobin était à mes yeux "le ténor canadien". Je n'avais qu'une ambition : c'était de le voir, de l'entendre. La première fois que j'ai réalisé ce désir, c'était à Montréal lors d'une réalisation de *Manon* durant la période des festivals. C'était une belle soirée d'été. Je suivais également sa carrière en écoutant les retransmissions du Met à la radio le samedi après-midi...

Un soir que j'assistais avec Richard Verreault à une représentation de *Roméo et Juliette* dans le pigeonnier de l'Opéra — c'était au début des années 1950 — le public l'acclamait debout. Il avait chanté comme un dieu ce soir-là. En sortant, Richard fredonnait "sotto voce" les plus beaux airs de l'opéra de Gounod et sans y prendre garde. Les gens qui descendaient l'escalier se sont arrêtés pour identifier cette voix absolument extraordinaire qui planait. C'était son protégé ! Nous sommes allés à l'arrière-scène pour voir Jobin, le féliciter et lui dire à quel point nous étions heureux de cette soirée. Il nous a répondu : "Je n'ai aucun mérite, ce soir j'étais en voix !"

J'ai été témoin de grandes démonstrations autour de Raoul Jobin : le public dans la salle et à la sortie des artistes où on l'attendait jusque dans la rue. Dans *Carmen,* quand il chantait l'"air de la Fleur", il avait un accent dans la voix lorsqu'il disait "Carmen, je t'aime"; c'était toujours le moment extrêmement émouvant pour le public. Et aussi, au dernier acte lorsqu'il chantait : "C'est moi qui l'ai tuée, ma Carmen adorée", c'était toujours un Jobin absolument fantastique, entier, convaincant.

Quand il chantait un rôle, comme Jon Vickers aujourd'hui, on croyait à son personnage, il nous émouvait jusqu'aux larmes. J'étais comblé comme je le suis maintenant lorsque j'entends Vickers dans *Peter Grimes* ou d'autres grands rôles. Dans l'enregistrement qu'il a fait d'*Alceste,* il nous révèle dans les récitatifs le grand musicien qu'il était et qu'ont apprécié les plus grands chefs d'orchestre...

A ce moment-là, il était dominateur et tout à fait intransigeant. Plus tard, quand il a été président des Jeunesses Musicales, il a été l'homme qui à des moments précis où il fallait tenir fermement le bout du bâton a su prendre position et défendre les Jeunesses Musicales avec énormément de fermeté.

A sa rentrée au Canada, quand il avait vraiment quitté la carrière internationale, je l'avais invité à faire une tournée de récitals pour les Jeunesses Musicales du Canada. Il a accepté et la tournée a été une belle leçon pour beaucoup de jeunes qui ont eu la chance de l'entendre. Il m'en a été reconnaissant. Les Canadiens ne s'étaient pas dépêchés plus qu'il ne fallait pour lui souhaiter la bienvenue après plus de vingt-cinq ans de carrière. Son prestige était toujours là. Il a toujours été d'une grande dignité devant les mesquineries de ses compatriotes. Mon association avec lui a été extraordinaire durant les années qui ont suivi. En 1959, il a enseigné au Centre d'Art d'Orford et durant les quelques étés qui suivirent.

J'ai retrouvé Raoul Jobin plus tard à Paris, conseiller culturel à la Délégation générale du Québec, lorsque j'ai été nommé directeur du Centre culturel canadien en 1972. Il était très lié avec René Nicoly, alors à l'Opéra. Et c'est au Centre qu'il a fait ses dernières interviews avec Emmanuel Bondeville pour Radio-France. »

En septembre, le Conservatoire de Montréal est la seule institution d'Amérique du Nord à posséder une classe d'opéra français. Le titulaire en est celui que la presse internationale reconnaît depuis plus d'une décennie comme étant le premier ténor français de l'heure. Les jeunes Montréalais qui auront le privilège de travailler avec lui sauront défendre durant leur carrière le répertoire français, tant d'opéra que de mélodie.

Raoul Jobin partage son temps entre ses élèves des Jeunesses Musicales et les classes des Conservatoires, à Montréal et à Québec. Il donne quelques conférences, dont une pour le club Richelieu de Québec, le 26 novembre 1958, au cours de laquelle il fait le bilan de sa carrière — trois mille apparitions en public dont cinq cents au concert — et où il déplore une fois de plus l'absence d'un théâtre lyrique au Québec. « La situation est la même que celle qui existait avant mon départ pour Paris trente ans plus tôt, c'est-à-dire en 1928. » Il rend un juste hommage à Thérèse en ces termes : « Elle a toujours su supporter les coups durs plus facilement et avec plus de courage que moi. Si elle n'avait pas été là, dans bien des cas, j'aurais peut-être tout abandonné. » En réponse à la question : « Pourquoi être revenu au Canada ? » il explique : « Je ne suis plus très jeune (comme chanteur) et je dois réduire mes activités publiques, quoi de plus naturel alors que de revenir chez moi et faire profiter les jeunes d'une expérience acquise pendant trente ans ? » Aujourd'hui son rêve serait d'avoir au Canada une classe lyrique dont il serait le maître afin de faire venir des professeurs de Paris.

« Le Canada, et en particulier ce qui nous concerne davantage, le Québec, dit-il, est encore un pays d'amateurs comme il y a trente ans. Et aussi longtemps qu'il n'y aura pas de théâtre lyrique de créé pour les artistes professionnels on en restera au même stade. Il faut aussi faire l'éducation et la formation de nos artistes lyriques dans leur langue maternelle d'abord. Ils doivent apprendre à bien chanter en français, apprendre le répertoire français avant de chanter dans deux ou trois langues étrangères. Si l'on fait chanter nos artistes canadiens français dans d'autres langues que la leur, ils ne feront jamais que des seconds et des troisièmes rôles toute leur vie. »

Les temps changent et il apprend par Cambarrot que « l'Opéra vient de monter *Un bal masqué* avec beaucoup de faste. A. Lance, Régine Crespin et R. Bianco ont eu un grand succès mais surtout Régine a été extraordinaire. L'œuvre a été chantée en italien par toute la troupe. Cela a été bénéfique pour M. Hirsch car l'ensemble de la présentation a été vraiment bien et loué à l'unanimité par toute la presse... Même *Le Figaro* a dit, par la bouche de son critique Clarendon : "C'est un franc, un beau succès méritoire et mérité." Les versions originales seront désormais à l'affiche dans les théâtres lyriques de France ».

Raoul Jobin accepte définitivement de se retirer du monde lyrique et demande à son cher Camba de s'informer des possibilités qu'il aurait de toucher la caisse de retraite de l'Opéra de Paris. Il lui fait alors, pour la caisse des retraites, le calcul exact des mois passés à l'Opéra de 1930 à 1957. Il fera les mêmes démarches auprès du Metropolitan où il a chanté tous les ans de 1940 à 1950.

Le 2 janvier 1960, le nouveau Premier Ministre de la province de Québec, Antonio Barrette, meurt subitement. L'intérim est assuré par Paul Sauvé jusqu'aux élections qui donneront le pouvoir à Jean Lesage.

Raoul Jobin ne renonce toujours pas à demander un poste d'ambassadeur ou d'attaché culturel dans les pays d'origine latine ou française. Le 21 janvier 1961, il écrit à l'honorable Mark Drouin, président du Sénat, à Ottawa, au sujet de cette affaire : « J'ai été durant de nombreuses années en relation avec les milieux diplomatiques dans divers pays, et je crois que je puis être d'une plus grande utilité dans ce domaine que dans l'enseignement lyrique où, afin de gagner ma vie honorablement, je n'ai aucune liberté, soit pour la vie sociale, soit pour le théâtre et la musique, étant pris tous les soirs par des élèves. »

Dans les notes biographiques qu'il fait parvenir à Mark Drouin, Raoul Jobin ajoute : « J'eus l'occasion de connaître des célébrités de tous les pays où j'ai chanté, ainsi que des membres des corps diplomatiques accrédités auprès de ces divers pays parmi lesquels : l'Angleterre, la France, le Mexique, l'Argentine, le Brésil, le Chili, l'Uruguay, la Belgique, la Hollande, l'Italie, la Suisse, etc. Au cours de mes voyages et de mes séjours dans les pays étrangers, j'eus le plaisir à maintes reprises de chanter dans des réceptions organisées par des ambassadeurs canadiens. Au Canada, j'eus souvent aussi l'occasion de prêter mon concours, durant la guerre, à des soirées organisées au bénéfice des Emprunts de la Victoire et d'autres causes patriotiques. Je revins au Canada en juin 1957. J'essaie depuis ce temps de faire profiter les jeunes artistes de mon expérience, mais je crois que je servirais mieux et plus efficacement mon pays en le représentant à l'étranger. »

Le 24 janvier 1961, Mark Drouin lui répond : « Je n'ai aucun doute que vous feriez un excellent ambassadeur, et que vous seriez au surplus très bien secondé dans de telles fonctions par votre charmante épouse. »

L'année scolaire 1960-1961 sera la plus importante et la plus intensive pour Raoul Jobin et les élèves des Conservatoires de Montréal et de Québec, de même que pour les élèves de ses studios privés, ce qui représente une cinquantaine de jeunes à guider. En trois ans d'existence, ses classes d'opéra français sont déjà renommées. Quelques chanteurs se détachent du groupe : Claude Corbeil, Huguette Tourangeau, Colette Boky, Jean-Louis Pellerin, Thérèse Guérard, Bruno Laplante et plusieurs autres. A Montréal, il encourage et fonde les plus grands espoirs sur deux jeunes voix, le soprano Colette Boky et le ténor Jean-Louis Pellerin. Tous deux travaillent *Manon, Roméo et Juliette, Carmen, Lakmé* et *Les contes d'Hoffmann*. En plus de ses cours au Conservatoire, Colette Boky bénéficie de leçons particulières qui complètent sa formation.

Témoin des cinq années d'enseignement de Raoul Jobin, Janine Lachance, pianiste répétitrice de ces années de cours, témoignera : « Ces cinq années d'enseignement de Raoul Jobin au Conservatoire de Montréal ont été cinq années de "manne". Jean Vallerand assistait fréquemment aux cours, et ensemble ils discutaient du répertoire. A cette époque, nous avions de très belles voix et quelques-unes d'entre elles ont fait carrière par la suite.

Raoul Jobin était très exigeant pour la musicalité : un triolet était un triolet, et il fallait entendre toutes les notes, en mesure. Il était aussi exigeant pour l'élocution, la clarté de la diction et la projection de la voix. Il disait que les professeurs actuels amenuisaient la voix et formaient des chanteurs pour la radio et la télévision, et non pour le théâtre, là où ils sont appelés à gagner leur vie.

Il est entré professeur au Conservatoire pour la classe d'opéra français la même année que je m'installais à Montréal. Wilfrid Pelletier m'a proposé sa classe et j'ai accepté immédiatement; c'était en 1958-1959. Nous avions une quinzaine d'excellents chanteurs et nous avons travaillé une douzaine d'œuvres du répertoire français, depuis *Pelléas et Mélisande, Carmen, Manon, Lakmé, Werther, Les contes d'Hoffmann, Roméo et Juliette*. Jean-Louis Pellerin chantait tous les rôles de ténor. En plus de l'interprétation des rôles, il faisait la mise en scène des opéras, la plupart étant au répertoire de ses années de carrière. Il exigeait que les chanteurs mémorisent tout.

A cette période, le Conservatoire de Montréal avait une classe d'opéra français avec Raoul Jobin, une classe d'opéra italien avec M. Marzollo, une classe d'opéra allemand avec Otto Werner-Muller et M. Roy Royal pour la mélodie française, en plus des professeurs qui s'occupaient uniquement de technique vocale. Les chanteurs étaient impressionnés par ce grand maître qui connaissait tous les rôles des opéras qu'ils travaillaient.

Comme il disait toujours ce qu'il pensait au risque de déplaire, il s'est créé quelques ennemis. Ceux-ci n'hésitèrent pas à minimiser l'importance de sa carrière internationale et, pour ajouter à leur ignorance de tout ce qui concerne les exigences d'une carrière mondiale, ils l'accusaient de n'être pas musicien. Ce qui le chagrinait particulièrement c'était l'ingratitude de certains chanteurs qu'il avait aidés et protégés lorsqu'il était le premier ténor à l'Opéra de Paris.

Il rêvait pour les jeunes de la création d'une troupe permanente d'opéra où ils pourraient apprendre leur métier et gagner leur vie. La situation était identique à celle qu'il avait connue trente ans plus tôt. Selon lui, la génération des jeunes chanteurs qui étaient dans les conservatoires et les écoles de musique ou en enseignement privé aurait formé un noyau de base exceptionnel. »

En avril, Raoul Jobin accepte la vice-présidence de l'Association des Professeurs du Conservatoire et, comme la rumeur circule que Wilfrid Pelletier en quitte la direction, Raoul Jobin voit la possibilité de lui succéder. Il écrit en ce sens à son ami, Jean Lesage, du Parti libéral, maintenant Premier Ministre de la province.

Raoul Jobin se créera une belle situation dans son pays. Il aura néanmoins la nostalgie de ses années de carrière. Lisons la lettre que son vieil ami Pierre Wolff lui écrit le 5 août 1961 :

Mon cher vieux,

Je ne peux que t'écrire, ce soir, tellement j'ai pensé à toi... nous avons pensé à toi. Le « Patron » dirigeait Werther à l'Opéra-Comique. Très belle représentation avec Lance, Solange Michel; mais jamais, jamais, je crois, on ne retrouvera un Werther tel que toi ! La voix, l'émotion que tu savais donner à ce rôle... Toute la soirée je te voyais, je t'entendais, comme je revoyais aussi dans Albert, le grand seigneur, la distinction qu'apportait à ce rôle notre bon Romito, qui, tu le sais peut-être, est mort il y a quelques mois, ce qui a été pour nous un grand chagrin. Je revivais ce soir tous nos beaux jours... J'ai bonne mémoire et je peux même te dire que la première année où tu es venu au Colon (c'était en 41) dans la loge du patron, tu avais un complet vert et un chapeau noir, type « Eden ». Et tu as débuté au Colon dans Werther, justement. De ce jour est née notre belle amitié.

Embrasse Thérèse, les enfants (si grands déjà) comme je t'embrasse, mon cher vieux, de tout mon cœur et avec toute ma tendresse.

Ton vieux Pierre

XX

5 septembre 1961. A Québec, le gouverneur général du Canada, le général Vanier, et son épouse reçoivent les membres de la délégation de personnalités du monde du spectacle canadien qui, sous la direction de Claude Janin, se rendra le 18 septembre participer au lancement du « Dictionnaire des vedettes » à Paris. C'est la première fois dans l'histoire du Canada qu'un gouverneur général reçoit une délégation d'artistes.

Le parrain de la délégation, Raoul Jobin, reçoit les félicitations de tout le groupe pour sa nomination, annoncée quelques heures plus tôt, au poste de directeur du Conservatoire de Québec, en remplacement de Henri Gagnon, décédé. Nomination faite par M. Jean Lesage. Quelques jours plus tôt, les journaux annonçaient l'accession au poste de directeur du Conservatoire de Montréal de Roland Leduc, qui remplace Wilfrid Pelletier, nommé directeur de l'enseignement musical dans les écoles de la province.

La nomination de Raoul Jobin suscite les commentaires les plus divers : favorables de la part de ceux qui l'ont connu dans sa carrière internationale et ont pu juger à maintes reprises de sa belle culture musicale, et défavorables de la part de jeunes ambitieux qui ont encore à faire leurs preuves. Des lettres de félicitations lui parviennent de Paris et de New York, où son ami Jean Morel apprend la nouvelle. Raoul Jobin rentrera en fonction dès son retour de Paris.

Une autre nouvelle fait suite à sa nomination au Conservatoire de Québec : un télégramme du 6 septembre 1961, signé Claude Bissell, qui confirme son entrée au Conseil des Arts du Canada, lui parvient à Outremont.

En plus du travail administratif qu'exige sa nouvelle fonction, Raoul Jobin poursuit son enseignement privé d'opéra français à Montréal et Québec. Son emploi du temps est surchargé et jusqu'au déménagement définitif prévu à Québec pour mai c'est un aller-retour continuel. De plus, il est toujours actif au sein du mouvement des Jeunesses Musicales du Canada comme membre du conseil d'administration national. Sir Ernest MacMillan lui a succédé à la présidence. Raoul Jobin a donc à rencontrer fréquemment le ministre des Affaires culturelles, Georges-Émile La-palme, et son sous-ministre, Guy Frégault, pour défendre d'une part le mouvement, et d'autre part son directeur général, Gilles Lefebvre, attaqué injustement. Il est secondé dans ses démarches par Andrée Desautels, qui fut rédactrice au *Journal Musical*, par l'abbé Maurice Jodoin, par Mme Arthur Rousseau, membre fondateur, et par d'autres membres du conseil national.

Depuis son accession à la direction du Conservatoire de Québec, Raoul Jobin veut en rehausser le programme d'études et lui donner un niveau d'académie supérieure de musique et d'art dramatique et non d'école primaire. Les professeurs privés doivent préparer leurs élèves pour les examens d'admission qui devront être plus sévères. Son but est de former des artistes interprètes et des pédagogues. Il tient compte du fait que, dans la plupart des cas, les élèves poursuivent leurs études scolaires en même temps que les études musicales. Comment concilier les deux disciplines ? Il suggère que dans les écoles soient établies des classes préparatoires où les professeurs auraient à repérer et à former les futures recrues. Il élabore un projet d'envergure, dont l'application donnera à la province des écoles préparant au Conservatoire d'où sortiront non seulement des instrumentistes mieux préparés mais aussi des professeurs compétents.

Pour l'avenir, il songe à inviter certains grands virtuoses, compositeurs, pédagogues et membres de divers grands orchestres comme professeurs. Il est secondé dans sa nouvelle fonction par Françoys Bernier, directeur des études, qui est également chef de l'orchestre symphonique de Québec et avec lequel il aura quelques conflits. Il s'entourera de professeurs européens recrutés au Camp des Jeunesses Musicales d'Orford et il confiera, avec les années, une classe de mise en scène d'opéra à Lionel Daunais.

A Québec, il est entouré d'une jeune génération d'élèves chanteurs qui sont souvent les auditeurs ravis des anecdotes dont il agrémente ses cours. L'un d'eux, Claude Gosselin, racontera plus tard : « Faire partie de sa classe d'opéra ne signifiait pas seulement pouvoir profiter de son immense expérience de ténor ayant chanté la majorité des grands rôles du répertoire français, mais aussi connaître le conteur extraordinaire qu'il était. C'était, en effet, des moments précieux que ceux-là où, pour détendre l'atmosphère du studio, il nous faisait connaître, avec beaucoup d'humour, certains faits cocasses qui ne manquent pas de survenir sur toutes les scènes lyriques lors de productions d'opéra. M. Jobin désirait ardemment que ses élèves atteignent aux plus hautes sphères du monde lyrique. Tout dernièrement, en fin d'émission de l'opéra du samedi, diffusée sur les ondes de Radio-Canada, les auditeurs, dont j'étais, ont pu entendre une dizaine d'interprétations de « Pourquoi me réveiller », un air de *Werther* de Massenet, par les plus grands artistes de la scène lyrique. Au cours de cette émission, présentée par André Turp, j'ai pu constater que l'interprétation de M. Jobin le situait dans une classe privilégiée de chanteurs, tant par la beauté du timbre, la technique impeccable, que par la sensibilité et l'intériorité qui ont caractérisé chacun des rôles qu'il a chantés. »

Dans ses aller-retour Québec-Montréal, il rencontre dans le train un jeune musicien et compositeur de talent qui deviendra par la suite une figure de la musique du Québec : Gilles Tremblay. Celui-ci dira : « Je me souviendrai toujours de la courtoisie et de l'égard que Raoul Jobin avait pour nous, les jeunes musiciens, même si souvent nous étions d'opinion différente. C'était un grand monsieur et un grand artiste. »

A Québec, Raoul Jobin suit avec autant d'attention les débuts de Gaston Germain, baryton, et du ténor outaouais Jean Bonhomme, qui auditionnent tous deux pour Tom Hammond du Sadler's Wells Theatre de Londres. Jean Bonhomme sera engagé en juin 1964 et ce sera le début d'une brève mais brillante carrière qui le conduira à Covent Garden. Mais, en janvier 1969, il écrit de La Haye une lettre à son professeur dans laquelle il avoue vouloir renoncer à sa carrière pour des raisons familiales et de santé. Raoul Jobin tente de l'en dissuader dans une lettre du 23 janvier 1969, qui donne une idée des difficultés qu'il a connues, ainsi que de sa compréhension envers ses élèves :

Cher ami,

Je comprends votre situation de même que votre angoisse concernant votre avenir. C'est un métier très difficile et il nous arrive, à certaines périodes de la carrière, comme vous en passez une actuellement, de rencontrer les difficultés, les misères du métier.

Je ne vous reproche pas d'avoir chanté tout en étant enroué, car il y a des circonstances qui nous obligent à le faire, mais, comme vous dites, il aurait été préférable de vous arrêter complètement durant 10 ou 15 jours. Toutefois, là n'est pas le problème fondamental car votre santé physique est bonne et vous avez suffisamment de résistance pour que cela se résorbe assez rapidement. La question la plus difficile est : « Dois-je abandonner ? » Il est évident que je ne connais pas toutes vos conditions de vie mais, comme je disais plus haut, nous sommes tous passés par là, moi comme les autres. Il y a toujours eu une période où nous voulions abandonner. Dans mon cas, cela avait été pire que cela, car je me rappelle parfaitement qu'un certain soir, si j'avais eu un revolver dans la maison, je me flambais la tête, ce qui n'aurait rien arrangé. Puis, quelques semaines plus tard, tout était rentré dans l'ordre. La voix était redevenue ce qu'elle était et le moral de même. Je n'avais, dans le temps, pas plus de revenus que vous n'en avez et je vivais avec ce que je gagnais, uniquement. Il ne faut pas vous décourager mais d'abord il faut vous reposer et vous remettre de cet enrouement qui semble durer, dû surtout au fait que vous chantez avec un appareil vocal qui n'est pas tout à fait en bon état.

Voilà ce que je voulais vous dire aujourd'hui et ne vous découragez pas. Je ne peux prendre une décision pour vous, mais, personnellement, je ne vois pas votre avenir aussi sombre, loin de là, que vous le mentionnez dans votre lettre. Donc repos pour une quinzaine de jours-trois semaines, puis reprenez le taureau par les cornes et allez de l'avant. Je vous fais tous mes meilleurs vœux et je serais heureux d'avoir de vos bonnes nouvelles bientôt.

Raoul Jobin

C'est toujours avec l'énergie qui caractérisait le jeune ténor des années trente que Raoul Jobin continue à défendre la musique française. Il entretient une correspondance suivie avec son ami Pierre Wolff qui lui apprend le décès de leur camarade, le danseur Alexandre Sakaroff à Sienne et lui rapporte ce que disait récemment Albert Wolff, en parlant de lui : « Raoul, je le sentais au bout de ma baguette, il me suivait, je le suivais... Sa voix, c'était une voix d'ange, cela venait du ciel et il ne sait pas, le bougre, que l'émotion qu'il exprimait, surtout dans *Werther*, me faisait changer bien souvent mes nuances à l'orchestre. Jamais je ne retrouverai un artiste comme lui pour *Pelléas*, en particulier dans l'acte de sa mort "On dirait que ta voix a passé sur la mer au printemps". Et l'orchestre le comprenait tout comme moi, il me suffisait de faire un geste d'apaisement et les musiciens l'écoutaient chanter. »

Ses espoirs vont-ils enfin se concrétiser ? Le 7 août 1964, *Le Devoir* publie un article d'Yves Margraff : « Le ministre des Affaires culturelles, M. Georges Lapalme et le maire Jean Drapeau ont ouvertement engagé leur responsabilité dans le projet d'une maison permanente d'opéra pour Montréal. Le maire Jean Drapeau, "père du projet", exposa brièvement comment il l'entrevoyait : "Il s'agit d'une maison permanente au plein sens du mot... La maison comprendra tous les services essentiels, ateliers, corps et école de ballet, école d'art lyrique. Quant au local, il s'agira évidemment de la salle des Arts. La compagnie donnera cent cinquante représentations par an, réparties probablement en trois saisons : une "régulière" (automne-hiver) consacrée au répertoire français ou traduit; une "internationale" faite d'œuvres étrangères jouées dans leur langue; une "d'été" qui pourrait éventuellement s'inscrire dans le cadre des festivals de Montréal. L'engagement des artistes tiendra compte de leur avenir puisqu'il comprendra l'établissement d'une caisse de retraite. Quant au public, les organisateurs pensent évidemment et surtout à lui puisqu'ils entendent que les prix soient très raisonnables pour permettre au plus grand nombre de prendre régulièrement le chemin de l'opéra. Le budget sera fourni, croit-on savoir, par Montréal, bien sûr, le Québec et le Conseil des Arts du Canada. Il semble qu'à l'heure actuelle il ne reste plus qu'au cabinet québécois à donner son accord définitif qu'attendent non seulement les artistes, mais aussi un public qui ne veut plus attendre. »

Raoul Jobin croit rêver !... Verra-t-il enfin se concrétiser son vieux rêve de toujours ? Une compagnie d'opéra permanente pour tous les

Québécois ! Avant la réunion du 6 août à l'île Sainte-Hélène, il rencontre le maire Drapeau avec Léopold Simoneau et Roland Leduc, et tous trois s'entendent pour travailler en « triumvirat » si le projet est mis sur pied. Durant la réunion, le ténor André Turp soulève un tonnerre d'applaudissements en affirmant que « le maestro Wilfrid Pelletier est le seul homme apte à diriger cette compagnie, vu son expérience très vaste du théâtre lyrique ». Mais l'opération « rapatriement » du maire Drapeau pour les artistes québécois retenus à l'étranger par leur carrière ne devait jamais se réaliser intégralement. Pourtant, jamais un projet culturel n'avait été étudié avec autant de sérieux et de réalisme. Jean Drapeau n'hésita pas à faire une tournée des maisons d'opéra d'Europe et d'Amérique. La grande réunion des artistes lyriques du 6 août 1964 demeurera un moment de fraternité et de fierté légitime dans la mémoire de ceux qui ont vécu cette heure historique. Le lendemain, Lionel Daunais écrivait à Raoul Jobin : « J'espère de tout mon cœur que les destinées de l'Opéra de Montréal te seront confiées. Ce serait un couronnement à l'œuvre de ta vie. Je crois que tu pourrais être l'âme de la maison car tu es resté canadien. »

Le 4 avril de la même année, Thérèse et Raoul Jobin s'étaient séparés de leur fille cadette, France, qui épousait Jacques Pigeon. Raoul Jobin avait chanté à leur mariage. Quelques mois plus tard, une grande tristesse l'accablait : la mort de sa mère, en décembre, à l'âge de quatre-vingt-treize ans.

Raoul Jobin refusera des propositions d'enseignement dans les universités américaines. Il a cinquante-huit ans et ni lui ni Thérèse ne sont prêts à s'expatrier une autre fois. Et pour rien au monde il ne renoncera à sa citoyenneté canadienne, ce qui lui serait imposé s'il acceptait les classes de musique française avec John Brownlee à la Manhattan School ou ailleurs. Et ceci en dépit de la grande déception qu'il éprouve de devoir renoncer à l'enseignement au Conservatoire de Québec, les règlements ne permettant pas aux directeurs des Conservatoires de Montréal et Québec d'enseigner. Néanmoins, il continuera de conseiller quelques élèves qui reviennent le voir entre leurs tournées et leurs engagements à l'étranger, tels Colette Boky et Jean Bonhomme. Il suit avec beaucoup d'intérêt l'évolution de Colette Boky qui maintenant se taille, non sans difficultés, une belle carrière. En 1965, elle est engagée au festival de Salzbourg pour *La Finta giardiniera* de Mozart et le Met l'engagera pour la saison 1968-1969.

Le 16 avril 1966, Raoul Jobin se rend à New York pour le gala d'adieu du Metropolitan, dont la vieille scène datant de 1883 fut abandonnée en 1958 au profit du Lincoln Center. A l'occasion de ce gala d'adieu, il retrouve dans la salle les camarades et amis des années quarante : Rose Bampton, Richard Bonelli, John Brownlee, Mario Chamlee, Richard

Crooks, Frederick Jagel, Helen Jepson, Alexander Kipnis, Charles Kullman, Marjorie Lawrence, Lotte Lehmann, Giovanni Martinelli, Edith Mason, Nicola Moscona, Patrice Munsel, Lily Pons, Elizabeth Rethberg, Delia Rigal, Stella Roman, Bidu Sayao, Rise Stevens, Gladys Swarthout. Mais il y a des absents. La soirée a vu défiler d'abord les anciens sur la musique de *Tannhäuser*, pour céder ensuite la place aux « grands » d'aujourd'hui : Anna Moffo, Robert Merrill, Cesare Siepi, Dorothy Kirsten, Licia Albanese, Jon Vickers, Roberta Peters, Régine Crespin, Leontyne Price, Renata Tebaldi, Franco Corelli, Birgit Nilsson, Erich Leinsdorf, Zinka Milanov, Richard Tucker, George London... et les chefs d'orchestre : Francesco Molinari-Pradelli, Max Rudolf, Silvio Varviso, Zubin Metha, Erich Leinsdorf, Kurt Adler, Georges Prêtre... L'auditoire sophistiqué de New York applaudit les grands airs classiques.

Raoul Jobin est d'autant plus heureux d'être témoin de ces adieux au Met qu'il avait dû, le 13 mars précédent, être hospitalisé une quinzaine de jours à la suite d'une faiblesse cardiaque : « un avertissement », comme il dira. Que de souvenirs sont reliés, pour lui et les chanteurs de son époque, à la vieille salle sympathique qui doit être démolie, à la scène empoussiérée, aux vieux décors.

Témoin durant plusieurs années de la vie du Conservatoire de Québec, Alice J. Duchesnay écrira dans *Un regard sur le chemin* : « Au Conservatoire, M. Jobin, considérant sa carrière de chanteur terminée, ne se fit jamais entendre. Il enseigna, mais ne fut point professeur titulaire. Il traitait les maîtres de l'école dont il se trouvait le directeur comme des confrères, avec une aimable courtoisie. Son règne fut paisible et harmonieux. Mais il est vain de dire que tous et chacun bénéficièrent grandement de ses principes et de ses conseils. »

Son état de santé lui donnant quelques soucis, et devant l'hostilité ouverte de quelques collègues, il songe à nouveau à un poste diplomatique à l'étranger. Raoul Jobin soumet son projet au nouveau ministre des Affaires culturelles, Jean-Noël Tremblay, dans une lettre du 21 juin 1966 :

« J'ai cru à propos, quitte à développer ultérieurement l'un ou l'autre des points traités, de préparer à votre intention un exposé schématique du rôle que pourrait remplir un représentant officiel itinérant de la Province en Europe, à l'égard des boursiers et des jeunes artistes.

L'idée d'une telle fonction m'était venue à l'esprit alors que je faisais ma carrière en Europe, et les contacts que j'avais eus au cours de la même période avec certains jeunes artistes canadiens et certains étudiants m'avaient rapidement convaincu que cette fonction représentait un complément essentiel à l'activité et à la responsabilité du gouvernement du Québec en musique et en art dramatique.

La mission principale de ce représentant officiel itinérant, dont le bureau pourrait être situé à Paris, pourrait se définir de la manière suivante :

1. Faciliter dès leur arrivée en Europe l'orientation des boursiers en musique et en art dramatique du Québec; par la suite, assurer une surveillance souple et discrète de leurs études; répondre à leurs incertitudes sur leur orientation immédiate, et éventuellement, comme pour les autres jeunes artistes cherchant des débouchés en Europe, les mettre en contact avec les directeurs de théâtre nationaux ou des théâtres de province;

2. Aux fins ci-dessus, maintenir des contacts personnels avec :
a) les imprésarios;
b) les chefs d'orchestre;
c) les directeurs de théâtre;
d) les directeurs de conservatoires et de grandes écoles;
e) les grands professeurs et les solistes;
f) les compositeurs;
g) les directeurs de festivals, de radio, de télévision;

3. Apporter l'appui officiel du gouvernement du Québec (comme incidemment la Russie le fait chaque fois qu'elle délègue ses artistes à des concours internationaux) chaque fois qu'un de ses artistes se produit dans les grands concours et les festivals, et présenter ces artistes par conférences de presse, interviews, articles dans les journaux, communiqués de radio, apparitions à la télévision;

4. Rechercher les professeurs qualifiés et disponibles pour l'enseignement dans les grandes écoles de musique et d'art dramatique du Québec.

Il me reste à ajouter que j'ai été trop longtemps le confident, durant ma carrière, de l'incertitude et des inquiétudes des boursiers et des jeunes artistes; témoin aussi des abus de confiance dont certains ont été victimes (j'ai même un dossier à cet effet) ainsi que du manque d'orientation, du flottement et du piétinement de carrières qui auraient pu s'affirmer de façon internationale, pour n'avoir pas été sensible aux besoins de cette fonction — que je qualifie d'essentielle — de représentant officiel itinérant, aux fins que j'ai tenté de vous résumer. »

Jean-Noël Tremblay a la plus grande estime pour Raoul Jobin dont il parlera en homme sensible : « M. Jobin, dans les conversations que j'ai eues avec lui, à titre de conseiller du ministre, insistait toujours, d'abord, sur la formation de base du chanteur. Il avait dû lui-même se soumettre à une très sévère discipline, faire des études qu'il n'avait pas eu la possibilité d'effectuer avant de commencer sa carrière, et accepter de demeurer dans l'ombre quelques années. En 1930, en France, il était étranger. Il a été admirablement secondé du début à la fin de sa carrière par sa femme.

Quand je suis arrivé au ministère, sa situation salariale était pitoyable. Il gagnait moins comme directeur que son assistant. J'ai réajusté tout cela.

Puis je l'ai envoyé à Paris comme conseiller culturel parce que j'estimais qu'il était taillé pour un poste de cette envergure à cause de la carrière qu'il avait faite, des contacts qu'il avait gardés, de son éducation, de sa culture, de son aisance et de son entregent. Il a toujours agi avec sincérité et loyauté dans la solution des problèmes qui incombaient à sa fonction.

En arrivant au ministère, j'ai essayé d'utiliser au maximum les connaissances et l'expérience de Raoul Jobin en vue de la formation d'autres musiciens, sinon de même calibre, du moins de musiciens qui s'inspirent de lui et qui sachent utiliser leur talent de la façon dont il l'avait fait, comme d'autres l'ont fait aussi, tel Jon Vickers. Voilà un artiste qui travaille et qui a gravi sûrement les échelons de la carrière : c'est aussi une très grande carrière. Il faut beaucoup d'intelligence, de courage, de force d'âme, une forte dose d'humilité pour supporter les revers, passer à travers les intrigues sans se compromettre... Avant mon arrivée au ministère, Raoul Jobin n'a pas été traité comme il aurait dû l'être. J'attribue cette attitude à une méconnaissance de l'envergure de la carrière de Jobin. C'est ce qui explique le peu d'égards que l'on a eus envers lui lorsqu'il est rentré.

Quand je suis arrivé au ministère, on m'a soumis le projet d'opéra du maire Drapeau que j'ai rencontré à quelques reprises. Nous n'avions pas les mêmes idées sur l'avenir de l'opéra au Québec. Il voulait faire un "Opéra de Montréal", et moi un "Opéra du Québec". Nous ne nous sommes jamais mis d'accord. Je le trouvais irréaliste, d'abord parce qu'il voulait monter un trop grand nombre de productions la première année. J'ai consulté MM. Jobin et Simoneau de même que d'autres musiciens qui avaient été mêlés au monde de l'opéra.

Nous avons donc posé les bases de cet "Opéra du Québec" qui a été inauguré par mon successeur, François Cloutier. Contrairement à ce que je voulais, on l'a confié à une corporation privée et non pas au ministère qui aurait pu exercer un contrôle non pas artistique, mais un contrôle financier. L'"Opéra du Québec" n'a pas pris la précaution de se créer un répertoire et de conserver les décors et les costumes qui auraient pu être réutilisés les années suivantes. Ils ont fait de grandes et coûteuses productions et tout ce qui avait été dépensé disparaissait : on ne s'en servait plus. Étant ministre des Affaires culturelles du Québec, je pensais en fonction de tout le Québec, c'est-à-dire à un programme de tournées des orchestres, et je voulais créer un axe : Place des Arts de Montréal, Centre national des Arts d'Ottawa et Grand Théâtre de Québec.

Quand j'ai nommé M. Jobin à Paris, il était vraiment heureux. Je lui ai dit : "Allez là-bas, faites le travail que vous devez faire, vous n'avez pas de comptes à me rendre, communiquez avec moi toutes les fois que vous l'estimerez nécessaire pour me signaler les choses que vous jugerez importantes. " Il m'a fait un excellent travail là-bas, et j'avais des rapports très suivis. »

En France, Raoul Jobin est membre du jury au concours international de chant de Toulouse qui se tient du 28 septembre au 5 octobre 1969. Précédemment, il était dans le jury du Conservatoire national supérieur de Paris (opéra et chant), président de celui du concours national de piano des Jeunesses Musicales en 1961 et membre du jury du concours national de chant des Jeunesses Musicales en 1963. A Toulouse, il est invité pour la troisième année consécutive, et c'est toujours l'occasion pour lui de revoir ses amis et son fils André dont il suit la carrière avec la plus grande attention.

Il profite de ce court voyage pour établir de nouveaux contacts, aux titres de président des Amitiés France-Québec depuis 1966, et de directeur du Conservatoire de Québec. Il rencontre plusieurs personnalités du milieu musical parisien : Gérard Friedman, Liliane Berton et Paulette Chalanda, pour des postes éventuels de professeurs de chant; Manuel Rosenthal qui accepterait de diriger un concert à Québec; Marguerite Paquet qui, après un séjour de bientôt vingt ans à Paris, serait très heureuse de revenir au Québec. Il rend visite à Albert Wolff et rencontre des élèves musiciens canadiens en stage à Paris. Avec Jean Vallerand, conseiller culturel en poste, il s'occupe des problèmes concernant les étudiants, des difficultés de leur installation et de la vie quotidienne dans une ville comme Paris, quoique la plupart soient pourvus de bourses substantielles.

Le 24 novembre 1967, Raoul Jobin est parmi les premiers « Compagnons de l'Ordre du Canada ». Les nouveaux décorés représentent les secteurs d'activités les plus divers : beaux-arts, musique, littérature, politique, sciences, pédagogie, sport professionnel et service militaire. L'ordre a été officiellement créé le 1er juillet 1967.

Durant l'été 1969, Raoul Jobin enregistre pour Pierre Boutet, réalisateur à Radio-Canada Québec, une série de seize interviews d'une heure avec René Arthur, intitulée *Une carrière, une marotte*. Une carrière, celle de Raoul Jobin, une marotte, celle de l'opéra pour René Arthur. Tout au long de la série d'interviews, qui sera retransmise à l'automne, Raoul Jobin raconte les points saillants de sa carrière. Il fait l'éloge de collègues et d'interprètes qu'il admire et il analyse certains aspects des personnages et rôles qu'il a interprétés, le tout accompagné par l'audition de disques. Il confie ce qui l'a amené à quitter la carrière : la résistance physique qui ne répondait plus, la fatigue, le manque de motivation et de plaisir à chanter. Il parle de ses partitions préférées : *Lohengrin, Pelléas, Louise*. Il est aussi question de technique vocale et de pose de la voix. Pour sa part, René Arthur le présente comme « le premier grand artiste qui a tracé la voie à tant d'artistes canadiens sur la scène internationale ». Ses souvenirs personnels remontent à 1934, alors qu'il entendait le jeune ténor Raoul Jobin chanter dans *Rigoletto* le rôle du duc, en français, avec la troupe du San Carlo à Québec.

Le 28 avril 1970, *Le Soleil* de Québec publie : « Raoul Jobin, directeur du Conservatoire de musique de Québec, vient d'être nommé conseiller culturel du Québec à Paris. En tant que représentant du ministère des Affaires culturelles dans la capitale française, M. Jobin assurera le lien avec les ministères des Affaires étrangères français. Il aura de plus pour préoccupation les ententes franco-québécoises, la présentation du Québec en France, ainsi que la présence de la France au Québec. »

A cette occasion, il déclare à la journaliste Monique Duval : « J'ai l'intention de tout mettre en œuvre pour développer la culture québécoise et la faire rayonner en France. Pour moi, cela signifie aider les artistes, les écrivains, participer à l'organisation d'activités et, enfin, favoriser les échanges entre le Québec et la France. »

A l'âge de soixante-quatre ans, Raoul Jobin réalise un rêve caressé à la fin de sa carrière douze ans plus tôt. Il s'installe à Paris, quai Louis-Blériot, où tous les artistes québécois de passage à Paris seront les bienvenus.

Raoul Jobin revoit fréquemment quelques camarades de l'Opéra, entre autres Janine Micheau. Il est aussi en relations très étroites avec René Nicoly, ancien président-fondateur des Jeunesses Musicales, maintenant à l'Opéra, dont la mort subite, de même que celle de Guy Viau, premier directeur du Centre culturel canadien, sera pour lui la perte d'un ami très cher.

Emmanuel Bondeville, compositeur et ancien directeur de l'Opéra, interviewera Raoul Jobin pour Radio-France : ensemble ils font une rétrospective de sa carrière de chanteur, de professeur de chant et de directeur de Conservatoire, aussi bien que des responsabilités qui lui incombent à son poste de conseiller culturel. Ce sera la dernière interview de Raoul Jobin.

Régine Crespin, qu'il applaudit sur scène, racontera plus tard : « J'avais vingt-trois ans lorsque j'ai fait mes débuts à Vichy après le Conservatoire. En août 1951, je débutais à l'Opéra de Paris dans Elsa de *Lohengrin* au côté de Raoul Jobin. A la fin de la représentation, Raoul Jobin a été très chic pour moi au moment des saluts de la troupe : il m'a laissée saluer seule, ce qui ne se faisait pas à cette époque. Par la suite, nous avons beaucoup travaillé ensemble et il a toujours été un bon camarade, attentif et de bon conseil. Dans son art, il avait une grande intériorité, une beauté qui transparaissait... l'âme. C'était un très grand artiste et un excellent musicien. A ses côtés, on n'avait rien à craindre. Nous étions devenus très amis et il me traitait comme un grand frère. Il était aussi très discret. Nous avons fait ensemble la tournée de *Pénélope* vers la fin de sa carrière. Je l'ai revu au Canada, à Québec où j'ai chanté; il était alors directeur du Conservatoire. Il désirait ardemment revenir en France et il a été heureux d'y revenir. »

A la délégation générale du Québec, sa gentillesse lui vaut la considération de ses collègues et, durant les trois années que dure son dernier séjour parisien, Raoul Jobin reprend contact avec les milieux culturels de Bordeaux, Marseille, Rouen, La Rochelle, Toulouse, Avignon... M. Jean Chapdelaine, délégué général de la délégation du Québec, témoigne de son activité :

« Pour la plupart, Raoul Jobin est le souvenir d'une grande voix. Ils sont de moins en moins nombreux à l'avoir entendue, cette voix, car Raoul Jobin avait quitté la scène dès la cinquantaine, à l'apogée de sa carrière, il y a déjà un quart de siècle. Il ne voulait pas, m'a-t-il confirmé un jour, descendre une à une les marches qui l'eussent ramené au rang des mortels.

Heureusement nous avons quelques disques, et je compte que la biographie de Renée Maheu en suscitera des rééditions pour que soit entendue encore, et plus fréquemment, cette voix puissante, chaude, dans les grands rôles du répertoire. Les disques cependant ne peuvent rappeler aux nouvelles générations comment Raoul Jobin incarnait ses personnages : la télévision n'était pas née.

C'est à Paris, comme collègue à la délégation générale du Québec, où il exerçait les fonctions de conseiller culturel, que j'ai connu plus intimement Raoul Jobin, de 1970 à 1973.

Je m'honore d'avoir établi avec lui des liens qui dépassent de beaucoup le quotidien des affaires. C'était un collègue attentif, curieux de tout, et qui a su développer rapidement des contacts étroits avec les dirigeants des Affaires culturelles et dans le monde des artistes en France, et pas seulement dans le domaine de la musique. Ce secteur gardait cependant sa préférence et c'est aux jeunes, à la relève, qu'il s'intéressait particulièrement.

Nous étions vite devenus amis, Mme Jobin et lui, ma femme et moi. Et nous avons regretté son départ quand, sa santé fléchissant, il fut rappelé à Québec.

Le dernier Noël qu'il était à Paris (1972-1973), nous avions organisé, selon la coutume, une fête du personnel de la délégation. Au beau milieu de la soirée, une voix puissante entonna le *Minuit chrétien* : c'était le disque, qu'un collègue avait dans ses archives, de l'interprétation qu'avait enregistrée Raoul Jobin avec les Disciples de Massenet de ce chant traditionnel. Nous en étions tous émus jusqu'aux larmes, et les Jobin plus que tous. C'est mon dernier souvenir du grand ténor qu'était Raoul Jobin.

Un an plus tard, en janvier 1974, j'étais à Québec pour consultation et tristement j'assistais à ses obsèques à l'église Saint-Sauveur : son dernier triomphe. Québec s'était souvenu. »

Parmi les dossiers qu'il doit conduire à bon port, Raoul Jobin est particulièrement heureux de favoriser le projet de création d'« atelier international d'Art lyrique français », mission de Clermont Pépin, directeur du Conservatoire de Montréal, auprès des autorités françaises de la musique. Il doit également profiter de son séjour en France pour étudier avec le directeur du Conservatoire de Paris les modalités d'échanges de professeurs entre cette institution et les Conservatoires de musique de Montréal et de Québec.

Raoul Jobin envoie en juillet 1973 un rapport au ministère des Affaires culturelles du Québec :

« Comme le mentionne M. Pépin, je l'ai accompagné lors de sa rencontre avec M. Serge Nigg à Paris.

Je ne parlerai pas de l'Opéra-Studio de Paris ou si peu, de même que de celui de Colmar et des autres qui sont à créer, étant réservés aux Français exclusivement. Mon opinion toutefois est :

1. L'Atelier devant être international pour l'Art lyrique français, dans ce cas il doit être financé par tous les pays participants et doit avoir un Conseil de Direction multinational;

2. Quant au répertoire, l'opéra français devrait avoir priorité sur la mélodie française et sur l'oratorio, car je regrette de dire qu'au Québec l'opéra français n'est pas connu. Quelques mois d'études spécialisées sur ces ouvrages seraient très profitables à nos jeunes chanteurs et cantatrices, qui seraient peut-être alors appelés à faire carrière en France;

3. Il me semble qu'il faudrait étudier profondément le problème avant d'insérer l'Atelier international dans le cadre des studios d'opéra régionaux (financement);

4. Quant à la direction de l'Atelier, la candidature de l'auteur du projet est valable pour de nombreuses raisons, mais il ne faudrait pas qu'elle soit la seule;

5. Si Québec décide de créer deux ateliers d'Opéra dans ses Conservatoires à Québec et à Montréal avec tout ce que cela comprend et à condition que l'Opéra du Québec continue à se développer et surtout à exister, la nécessité de créer un Atelier d'art lyrique à Nice perd de l'intérêt. »

Raoul Jobin ne poursuivra pas l'étude de ce dossier à son retour à Québec en août 1973. Le projet demeurera en suspens.

Durant toutes ces années parisiennes, la carrière de son fils André lui procure beaucoup de joies. Déjà en 1970, après ses *Pelléas et Mélisande* en Europe, il était invité à chanter le chef-d'œuvre de Debussy à San Francisco. Puis, après New York, il joue *La chauve-souris* au Grand Théâtre de Genève. A Londres, il est affiché durant trois ans dans la comédie musicale *Show Boat* : c'est un succès. Thérèse et Raoul font fréquemment l'aller-retour Paris-Londres. A l'occasion d'un séjour londonien, il doit entrer d'urgence à l'hôpital où on diagnostique un œdème aigu du poumon. Le danger passé, ils reprennent la route de Paris.

C'est peu de temps après que l'auteur de ces lignes vit Raoul Jobin pour la dernière fois. C'était en juin 1973. Il était pâle, amaigri, les cheveux blanchis et il avait une toux persistante et mauvaise. Je lui demande à brûle-pourpoint : « Qu'avez-vous ? Êtes-vous malade ? » Il n'avoue rien de son récent séjour à l'hôpital londonien ni de sa grande fatigue. Il m'apprend toutefois qu'il doit quitter Paris prochainement pour rentrer au Québec après un séjour de vacances en Espagne. Néanmoins le souvenir de cette dernière conversation fut si impressionnant que l'annonce de sa mort, sept mois plus tard, ne me surprit pas.

Raoul Jobin retrouve pourtant sa gaieté et son entrain. En Espagne, avec Thérèse, sa fille France et son mari Jacques, il renoue avec ses souvenirs d'avant-guerre, en 1938, lorsqu'il est venu chanter sous les bombardements à Barcelone avec les camarades de l'Opéra-Comique. Comme tout a changé depuis !

De retour à Québec, les Jobin emménagent rue Chapdelaine, début septembre, et Raoul Jobin accepte de réviser quelques dossiers que lui confie le ministère des Affaires culturelles. Ils sont heureux de retrouver Claudette, son mari Jacques Taschereau et leurs filles Fabienne et Isabelle, devenues de ravissantes jeunes filles. Un nouveau rayon de soleil luit pour Raoul Jobin à chaque visite de sa fille France et de son gendre Jacques Pigeon, eux aussi installés à Québec, et qui viennent d'adopter deux bébés jumeaux. France et son mari raconteront les derniers mois de leur père :

« Papa était en admiration devant ces deux poupons et il demandait à les voir presque tous les jours. Il était en extase chaque fois. Je peux dire que les deux bébés ont été son dernier rayon de soleil. Il avait une très grande tendresse pour les enfants.

Je me souviens que, lorsque j'étais petite fille, il aimait m'amener partout et me présenter à ses collègues et amis. C'est ainsi que j'ai connu Dorothy Kirsten après une représentation de *Louise* au Met, Lily Pons après *Lakmé,* mon opéra préféré, et tous les amis qui venaient à la maison. Il y avait aussi la traditionnelle cérémonie du "dodo de la princesse" qui durait bien trente minutes tous les soirs lorsqu'il était à la maison. Il s'amusait alors à me faire sauter dans mon lit et souvent les invités étaient de la partie.

J'ai été très près de lui jusqu'à mon mariage en 1964. Après, nous avons quitté Québec pour Montréal et Ottawa, et nous étions revenus à Québec lorsqu'ils sont rentrés en juillet 73. Jacques et moi avons vécu les derniers mois de papa... »

186

Et Jacques Pigeon enchaîne :

« Je me souviens de ma première rencontre avec lui : je fréquentais France et j'avais dix-neuf ans. Il m'impressionnait. Il m'a tout de suite mis à l'aise. Il me parlait très simplement. Avec les années et après mon mariage, nous nous sommes vus fréquemment. Les relations ont toujours été chaleureuses. C'était un homme très structuré, sans fantaisie, organisé et avec un sens peu commun des responsabilités.

[...] Nous étions ensemble pour son dernier voyage en Espagne, et il nous accompagnait dans toutes les visites culturelles. On ne pouvait pas savoir qu'il était déjà si malade.

J'ai vécu sa mort. Je voyais la mort de près pour la première fois... A son retour de Paris, il se sentait de plus en plus fatigué et à la suite d'une visite chez son cardiologue, le Dr François Couture, il est rentré à l'hôpital Saint-Sacrement de Québec pour un examen général, le 30 novembre. Il avait un bouton à l'aine et a été opéré le 17 décembre. On a diagnostiqué immédiatement un cancer du pancréas à la phase terminale; il n'y avait plus d'espoir. Pour moi, M. Jobin savait qu'il allait mourir mais il n'en a jamais parlé à personne. Peut-être par pudeur ou pour ne pas nous attrister davantage. Il avait une très grande délicatesse. C'était plutôt un introverti. »

Claudette poursuit :

« Après son opération, il a demandé aux médecins de le laisser sortir pour les fêtes de fin d'année. Pour son dernier réveillon de Noël, il est venu chez moi et nous nous sommes tous efforcés pour qu'il soit très gai. Il était entouré de nous tous et nous sentions qu'il était heureux. C'est entre Noël et le Jour de l'An que son état de santé a décliné rapidement. Il a dû prendre le lit jusqu'à son retour définitif à l'hôpital, le 10 janvier. »

Mais laissons Thérèse conclure :

« Je n'ai jamais pu savoir s'il connaissait la gravité de sa maladie. Je lui ai toujours répété : "Moi, il faut que je parte la première, jamais je ne pourrai vivre seule." De temps à autre, je croyais lire dans ses yeux la triste vérité. Il me disait alors : "Baptême ! je ne m'en sortirai jamais." Je répondais : "Voyons Roméo, il y en a déjà eu des plus malades que toi et qui s'en sont sortis."

Après Noël, il a dû s'aliter et il faiblissait de plus en plus. Un infirmier venait pour la nuit. Les enfants venaient tous les jours, Claudette, France et ses jumeaux, sa dernière joie. Avec mon gendre, Jacques Pigeon, il a fallu le convaincre de retourner à l'hôpital. Il nous a fallu argumenter doucement durant plus de trente minutes. Il a cédé : "Puisqu'il le faut !..." On était le 10 janvier 1974.

L'abbé Pierre Gravel, un ami et admirateur de toujours, lui a donné les derniers sacrements. Sa nièce Jeannette, la fille de son frère Alfred, lui a fait une dernière visite et elle m'a dit : "Je l'ai appelé : « Oncle Roméo, c'est moi, Jeannette », et il m'a pressé doucement la main." Il s'est éteint doucement le dimanche 13 janvier, à l'aube. Je lui avais dit quelques heures auparavant : "Roméo, tu peux partir tranquille, tu as bien mené ta barque." »

ÉPILOGUE

Le 17 janvier 1974. L'église de Saint-Sauveur, dans la basse ville de Québec, était remplie de paroissiens émus, d'amis intimes, de collègues et de quelques personnalités officielles. Il faisait froid. Raoul Jobin avait manifesté le désir d'avoir une messe en latin : le chant fut mené sobrement par le ténor québécois Pierre Boutet à la tête d'une chorale de voix d'hommes et Jean Bonhomme, venu d'Ottawa, interpréta le *Panis Angelicus*. A la nouvelle de la mort de son père, André est immédiatement accouru. Dans une atmosphère de recueillement, ce sont des funérailles de famille. L'émotion fut à son comble lorsque l'abbé Pierre Gravel prononça l'homélie funèbre en ces termes :

« C'est une volonté affectueuse, et dont la délicatesse me touche profondément, qui m'a invité à vous adresser la parole, mes frères, à ce moment de l'office divin et près de la tombe de celui qui fut et restera, pour chacun d'entre nous, un grand sujet d'admiration et de fierté.

Je veux d'abord exprimer, tout haut, mes ferventes et personnelles sympathies, les vôtres aussi, mes frères, à chacun d'entre vous. Sympathies que j'offre à Mme Jobin, l'épouse admirable de compréhension, artiste elle-même, la compagne idéale et discrète de toute sa vie; aux enfants qu'il a tant aimés, dont il était fier et qui font son bonheur...

Je prends au livre de l'Ecclésiastique ces paroles de l'Écriture sainte : "Faisons donc l'éloge des hommes illustres, des hommes qui ont cultivé l'art des saintes et nobles mélodies. Ils ont été la gloire de leur peuple, et leurs contemporains les ont honorés."

C'est un geste de fidélité, un témoignage, qui a voulu que, pour remonter là-haut, Raoul Jobin partît de cette église, qui fut l'église de son enfance et de sa jeunesse. Quand Dieu donne certains talents à des êtres privilégiés, ces talents, mes frères, ne sont jamais une invitation à la facilité et à la vie toujours agréable, non, c'est un appel à passer souvent des moments extrêmement difficiles. Mais Jobin a été l'homme de la fidélité, fidélité à son art, fidélité à sa famille, fidélité à ses amis.

On l'a dit dans les journaux, on l'a répété à la radio et à la télévision, on ne le dira jamais trop, qu'il fut un maître du chant, du grand chant, des mélodies les plus prenantes qui nous faisaient rencontrer la beauté... Or,

189

celui que nous pleurons, c'est une grande voix qu'il a maîtrisée par un travail ardu et il est devenu pendant longtemps, on peut dire en quelque sorte, "le plus grand ténor du monde".

Fidélité à son art : il était exigeant pour lui-même. Les hommes de devoir sont exigeants pour eux-mêmes, ils n'ont jamais fini de travailler, ils n'ont jamais fini de durer, et, parce qu'il était fidèle à son art et qu'il voulait du beau, il a triomphé sur toutes les grandes scènes du monde. Je ne répéterai pas ce qui a été dit, ce qui s'écrira. Si vous vous rappelez, mes frères, vous vous rappellerez sûrement certaines grandes scènes, certaines apparitions émouvantes de Raoul Jobin dans Québec, lorsque la foule se levait pour crier BRAVO et pour lui demander de recommencer ces airs les plus prenants de notre langue française et de l'art lyrique le plus poussé. Vous vous rappelez, vous tous, comme je me le rappelle tous les ans, quand vient le temps de Noël, Jobin chantait ces airs de Noël comme jamais personne ne les avait chantés et comme jamais personne ne les chante à part lui. C'était la voix canadienne, c'était l'homme fidèle, par conséquent, à la tradition, c'était le chrétien fidèle à son passé, c'était le Canadien fier de son pays, heureux d'y vivre et d'y faire vibrer l'enthousiasme et l'émotion chez les siens... Il était fier des siens, lui qui s'était fait en quelque sorte tout seul, et n'a jamais renié son passé.

Que Dieu accorde à nous tous d'imiter son ardeur au travail, sa fidélité, sa fierté de Canadien et sa fidélité à ses amis... Jobin a aimé ce qui était grand et admiré ce qui était beau et nous a fait admirer en lui la beauté, la grandeur, et la richesse du plus grand don de Dieu. »

Parmi l'assistance, on remarquait d'abord Thérèse, entourée de ses filles, de ses gendres et d'André, Jean Chapdelaine, en poste à Paris, Guy Frégault, sous-ministre aux Affaires culturelles, Charles Goulet et Lionel Daunais, Micheline Tessier et Gilles Potvin, critique musical du quotidien montréalais *Le Devoir,* le baryton Claude Létourneau, Jeannette Jobin, nièce de Raoul et Roger Lemelin, qui avait écrit la veille dans *La Presse :*

« En Raoul Jobin, le Québec perd plus qu'un grand artiste lyrique. Pour ceux qui ont aujourd'hui cinquante ans, Raoul Jobin a été un inspirateur, un modèle de rigueur et de perfection. A l'époque où nous étions enclins à nous croire à jamais condamnés à n'être que des Français de troisième ordre, il fut la preuve que le talent, la détermination, la dure poursuite d'un idéal pouvaient mener un Québécois au premier rang, dans sa discipline, sur la scène du monde.

Issu d'une famille modeste de Saint-Sauveur, à Québec, il eut un père amoureux du bel canto, qui croyait en son fils et qui ne ménagea rien pour que Raoul Jobin devienne un des meilleurs ténors du monde. Raoul Jobin eut le bonheur d'être secondé par sa femme, Thérèse Drouin, qui renonça à une prometteuse carrière de soprano pour se consacrer à l'avenir de son mari et de sa famille.

190

On a peine à s'imaginer la vie d'ascète que doit s'imposer un grand ténor d'opéra. Ses amis savent que Jobin fut sans pitié pour lui-même. Que de rebuffades, que de concurrences envieuses il eut à souffrir. Mais la nature l'avait doté d'une voix extraordinairement puissante et d'un sens dramatique poussé qui lui permettaient de soulever les foules. Son répertoire était considérable. Avec Lauritz Melchior il était l'un des seuls à pouvoir chanter sans fatigue cinq actes de Wagner. Ce en quoi il surpassait Georges Thill, à la voix plus veloutée, aux beaux jours de l'Opéra de Paris. Célèbre comme chanteur d'opéra, Raoul Jobin adorait surtout interpréter les mélodies classiques de Duparc, Fauré et Debussy...

Sa carrière terminée, il revint au Québec où pendant plusieurs années il fut un professeur de chant respecté. Il ne chantait plus, mais il restait un maître et un homme civilisé, un homme bon, mais intransigeant quant à la musique. Il a été un farouche serviteur de la perfection, du Beau. Disons merci à Raoul Jobin de nous avoir prouvé que c'est une recherche dont la réussite fait grandir le Québec. »

De partout, Thérèse reçoit des marques de sympathie. De nombreux télégrammes arrivent de Paris, New York, San Francisco, Chicago, Lyon, Ottawa, Toronto, Montréal, Québec. L'orchestre symphonique de Québec s'unit à la famille en dédiant à la mémoire de Raoul Jobin la « Marche funèbre » de la *Troisième Symphonie* de Beethoven lors du concert du 15 janvier 1974.

Thérèse reçoit un mot du chanoine Destroismaisons, qui a béni son mariage :

Chère amie,

Je viens vous offrir ma vive et profonde sympathie à l'occasion de la grande épreuve qui vous atteint en ce moment. L'annonce du décès de M. Raoul Jobin votre cher et digne époux a été une surprise pénible pour nous et ses nombreux amis qui n'étaient pas au courant de sa maladie.

Vous, chère amie, vous perdez un mari fidèle et rempli de qualités du cœur et de l'esprit qui a fait votre bonheur intime et que vous avez admirablement secondé à tous les points de vue. De mon côté, lors de mes années d'études musicales à Paris dans les années 1925 à 1929, j'ai contracté des relations amicales avec Raoul qui m'a conquis par sa franche cordialité, sa droiture d'esprit, son idéal qu'il a si magnifiquement réalisé dans sa vie. Je me suis donc attaché à lui aussi par ses ouvertures intimes de sentiments. C'est pourquoi je puis mieux mesurer votre peine d'aujourd'hui. Cette séparation vous est bien pénible aujourd'hui, mais vous devez garder la douce espérance de vous retrouver un jour au ciel dans un bonheur qui ne finira jamais.

Agréez l'assurance de mes prières et de mon amical souvenir.

Chanoine Léon Destroismaisons, ptre.

Le quotidien de Québec, *Le Soleil*, publie, sous le titre « Raoul Jobin, au-delà de la légende, un souvenir vivace » :

« La mort de Raoul Jobin, survenue dimanche matin, nous a tous pris par surprise... Surtout que le silence qui se faisait autour de la personne du célèbre ténor québécois n'avait rien de nouveau. Depuis sa retraite de la scène lyrique il était entré dans une forme d'anonymat qu'il semblait apprécier... Pourtant, Raoul Jobin fut, sauf erreur, le premier chanteur depuis l'illustre Albani à porter si haut le nom du Québec, et même du Canada, sur la scène lyrique. Au Metropolitan, où il retrouvait fréquemment Wilfrid Pelletier à la direction musicale, le répertoire français lui "appartenait" pratiquement en propre...

Plus tard, à Paris, il allait devenir le ténor "vedette" (un qualificatif que je crois bien qu'il ne prisait guère) de l'Opéra, interprétant un répertoire qui non seulement comptait de très nombreuses œuvres françaises mais également quelques Wagner (un de ses compositeurs préférés) et les grands Verdi. Il fut aussi le premier chanteur canadien à connaître vraiment la consécration par le disque. La compagnie américaine Columbia le compta pendant quelque temps parmi ses artistes lyriques; par la suite, il enregistra surtout en France. Sa gravure de *Carmen*, avec Solange Michel, est généralement considérée comme une interprétation de référence.

Les Québécois, eux, ont encore à la mémoire les nombreux récitals qu'il donna, soit au Palais Montcalm soit au Capitol, au cours des années 40 et le début des années 50... Raoul Jobin y proposait des programmes éclectiques, où les mélodies de Fauré et de Duparc voisinaient avec les lieder de Schubert et de Brahms. Cependant la grande partie de son public attendait les quelques minutes (soigneusement limitées par l'artiste, afin de respecter le mieux possible le cadre du récital) où la vedette du Met et de l'Opéra de Paris lui "servirait" l'air de la Fleur de *Carmen*, ou encore "Vesti la giubba" de *Paillasse,* avec ces aigus éclatants et triomphants qui faisaient hurler les auditeurs d'admiration...

Raoul Jobin aura grandement contribué à créer l'image de "Québec, ville des ténors"; image que Léopold Simoneau et Richard Verreau devaient perpétuer. Au-delà de cette légende demeure le souvenir, vivace et réel, d'un des plus grands ténors français des dernières trente-cinq années. »

Son gendre le notaire Jacques Taschereau témoignera :

« L'homme était à l'image de son art. On retrouvait chez M. Jobin la vaillance de l'interprète; dans la vie, il fut entier, ennemi des demi-vérités, exigeant pour lui-même comme pour les autres. On ne pouvait se permettre de le décevoir. Il était toujours courtois même si sa franchise était parfois fracassante...

Dans sa famille il m'accueillit comme un second fils. C'est dire que j'eus droit à son affection et à la délicatesse de ses rapports envers ses proches. J'appris qu'avec humilité il acceptait de ceux-ci la critique de son art chaque fois qu'il la croyait ou la savait justifiée...

Dans sa conversation se reflétait sa soif d'apprendre et de comprendre. Son sens aigu de l'observation, servi par une mémoire exceptionnelle, de même que son respect de toutes les formes de l'art forçaient l'admiration. Un jour, au terme d'une interview télévisée, René Arthur lui posa la question suivante : "Monsieur Jobin, il nous reste trente secondes. Dites-moi : Croyez-vous en la chance ?" La réponse fusa, immédiate et énergique : "Oui... mais pour celui qui travaille davantage, la chance passe plus souvent." Ceux qui l'entendirent comprirent que sa réussite n'était pas l'effet d'un simple hasard. »

Un an après sa mort, Radio-France rend hommage au ténor dans une série de quatre émissions. Les Québécois de Paris écoutent : « Il y a un an, le dimanche 13 janvier 1974, disparaissait au terme d'une longue maladie trop souvent incurable, dans un hôpital de Québec, sa ville natale, trois mois avant d'atteindre ses soixante-huit ans, l'un des plus éminents ténors de langue française des cinq années qui précédèrent la Seconde Guerre mondiale et des douze qui la suivirent. Raoul Jobin n'était plus.

Raoul Jobin débuta sur la scène de l'Opéra dès le 3 juillet 1930 dans le rôle de Tybalt de *Roméo et Juliette*. Ce n'est qu'à partir de 1935 qu'il se vit confier les grands rôles en abordant Faust et Roméo, qui devint immédiatement et demeura toujours l'un de ses plus constants succès. A partir de cette date et jusqu'au moment où il prit sa retraite volontaire de la scène, en 1957, en pleine possession de ses dons, pour prendre la direction du Conservatoire de Québec, c'est-à-dire, pendant vingt-sept ans, sa carrière, que ce soit en France, en Amérique du Nord comme en Amérique du Sud, fut l'une des plus belles de son époque. Ce qui revient à dire que Jobin fut lui-même l'un des plus brillants défenseurs du répertoire lyrique français.

Type même du grand ténor lyrique demi-caractère, Raoul Jobin avait une voix riche, souple et large, une vaillance à toute épreuve, à l'aigu brillant et surtout d'une rare facilité. Son émission claire étonnait par l'intensité rayonnante dont il possédait le secret de la charger au gré des sentiments divers qu'il lui incombait de traduire et qu'il désirait exprimer. Le plus surprenant sans doute était la façon qu'il avait de la nuancer à sa guise de toutes les colorations. Ténor léger quand il voulait, il devenait soudain lyrique et même ténor dramatique sans éprouver la moindre gêne, ce qui attestait non seulement une technique irréprochable et une sûreté sans faille mais une maîtrise absolue de ses dons et de ses moyens. En effet, bien que très assise et homogène sur toute l'étendue du registre, sa voix montait en éventail pour s'épanouir dans l'aigu avec une force, un éclat et un volume remarquables. Sa diction était impeccable. Quant à sa ligne de chant, la plus belle depuis celle, incomparable, du grand et inoublié Georges Thill, elle apparut toujours, ainsi qu'on peut le constater à l'audition des disques, d'un classicisme qui faisait l'admiration des mélomanes et conférait à toutes ses interprétations une incontestable noblesse. Enfin son goût se montrait digne du classicisme et son jeu, quoique toujours juste et, quand le drame l'exigeait, plein de cette fougue dont il savait si bien imprégner ses accents, reflétait une sobriété, ne sacrifiant jamais la musicalité au dramatisme de l'action. Ce sont toutes ces qualités qui lui permirent d'aborder avec un semblable bonheur les ouvrages les plus divers depuis *Lakmé, Manon, Carmen, Louise* et *Werther,* jusqu'à *Lohengrin* et *Samson...* »

Parmi les témoignages au lendemain de sa disparition : Dans la revue *Opéra,* février 1974, Jean Goury écrit :

« Avec José Luccioni, dont il était de trois ans le cadet, Raoul Jobin fut assurément dans la foulée de son illustre aîné, Georges Thill, l'un des plus prestigieux ténors d'expression française des dernières décades. Sa voix au timbre personnalisé — ni italianisant ni nordique — mais imprégnée des chaudes senteurs des terroirs canadiens, était capable de produire de surprenantes variations de dynamiques. Lorsqu'il abordait, mezza voce, les premières mesures de l'"Invocation à la nature" de *Werther,* bien malin, qui aurait pu deviner sans le connaître l'étonnant impact qu'il donnerait à sa conclusion. Quand il parvenait à la phrase "et toi, soleil", Jobin déployait sur le *la* une telle vaillance que l'auditeur éberlué ne pouvait que rester cloué sur son fauteuil. Malheureusement le disque ne restitue pas toujours les étonnantes possibilités de sa voix, car ses écarts de dynamique comme la richesse de ses harmonies avaient parfois quelques difficultés à passer le micro. Quelques importants témoignages nous demeurent néanmoins. Raoul Jobin était par ailleurs un chanteur de grande école ne sacrifiant jamais le pathétisme à la musicalité, conservant en toute circonstance une sobriété du meilleur aloi. »

Dans *Lyrica 1974,* Roland Mancini :

« Possédant l'émission caractéristique des ténors canadiens après lui — Richard Verreault, Léopold Simoneau, Jon Vickers —, Raoul Jobin était renommé non seulement pour l'éclat exceptionnel de ses aigus, mais surtout pour la pureté de son style, la rigueur de ses interprétations et son excellente diction qui en faisait un chanteur d'élite pour le répertoire français. La clarté de son émission vocale contrastait avec les goûts de la jeune génération mais la preuve fut faite, qu'après son retrait, suivi de ceux de René Verdières puis de José Luccioni, l'Opéra de Paris dut renoncer pendant de nombreuses années à afficher toute une partie du répertoire. »

Thérèse attendra plusieurs années avant de pouvoir réentendre la

« voix » qu'elle a tant admirée. Elle garde soigneusement dans sa mémoire les grandes heures de la plus brillante carrière qu'ait connue un enfant de Québec : elle sera une collaboratrice de premier plan pour l'élaboration de ce travail biographique. Elle dira avec émotion que « Roméo avait donné ses yeux à l'hôpital, et que c'est toujours là qu'est conservé son larynx ». Elle conserve précieusement les objets de théâtre lui ayant appartenu, les enregistrements radiodiffusés des samedis du Metropolitan des années quarante, et quelques notes personnelles sur les ouvrages du répertoire qu'il chérissait particulièrement, dont un texte sur le *Requiem* de Gabriel Fauré, l'un de ses compositeurs préférés : « Le *Requiem* de Gabriel Fauré (1845-1924) a joué un rôle essentiel dans la musique religieuse contemporaine. Il venait après la série des *Requiem* romantiques qui étaient plus des ouvrages lyriques à grand spectacle que des actes de foi et d'espérance. Un Berlioz, un Verdi et même un Cherubini se sont partout intéressés aux visions apocalyptiques du Jugement dernier; le "Dies irae" avait pour eux des attraits plus puissants que l'"In Paradisum". Fauré, au contraire, n'a voulu entendre que les paroles rédemptrices du Christ et les chants apaisés des anges. Sa religion s'apparente à celle d'un Fra Angelico ou d'un saint François d'Assise, il n'a pas décrit la colère divine, il a écrit une douce "berceuse de la mort". L'ouvrage respecte la division liturgique de la Messe des Morts. Il fait appel à un orchestre, à un orgue, à un chœur, à un soprano et un baryton solos. L'"Introït" et le "Kyrie" exposent le thème fondamental de la partition. Rien de funèbre dans cette mélodie : une plainte calme, un peu inquiète, mais où la foi sèche les larmes, apaise la douleur. L'"Offertoire" débute par une longue phrase angoissée du chœur; le baryton solo, accompagné par les violoncelles, reprend le thème initial dont les sombres couleurs se dissolvent peu à peu. Le "Sanctus" par sa joie exaltée et confiante fait un contraste saisissant avec les morceaux précédents. C'est une prière fervente qui s'achève sur un "Hosanna" triomphal. Le "Pie Jesu" est conçu dans le même esprit; c'est une tendre méditation du soprano solo que soutiennent l'orgue et les violons. L'"Agnus Dei", d'un mouvement assez rapide, est un hymne de bonheur, de sérénité, d'adoration. Le même motif mélodique de dix mesures est chanté successivement par les ténors, puis le chœur, pour s'éteindre piano dans la voix des sopranos. Le baryton expose le thème du "Libera me", repris mezza voce par le chœur en *ré* mineur. Enfin, l'"In Paradisum" débute par le doux murmure des harpes et de l'orgue. Les sopranos font entendre la prière doucement exaltée des anges. La partition s'achève dans la suave tonalité de *ré* majeur. L'âme s'est envolée de sa prison de chair et contemple les félicités de la vie éternelle. »

Raoul Jobin, figure légendaire au Québec d'aujourd'hui, revit bien au-delà de l'interprète du chant traditionnel de Noël *Minuit chrétien* auquel le lie l'image populaire. Les mélomanes se réfèrent constamment à ses interprétations de même que les professionnels du chant. André Turp, qui le remplaça à l'Opéra-Comique dans le rôle de Werther et qui est professeur au Conservatoire de Montréal, témoignera toute son admiration pour le « glorieux Jobin » :

« Pour les gens de ma génération, Raoul Jobin est un géant de l'art lyrique français, un nom légendaire dont la réputation a eu un rayonnement mondial pendant plus d'un quart de siècle. Il a prêté sa voix aux Gluck, Wagner, Verdi, Puccini, Alfano, ainsi qu'aux plus grands maîtres français... et j'en passe. Indéniablement, Jobin est le plus grand de nos nombreux et excellents chanteurs canadiens, passés et présents.

Le souvenir de Raoul Jobin ne mourra jamais. Il fut suprême dans tous les rôles de son vaste répertoire. Ce qu'il nous faut pleurer sur sa tombe, ce n'est pas seulement son art sublime, mais aussi son âme et sa générosité... Cet hommage à la mémoire de celui qui fut pour moi un modèle, une inspiration profonde, est ma façon modeste et sincère de lui dire un grand merci pour l'influence immense qu'il a eue, bien à son insu hélas, sur ma destinée d'artiste. »

Montréal, le 20 février 1982

Pour finir, laissons le graphologue André Lafavière-Paule nous dire qui était l'homme Jobin :

« Raoul Jobin : l'enthousiasme, la générosité, l'impulsion, le goût de la vie large envahissent votre écriture. Vous êtes nerveux, bouillant. Vous supportez mal certaines contradictions. Des colères terribles peuvent vous emporter à des éclats que vous regrettez immédiatement. Car vous êtes profondément bon. Votre sensibilité est étonnante. Vous avez une fraîcheur, je n'ose dire une naïveté, qui déconcerte chez une personnalité de votre classe. Votre attitude parfois brutale fait que l'on est tout étonné de découvrir la multitude de petites attentions dont vous êtes capable. Vous ne pouvez que très difficilement vous passer des autres. Pourtant vous aimez jouer à l'ours. Mais vous avez besoin de rendre service. Rien ne vous plaît davantage que d'aider les jeunes talents. Vous désirez les faire profiter de votre expérience. Quoique déçu, vous aimez l'humanité : cela vous met en colère d'ailleurs. Votre sensibilité, votre amour du beau font de vous un grand artiste. Pas toujours commode mais rarement injuste. Vous semblez en ce moment être dans un état de fatigue ou de légère dépression. Vous êtes constructif, vous aimez les idées claires. Vous avez horreur des faux-fuyants. Pourtant vous savez être diplomate. Vous n'aimez pas vous livrer. Très secret, vous tempérez ainsi votre besoin de communication. Volontaire, travailleur, vous avez le désir de bien faire. Vous ne vous sentez jamais suffisamment au point, vous désirez toujours vous perfectionner. Côté travail, vous êtes l'éternel insatisfait, ce qui vous permet d'arriver à d'admirables résultats. Vous devez lutter contre le découragement. Ayez davantage confiance en vous. Passionné et passionnant, vous n'engendrez certainement pas l'ennui quoique vous ayez de petits abattements inexplicables. Mais quel panache, quelle allure ! Caractéristiques essentielles : générosité, nervosité, une certaine violence, de l'allure. »

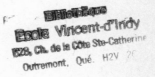

CHRONOLOGIE
DES REPRÉSENTATIONS LYRIQUES

Lieux et dates	Œuvres et rôles	Direction et distribution
1930		
PARIS (OPÉRA) 3 juill., 26 juill., 4 août 8 sept., 19 nov.	*Roméo et Juliette* Tybalt	Busser - Kaisin Norena - Thill
28 juill., 13 août., 5 sept., 19 déc.	*Marouf* Premier marchand et le Fellah	Szyfer - Rulhmann - Thill - Nespoulos
27 août., 11 sept., 20 sept., 5 oct., 15 nov., 21 déc.	*Thaïs*, Nicias	Grovlez - Berthon - Pernet - Brownlee - Nespoulos - Journet - Beaujon - Singher
25 août., 18 sept.	*Rigoletto,* Borsa	Grovlez - Norena - Brownlee
PARIS (TROCADÉRO) 20 déc.	*Rigoletto,* Le Duc (1er grand rôle)	
PARIS (OPÉRA) 29 août	*Samson et Dalila* Le Messager	Débuts d'Arthur Endrèze
3 sept., 15 sept., 23 sept.	*Les Huguenots* Tavannes	Grovlez - Rulhmann - Norena - Sullivan - Pernet
24 sept., 29 oct.	*Le chevalier à la rose* Le chanteur italien	Grovlez - Strauss - Iriard - Ferrer - Laval - Huberty
5 nov.	*Salomé,* Premier juif	Strauss - Vix - Forti - Brownlee
22 oct., 27 oct., 7 nov., 12 nov., 17 nov., 28 nov.	*Les Maîtres Chanteurs* Moser	Gaubert - Lubin - Franz - Journet - Sachs
14 nov., 21 nov., 24 nov., 1er déc., 10 déc.	*Les Troyens à Carthage* Iopas	Rulhmann - Thill - Ferrer - Laval - Manceau

Lieux et dates	Œuvres et rôles	Direction et distribution
1931 PARIS (OPÉRA) 2 janv., 18 janv., 1ᵉʳ mars, 8 avr., 12 juin, 20 juin, 3 août, 15 août	*Thaïs*, Nicias	Grovlez - Beaujon - Pernet - Nespoulos - Journet - Berthon - Endrèze
12 janv., 16 janv., 19 janv., 28 janv., 6 févr., 18 févr.	*Parsifal* Premier chevalier	Gaubert - Franz - Lubin - Journet - Rouard - Melchior
PARIS (OPÉRA) 14 janv., 26 janv., 2 févr.	*Virginie* (A. Bruneau) Rapin	Gaubert
17 janv., 9 févr., 21 févr., 22 avr., 25 mai, 5 juin, 20 juill., 10 août 4 sept., 25 sept.	*Le chevalier à la rose* Le chanteur italien	Szyfer - Campredon - Ferrer - Huberty Gaubert - Lubin - Laval - Nespoulos
16 févr., 20 févr., 23 févr., 27 févr., 4 mars, 11 mars, 28 mars, 10 avr., 18 avr., 28 juill., 6 août	*L'illustre Fregona* (Laparra) Perriquito	Rulhmann - Heldy - Villabella - Lapeyrette - Huberty
6 mars, 13 mars, 18 mars, 30 mars, 20 avr., 9 juin, 11 juin	*Tristan et Isolde* Le matelot	Gaubert - Leider - Lubin - Forti - Brownlee - Endrèze - Pernet
25 févr., 9 mars, 16 mars, 1ᵉʳ avr., 10 juill., 26 août, 23 sept.	*Marouf* Premier marchand	Szyfer - Rulhmann - Nespoulos - Gall - Trévi
21 mars	*Rigoletto*, Le Duc	Busser - Norena - Brownlee
21 avr., 24 avr., 27 avr., 30 avr., 4 mai, 13 mai, 20 mai, 1ᵉʳ juin, 17 juin	*Guercœur* (Magnard-Ropartz) L'ombre d'un poète	Rulhmann - Endrèze - Gall - Hoerner - Manceau - Laval - Lapeyrette - Forti - Ferrer
22 mai, 27 mai, 29 mai, 3 juin, 26 juin	*Padmavati* (Roussel) Badal	Gaubert - Franz - Rouard - Lapeyrette - Laval - Mortimer
8 juill., 27 juill., 17 août, 2 sept., 14 sept.	*Roméo et Juliette* Tybalt	Busser - Rulhmann - Norena - Villabella - Singher - Vergnes
15 juill., 5 août, 21 août, 9 sept., 21 sept.	*Otello*, Cassio	Szyfer - Franz - Montfort - Hoerner - Singher - Trévi - Norena - Endrèze
1932 QUÉBEC (CAPITOL) 21 avr., 20 juin	*Roméo et Juliette* Roméo	Grigartis - Dussault - Royer-Compagnie de Féo - Monroe

Lieux et dates	Œuvres et rôles	Direction et distribution
1933		
MONTRÉAL (THÉÂTRE IMPÉRIAL) 9 mai	*Faust,* Faust	Peroni - Sabanieeva - Rothier - Compagnie San Carlo
13 mai	*Rigoletto,* Le Duc	
14 mai	*Roméo et Juliette* Roméo	
QUÉBEC (PALAIS MONTCALM) 16 mai	*Faust,* Faust	Peroni - Compagnie San Carlo
18 mai	*Paillasse,* Canio	
19 mai	*Rigoletto* Le Duc	
20 mai	*Roméo et Juliette* Roméo	
MONTRÉAL 11 au 17 sept. (THÉÂTRE IMPÉRIAL)	*Amour tzigane*	8 représentations
2 au 7 oct.	*Mademoiselle Nitouche*	8 représentations
13 au 18 nov.	*Secret de Polichinelle*	8 représentations
1934		
MONTRÉAL (THÉÂTRE IMPÉRIAL) 26 févr. au 4 mars	*Le barbier de Séville*	8 représentations
19 mars	*Voyage en Chine*	8 représentations
RETOUR A PARIS MI-MAI		REPRISE DE CARRIÈRE
PARIS (OPÉRA) 16 juill.	*Rigoletto,* Le Duc	Busser - Delmas - Richard
CONTREXÉVILLE 15 août		
PARIS (OPÉRA) 24 août		Busser - Norena - Richard
17 sept.		Rulhmann - Delmas - Richard
TOULOUSE (CAPITOLE) 11 oct., 14 oct.		Delsaux - Chauny-Lasson - Cambon
ORANGE 29 juill. (THÉÂTRE ANTIQUE)	*Thaïs,* Nicias	Paray
30 juill.	*Tristan et Isolde* Le matelot	
CONTREXÉVILLE 21 août	*La Traviata,* Alfredo	
BORDEAUX 16 déc. (GRAND THÉÂTRE)		Claibert
CARMAUX 26 août	*Faust,* Faust	

201

Lieux et dates	Œuvres et rôles	Direction et distribution
1934		
TOULOUSE (CAPITOLE) 14 oct.	*Faust,* Faust	
BORDEAUX (GRAND THÉÂTRE) 1er nov., 18 nov., 8 déc., 25 oct., 27 oct., 11 nov., 24 nov., 2 déc., 9 déc.	*Paillasse,* Canio	
28 oct.	*Carmen,* Don José (1re fois)	
3 nov., 7 nov.	*Thérèse* (Massenet) Armand	Razigade - Duman - Beckmans
17 nov.	*Mireille,* Vincent	
25 nov.	*Cavalleria Rusticana* Turridu (1re fois)	
15 déc., 23 déc.	*Manon,* Des Grieux (1re fois)	Claibert
1935		
BORDEAUX (GRAND THÉÂTRE) 1er janv., 2 mars, 26 oct.	*Mignon* Wilhelm Meister	Montagné - Talifert - Dutoit
6 janv., 2 fév.	*Faust,* Faust	Laval - Endrèze - Cabanel
ANGOULÊME 18 mars		
PARIS (OPÉRA) 5 août, 23 août	*Faust* Faust (1re fois à l'Opéra)	Busser - Hoerner - Cabanel
VICHY (GRAND CASINO) 25 août, 13 sept.	*Faust,* Faust	
BORDEAUX 17 oct. (GRAND THÉÂTRE)		
NANTES 10 déc.		
BORDEAUX (GRAND THÉÂTRE) 10 janv.	*La bohème* Rodolphe (1re fois)	Razigade - Talifert - Dutoit -Sauvageau - Rousseau
12 janv., 24 févr., 28 févr., 27 oct., 9 nov., 12 déc.	*Paillasse,* Canio	
20 janv., 4 avr.	*Carmen,* Don José	
CHATELGUYON 26 juill.		
CARCASSONNE 18 déc.		Inauguration du théâtre
BORDEAUX (GRAND THÉÂTRE) 27 janv., 23 fév.	*Werther,* Werther (1re fois)	
30 janv., 3 févr.	*Adrienne Lecouvreur* Le comte de Saxe	Montagné (Création en français) Nespoulos - Dutoit

Lieux et dates	Œuvres et rôles	Direction et distribution
1935		
6 févr.	*Les contes d'Hoffmann* Hoffmann (1re fois)	Montagné - Bovy - Modesti - Saurel - Dutoit
27 févr., 17 mars	*L'or du Rhin* Froh (1re fois)	
17 mars, 11 avr.	*Manon*, Des Grieux	
CHATELGUYON 9 août		
VICHY 21 sept.		
BORDEAUX (GRAND THÉÂTRE)	*Hegias* Xanthis (1re fois)	Razigade
23 mars, 24 mars, 30 mars, 31 mars		
31 mars	*Rigoletto*, Le Duc	
PARIS (OPÉRA)		Rulhmann - Busser - Delmas - Gatti - Richard - Beckmans - Bovy
8 juin, 12 août, 30 août, 16 sept., 12 oct.		
AMIENS		
13 oct. (matinée)		
13 oct. (soirée)		
BORDEAUX (GRAND THÉÂTRE)	*Otello*, Cassio	St-Crick
10 avr., 14 avr., 11 nov.		
PARIS (OPÉRA)	*Thaïs*, Nicias	Rulhmann - Renaux - Pernet
17 juin		
5 juill., 2 août, 9 sept., 28 sept.		Szyler - Djanel - Pernet - Renaux
VICHY 4 août	*Cavalleria Rusticana* Turridu	
BORDEAUX (GRAND THÉÂTRE) 3 nov., 11 nov.		
PARIS (OPÉRA) 21 août, 25 sept., 30 sept.	*Roméo et Juliette* Roméo	Busser - Ruhlmann - Gatti - Charles-Paul - Renaux - Singher
TOULOUSE (CAPITOLE) 16 nov.	*Roméo et Juliette* Roméo	
BORDEAUX (GRAND THÉÂTRE) 28 nov.		Poulet - Pampanini
20 nov., 1er déc.	*Madame Butterfly* Pinkerton (1re fois)	
27 nov., 5 déc., 15 déc.	*Fleurette* (Martz) Prince Henri	
28 déc.	*Tristan et Isolde* Le matelot	

Lieux et dates	Œuvres et rôles	Direction et distribution
1936		
BORDEAUX 1er janv.	*Tristan et Isolde*	
NANTES 7 janv.	*Manon*, Des Grieux	
BORDEAUX 19 janv.		
LYON 23 févr., 28 févr.		
BORDEAUX		
(GRAND THÉÂTRE)		
4 mars		
ANGOULÊME 19 avr.		
LA ROCHELLE 14 mai		Lebot - Chauny-Lasson Vidal
VICHY 9 août, 19 sept.		
METZ 3 déc.		
RENNES 10 déc.		
TOULOUSE (CAPITOLE)	*Werther*, Werther	Débuts de Boué
11 janv.		
LYON 16 févr.		
ANGOULÊME 5 mai		
LA ROCHELLE 24 mai		Lebot - Lecouvreur - Ascani
TOULOUSE (CAPITOLE)	*Carmen*, Don José	
12 janv.		
LYON 2 févr., 9 févr.		
TOURS 10 mars		Tourel
BORDEAUX		
(GRAND THÉÂTRE)		
5 avr.		
LA ROCHELLE 10 mai		Lebot - Frozier - Cambon
AGEN 1er juin		Viguier - Bardoino - Cambon - Govy
MARANS 14 juin		Montagné - Lecouvreur - Walzer
TOULOUSE (CAPITOLE)		
10 oct.		
NÎMES 25 oct.		
ROUBAIX 20 déc.		
BORDEAUX	*L'enfant prodigue*	
(GRAND THÉÂTRE)	(Debussy)	
15 janv., 22 janv., 25 janv.,	Azael (1re fois)	
26 janv.		
ANGERS 16 janv.	*Roméo et Juliette*	
	Roméo	
LYON 1er févr.		
ARLES 4 juill.		
PARIS (OPÉRA)		Rulhmann - Gatti
6 août, 14 août, 28 août		
LYON 6 févr.	*Faust*, Faust	

Lieux et dates	Œuvres et rôles	Direction et distribution
1936		
BORDEAUX 22 mars (GRAND THÉÂTRE)	*Faust*, Faust	
PARIS (OPÉRA) 9 mai		
BAYONNE 12 mai		
BREST 17 mai		
PARIS (OPÉRA) 6 juin		
ST-MACAIRE 22 juin		
ALBI 12 juill.		
PARIS (OPÉRA) 15 août		Paray - Morese - Pernet Cambon
VICHY 19 sept.		
ROUEN 16 oct., 18 oct.		
NANTES 20 oct.		
MONTPELLIER 8 déc.		
GAND 27 déc.		
DIJON 15 févr.	*La bohème*, Rodolphe	
LYON 21 févr.		
KNOCKE-SUR-MER (Belgique) 25 août		
LYON 18 févr.	*Tosca*, Mario	
LA ROCHELLE 2 mai		Lebot - Walzer - Cambon
BAYONNE 19 mai		
LYON 25 févr., 1er mars		
BORDEAUX 18 mars (GRAND THÉÂTRE)		
VICHY 13 juin		
MONTPELLIER 19 nov.		
BORDEAUX 2 avr. (GRAND THÉÂTRE) 4 avr.	*Mignon*, Wilhelm Meister *Madame Butterfly* Pinkerton	
BAYONNE 28 avr.		
AGEN 4 juin		Viguier - Talifert
LA ROCHELLE 3 mai	*Rigoletto*, Le Duc	Lebot - Walzer - Cambon
AGEN 31 mai		Govy - Cambon
PARIS (OPÉRA)		Busser - Rulhmann - Gatti -
4 août, 20 août, 18 sept., 3 oct. 12 oct., 1er nov., 11 nov., 23 nov.		Beckmans - Brownlee - Baugé - Delmas - Bovy - Musy
VICHY (Festival) 28 juin, 26 juill., 30 août, 20 sept. 30 juill.	*Quo Vadis* (Nangues) Vénicius	
	Cavalleria Rusticana Turridu	
PARIS (OPÉRA) 12 sept., 28 nov.	*Les Huguenots* Raoul de Nangis	Ruhlmann - Hoerner - Huberty - Endrèze
MONTPELLIER 6 déc.		Bascou - Nivel - Médus
NANTES 15 déc.		

Lieux et dates	Œuvres et rôles	Direction et distribution
1937		
PARIS (OPÉRA) 1er janv.	*Rigoletto,* Le Duc	Busser - Delmas - Beckmans
SÈTE 6 juin PARIS (OPÉRA) 21 août, 4 sept., 15 sept., 11 nov.		Busser - Rulhmann - Delmas - Beckmans
MONTPELLIER 7 janv.	*Roméo et Juliette* Roméo	Bascou
TOURCOING (Belgique) 10 janv.	*Faust,* Faust	
METZ 14 janv. PARIS (OPÉRA) 16 janv.		Rulhmann - Hoerner - Pernet - Cabanel
LILLE 4 févr. PARIS (OPÉRA) 13 févr. CASTRES 30 mai VICHY (Festival) 1er juill. PARIS (OPÉRA) 13 juill.		Busser - Hoerner
AIX-LES-BAINS 8 août PARIS (OPÉRA) 14 août, 27 sept., 1er nov., 11 déc.		Busser - Rulhmann - Hoerner - Cabanel - Pernet
NANTES 12 janv.	*La bohème,* Rodolphe	
MONTPELLIER 2 févr. SÈTE 5 juin		Bascou - Boni - Baldy
LIÈGE 22 janv.	*Carmen,* Don José	
GENÈVE 29 janv., 31 janv.		Ansermet - Pape - Cabanel
VICHY (Festival) 7 août, 25 août, 1er sept., 11 sept.		
PARIS 6 nov. (OPÉRA-COMIQUE)		Wolff
PARIS (OPÉRA) 6 févr., 5 mai, 10 mai 3 mars, 6 mars, 19 mars, 7 mai, 26 juill., 18 août, 27 août	*Monna Vanna* (Février) Prinzivale *Ariane* (Massenet) Thésée	Rulhmann - Ferrer - Vanni-Marcoux Paray - Lubin - Ferrer - Singher - Lapeyrette - Hoerner - Singher
LA HAYE (Hollande) 3 avr.	*Les contes d'Hoffmann* Hoffmann	Paray - Pernet - Herent - Dana - Djanel - Delpart - Courtin - Richardson
ROTTERDAM 5 avr. PARIS (OPÉRA-COMIQUE) 9 nov., 18 nov., 25 nov., 28 déc.		Morel - Gloez - Musy - Cabanel - Delmas - Peeters

Lieux et dates	Œuvres et rôles	Direction et distribution
1937		
VICHY (Festival) 12 juin, 17 août	*Les pêcheurs de perles* Nadir (1re fois)	
CARCASSONNE (TH. ANTIQUE) 11 juill.	*Les Huguenots* Raoul de Nangis	
VICHY (Festival) 17 juill., 18 août	*Manon,* Des Grieux	
VICHY (Festival) 23 août	*La damnation de Faust* Faust (1re fois)	
PARIS (OPÉRA) 29 sept.	*Lohengrin* Lohengrin (1re fois)	Gaubert - Lubin
PARIS (OPÉRA-COMIQUE) 14 nov.	*Tosca,* Mario	Wolff - Gilly
2 déc., 9 déc., 18 déc., 26 déc., 31 déc.	*Louise,* Julien (1re fois)	Bigot - Gloez - Delprat - Heldy
1938		
PARIS (OPÉRA) 1er janv., 21 janv., 30 mars, 12 avr., 4 juin	*Rigoletto,* Le Duc	Rulhmann - Delmas - Beckmans
PARIS (OPÉRA-COMIQUE) 8 janv., 16 janv.	*Louise,* Julien	Gloez - Delprat
25 janv., 9 févr., 27 févr.		Delprat - Vanni-Marcoux
9 févr., 27 févr. BARCELONE (LICEO) 13 mars, 15 mars, 17 mars		
PARIS (OPÉRA-COMIQUE) 22 mars, 20 mai, 10 juin		Bigot - Gloez - Delprat
16 déc.		Bigot - Vanni-Marcoux Moore - Pernet
PARIS 27 janv. (OPÉRA-COMIQUE)	*Tosca,* Mario	Morel - Heldy - Vanni-Marcoux
3 déc., 12 févr.	*Carmen,* Don José	Wolff - Gilly
ANVERS (Belgique) 14 févr.		
PARIS (OPÉRA-COMIQUE) 2 juin		Morel - Gilly
MONTRÉAL (MONUMENT NATIONAL) 20 oct., 22 oct., 23 oct., 25 oct., 27 oct.		Goulet - Malenfant - Daunais - Drouin

Lieux et dates	Œuvres et rôles	Direction et distribution
1938		
PARIS (OPÉRA-COMIQUE) 20 nov., 29 nov., 18 déc., 24 déc.	*Carmen,* Don José	Morel - Wolff - Anduran - Gilly - Singher
PARIS (OPÉRA) 29 janv., 17 avr.	*Faust,* Faust	Rulhmann - Delprat - Cabanel
PARIS (OPÉRA-COMIQUE) 18 févr.	*Werther,* Werther	
24 nov., 14 déc. LUXEMBOURG 20 déc.		Desormière - Wolff - Vallin Pensis - Hevertz- Horwa
PARIS (OPÉRA-COMIQUE) 30 déc.		Desormière - Gilly
24 févr. (1ʳᵉ fois) BARCELONE (LICEO) 8 mars, 10 mars, 12 mars	*Manon,* Des Grieux	Bigot - Delprat
PARIS (OPÉRA-COMIQUE) 27 nov., 6 déc.		Gloez - Bovy - Grandval
1939		
PARIS (OPÉRA-COMIQUE) 1ᵉʳ janv., 30 juin	*Carmen,* Don José	Morel - Gloez - Gilly
PARIS (OPÉRA-COMIQUE) 5 janv., 12 janv., 12 févr., 26 févr., 4 avr., 16 avr., 25 avr., 5 mai, 24 juin	*Louise,* Julien	Bigot - Gloez - Heldy - Cabanel - Delprat - Matatchitch - Grandval
PARIS (OPÉRA-COMIQUE) 7 janv.	*Manon,* Des Grieux	Morel - Grandval
29 janv., 8 févr., 9 avr.		Wolff - Gloez - Delprat - Grandval - Cabanel
14 mai, 11 juin		Wolff - Bigot - Bovy Cabanel - Grandval
14 janv.	*Les contes d'Hoffmann* Hoffmann	Morel - Grandval - Cabanel
7 mai, 17 mai 31 janv.	*Tosca,* Mario	Wolff - Musy Gloez - Heldy - Vanni-Marcoux
5 févr., 2 mai PARIS (OPÉRA) 20 mars, 24 mars, 27 mars, 22 avr., 10 mai	*Werther,* Werther *La Chartreuse de Parme* (H. Sauguet) Fabrice (création)	Desormière - Gilly - Cernay Gaubert - Lubin - Courtin Endrèze - Huberty
9 juin		Fourestière

Lieux et dates	Œuvres et rôles	Direction et distribution
1939		
RIO DE JANEIRO (Brésil)		Morel - Manceau
8 août	*Werther,* Werther	
20 août	*Faust,* Faust	Morel - Petit-Renaux
24 août, 27 août	*Louise,* Julien	Morel - Petit-Renaux
1er sept.	*Les contes d'Hoffmann* Hoffmann	Morel - Petit-Renaux - Mazella - Cabanel
12 sept., 9 sept.	*Carmen,* Don José	Morel - Manceau - Micheau - Cabanel
1940		
NEW YORK (METROPOLITAN) 19 févr. (Débuts au Met.)	*Manon,* Des Grieux	Pelletier - Moore - Bonelli
SAINT-LOUIS 29 avr.		
LA HAVANE 28 sept.		Halasz - Moore
MONTRÉAL (MAJESTY'S) 14 juin	*Pelléas et Mélisande* Pelléas (1re fois)	Pelletier - Denya - Harrel - Rothier
NEW YORK (METROPOLITAN) 20 déc.		Leinsdorf - Jepson Brownlee - Kipnis
CINCINNATI (ZOO) 14 juill., 18 juill., 7 août	*Carmen,* Don José	Cleva - Castagna - Chiesa
SAN FRANCISCO (1re fois) 25 oct., 31 oct., 2 nov.		Merola - Lawrence - Pinza
CINCINNATI (ZOO) 28 juill.	*Faust,* Faust	Cleva - Chiesa - Moscona - Weede
1er août, 9 août	*Rigoletto,* Le Duc	
SAN FRANCISCO 14 oct., 20 oct.	*Lakmé,* Gérald (1re fois)	Merola - Pons - Petina - Knipis - Votipka
NEW YORK (METROPOLITAN) 28 déc.	*La fille du régiment* Tonio (1re fois)	Papi - Pons Baccaloni - Petina
1941		
NEW YORK (METROPOLITAN) 6 janv.	*La fille du régiment* Tonio	Papi - Pons Baccaloni - Petina
PHILADELPHIE 21 janv.		
NEW YORK 25 janv.		
Tournée du MET		
BOSTON 1er avr.		
CLEVELAND 16 avr.		
DALLAS 26 avr.		
SAN FRANCISCO 16 oct., 28 oct.		

Lieux et dates	Œuvres et rôles	Direction et distribution
1941		
LOS ANGELES 4 nov. CHICAGO 15 nov. NEW YORK (METROPOLITAN) 19 déc., 31 déc. 13 janv.	*La fille du régiment* Tonio	
	Pelléas et Mélisande Pelléas	Leinsdorf - Kipnis - Jepson - Brownlee
NEW YORK (METROPOLITAN) 15 janv., 15 déc., 27 déc.	*Lakmé,* Gérald	Pelletier - Pinza - Pons - Petina
13 févr.	*Manon,* Des Grieux	Pelletier - Novotna - Brownlee - Moscona
NEW ORLEANS 22 avr. RIO DE JANEIRO 28 août PORTLAND (S.F.) 2 oct. SEATTLE (S.F.) 6 oct. NEW YORK (METROPOLITAN) 21 févr., 5 mars, 21 mars BUENOS AIRES (ARGENTINE) 9 juill. (débuts) 11 juill., 16 juill., 20 juill. RIO DE JANEIRO (BRÉSIL) 13 août, 15 août SAO PAULO (BRÉSIL) 18 sept. SAN FRANCISCO 27 oct.	*Carmen,* Don José	Morel - Moore - Mazella Merola - Moore - Brownlee Alvary Pelletier - Castagna - Steber - Warren - Swarthout - Farrell - Brownlee Wolff - Djanel
CHICAGO 10 nov. TRENTON 20 nov. NEW YORK (METROPOLITAN) 7 mars, 17 mars	*Le chevalier à la rose* Le chanteur italien	Leinsdorf - Swarthout Albanese - Weede - Kirsten Bonelli Leinsdorf - Lehmann - Stevens - List - Steber
BUENOS AIRES 25 juill. 2 août RIO DE JANEIRO 2 sept. SAO PAULO 16 sept.	*Werther,* Werther	Wolff - Djanel - Romito
BUENOS AIRES 30 juill.	*Rigoletto,* Le Duc	Calusio - Reggiani

Lieux et dates	Œuvres et rôles	Direction et distribution
1942		
NEW YORK (METROPOLITAN) 8 janv., 24 janv. ATLANTA 23 avr. RICHMOND 25 avr.	*La fille du régiment* Tonio	Pelletier - Pons Baccaloni - Petina
SAN FRANCISCO 12 oct., 23 oct., NEW YORK (METROPOLITAN) (Opening) 23 nov.		Papi - Cimara - Pons Baccaloni - Petina St-Léger
NEW YORK 21 janv. (METROPOLITAN) 7 févr.	*Lakmé*, Gérald *Faust*, Faust	Pelletier - Kipnis - Pons - Petina Beecham - Albanese - Cordon
RIO DE JANEIRO 11 sept. NEW YORK (METROPOLITAN) 5 déc., 18 déc.		Morel - Petit-Renaux Jepson - Cordon
20 févr., 2 mars	*Island God* (Menotti) Luca (création)	Panizza - Varnay - Warren
PHILADELPHIE 10 mars NEW YORK 12 mars NEW YORK 28 fév. (METROPOLITAN) PHILADELPHIE 3 mars NEW YORK 9 mars BALTIMORE 17 mars BOSTON 25 mars Tournée CLEVELAND 8 avr. du MET. DALLAS 17 avr.	*Carmen*, Don José	Pelletier - Beecham - Djanel - Albanese - Warren
BUENOS AIRES 5 juin, 10 juin, 13 juin, 21 juin MONTRÉAL 24 sept. SAN FRANCISCO 19 oct. SACRAMENTO 24 oct. LOS ANGELES 4 nov.		Pelletier Wolff et Panizza (Altern.) Castagna Singher Swarthout Merola - Petina - Albanese Brownlee - Alvary
CHICAGO 14 nov. MONTRÉAL 28 avr.	*Roméo et Juliette* Roméo	Coeglade Beecham - Andreva
BUENOS AIRES 26 juin, 28 juin, 1er juill., 4 juill.	*Œdipe Roi* (Stravinski) Œdipe	Castro
14 juill., 19 juill., 22 juill., 1er août	*Pelléas et Mélisande*	Wolff - Denya - Romito - Guerney - Oyella

Lieux et dates	Œuvres et rôles	Direction et distribution
1942		
BUENOS AIRES 24 juill., 26 juill.	*Manon,* Des Grieux	Wolff - Petit-Renaux - Romito
RIO DE JANEIRO 21 août		
BUENOS AIRES 7 août, 9 août	*Marouf,* Marouf	Wolff - Denya - Guerney - Romito - Singher
RIO DE JANEIRO 28 août, 6 sept.	*Werther,* Werther	Wolff - Velasquez
1943		
NEW YORK (METROPOLITAN) 2 janv.	*La fille du régiment* Tonio	Pons
15 janv., 20 févr.	*Louise,* Julien	Beecham - Moore - Pinza - Doe
20 janv., 30 janv.	*Faust,* Faust	Beecham - Albanese - Cordon - Pinza
17 mars		Steber - Pinza
CHICAGO 23 mars		Albanese - Cordon - Bonelli
DAYTON 28 avr.		Moscona
NEWAK 7 mai		Chiesa - Moscona
MONTRÉAL (ST-DENIS) 5 nov.	*Faust,* Faust	Pelletier - Conner - Kipnis - Baker - Desjardins - Rochette
NEW YORK (METROPOLITAN) 3 févr., 15 févr., 13 mars	*Carmen,* Don José	Djanel - Swarthout - Petina
CHICAGO 27 mars		Beecham - Djanel - Albanese - Warren
CLEVELAND 8 août		
SAN FRANCISCO 24 oct.		Merola - Petina - Pinza - Gonzales
PHILADELPHIE 23 nov. (METROPOLITAN)		Beecham - Djanel - Sved
NEW YORK 29 nov. (METROPOLITAN)		
BUENOS AIRES (Opening) 25 mai, 9 juin, 19 juin, 4 juill.	*Werther,* Werther	Wolff - Denya - Singher
MONTEVIDEO 18 juill.		Wolff - Velasquez
BUENOS AIRES 8 juin, 12 juin, 23 juin	*Marouf*	Wolff - Denya - Romito
2 juill., 7 juill.	*Armide,* Renaud	Panizza - Bampton
10 juill., 16 sept., 19 sept.		Calusio

Lieux et dates	Œuvres et rôles	Direction et distribution
1943		
RIO DE JANEIRO 27 août, 29 août, 4 sept.	*Les contes d'Hoffmann* Hoffmann	Morel - Novotna
NEW YORK (METROPOLITAN) 10 déc.		Beecham - Munsel - Djanel - Novotna - Steber - Glatz - Pinza - Singher (débuts au MET)
PHILADELPHIE 21 déc. NEW YORK 30 déc. RIO DE JANEIRO 2 sept., 11 sept., 13 sept.	*Roméo et Juliette* Roméo	Morel - Petit-Renaux
SAN FRANCISCO (Opening) 13 oct., 26 oct.	*Samson et Dalila* Samson (1ʳᵉ fois)	Merola - Thoborg - Warren
13 oct., 30 oct.	*Paillasse,* Canio	Cimara - Thomas - Albanese - Weede
NEW YORK (METROPOLITAN) 25 déc.		Pelletier - Warren - Albanese
1944		
NEW YORK 8 janv., 14 févr.	*Faust,* Faust	Pelletier - Albanese - Singher - Cordon
BOSTON 15 avr. MONTRÉAL 17 sept.		Beecham Beaudet - Conner - Pinza - Singher - Votipka
TORONTO 23 sept. SAN FRANCISCO 18 oct. SACRAMENTO 21 oct.		Steinberg - Chiesa - Pinza
CHICAGO 10 nov., 15 nov.	*Faust,* Faust	Cleva - McDonald - Pinza - Chiesa
NEW YORK METROPOLITAN (Opening) 27 nov., 16 déc., 29 déc.		Pelletier - Albanese - Singher - Lipton - Pinza - Votipka - Conner - Warren
22 janv., 3 mars	*Carmen,* Don José	Beecham - Djanel - Conner - Sved - Djanel - Albanese - Valentino
3 avr. BOSTON 12 avr.		Pelletier - Warren - Petina Beecham - Djanel - Albanese - Singher - Votipka
CHICAGO 22 avr. CLEVELAND 6 mai		Djanel - Albanese - Sved Pelletier - Djanel - Albanese - Valentino
CINCINNATI (ZOO) 30 juin, 5 juill., 11 juill.		Beecham - Djanel (débuts) Brownlee - Farrell
NEW YORK (STADIUM) 24 juill., 25 juill.		Smallens - Castagna - Singher

Lieux et dates	Œuvres et rôles	Direction et distribution
1944		
NEW YORK (METROPOLITAN) 7 déc., 25 déc.	*Carmen,* Don José	Pelletier - Djanel - Conner - Sved - Djanel - Albanese - Valentino
29 janv., 23 févr., 25 mars, 21 déc.	*Paillasse,* Canio	Sodero - Pelletier - Albanese - Warren - Tibbett
CINCINNATI (ZOO) 27 juin		
MEXICO 17 août, 19 août, 22 août		Castiglio - Gonzales - Morelli
NEW YORK (METROPOLITAN) 26 fév.	*Les contes d'Hoffmann* Hoffmann	Beecham - Munsell - Djanel - Novotna - Pinza
CHICAGO 26 avr.		Singher - Glaz
CLEVELAND 1er mai		Munsell - Jepson
SAN FRANCISCO 24 oct., 28 oct.		Merola - Djanel - Albanese
LOS ANGELES 5 nov.		Pinza - McWatters
NEW YORK (METROPOLITAN) 28 févr., 15 mars	*Tosca,* Mario	Sodero - Moore - Sved - Roman - Sved
PITTSBURGH 8 mai		Bamboscheck - Moore - Pilotto
UNION CITY 24 mai		Chiesa
MEXICO 5 août, 10 août		Morel - Gianini - Morelli
PHILADELPHIE	*Pelléas et Mélisande*	Cooper - Sayao - Brownlee
(METROPOLITAN) 21 mars	Pelléas	Kipnis - Marshaw
MEXICO 29 août-30 août		Morel - Denya - Silva - Brownlee - Aguilar
CINCINNATI (ZOO) 2 juill., 12 juill.	*Samson et Dalila* Samson	Cleva - Thorborg - Brownlee
MONTRÉAL (ST-DENIS) 15 sept.	*Manon,* Des Grieux	Pelletier - Sayao - Moscona - Singher
SAN FRANCISCO 6 oct.	*Lakmé,* Gerald	Cimara - Pons - Silva - Votipka
SACRAMENTO 14 oct.		
LOS ANGELES 30 oct.		
1945		
NEW YORK (METROPOLITAN) 6 janv., 7 févr., 24 mars	*Carmen,* Don José	Pelletier - Djanel - Albanese - Thomson - Tourel - Sved - Valentino
PITTSBURGH 5 mai		Bamboscheck - Castagna - Petroff
DAYTON 17 mai		Breisach - Djanel - De Pamphillis - Thomson
QUÉBEC (COLISÉE) 8 sept.		Pelletier - Castagna - Drouin - Singher

Lieux et dates	Œuvres et rôles	Direction et distribution
1945		
MONTRÉAL 12 sept.	*Carmen*, Don José	Castagna - Greer - Singher
SAN FRANCISCO (100ᵉ)		Merola - Stevens - Steber -
25 sept., 11 oct.		Harrell
LOS ANGELES 10 nov.		Stevens - Conner - Harrell
NEW YORK		Pelletier - Stevens -
(METROPOLITAN) 28 déc.		Albanese - Sved
10 janv., 30 mars	*Paillasse*, Canio	Sodero - Albanese -
		Warren
SAN FRANCISCO 7 oct.		Adler - Albanese -
		Valentino - Harrell
PASADENA 6 nov.		Conner
NEW YORK	*Faust*, Faust	Pelletier - Conner - Cordon
(METROPOLITAN)		- Albanese - Warren
27 janv., 15 fév.		
CLEVELAND 16 avr.		Albanese - Pinza - Warren
BUENOS AIRES 8 juin	*Manon*, Des Grieux	Wolff - Mazella - Romito -
		Danton
10 juin, 16 juin, 11 juill.,		Mazella - Cesari - Danton
14 juill.	*Marseillaise*	
MONTRÉAL 11 sept.		Pelletier - Sayao - Singher -
		Moscona
BUENOS AIRES 15 juin,	*Armide*, Renaud	Panizza - Rigal - Romito -
20 juin, 23 juin, 1ᵉʳ juill.		Kindermann - Danton
BUENOS AIRES 29 juin,	*Pelléas et Mélisande*	Wolff - Masella - Romito -
4 juill., 8 juill.	Pelléas	Zanin
BUENOS AIRES 27 juill.,	*Louise*, Julien	Wolff - Masella - Romito -
29 juill., 1ᵉʳ août, 4 août		Kindermann
SAN FRANCISCO 4 oct.	*Les contes d'Hoffmann*	Merola - Djanel - Albanese
	Hoffmann	- Pinza - Harrell
PASADENA 30 oct.		Djanel - Albanese - Pinza -
		Glaz - Valentino
NEW YORK	*Roméo et Juliette*	Cooper - Munsel - Singher -
(METROPOLITAN)	Roméo	Pinza - Moscona
23 nov., 3 déc.		
PHILADELPHIE 11 déc.		Kirsten - Singher - Moscona
NEW YORK 19 déc.		Kirsten - Thomson -
		Moscona
1946		
NOUVELLE-ORLÉANS	*Manon*, Des Grieux	Herbert - Manners
3 janv., 6 janv.		
NEW YORK	*Les contes d'Hoffmann*	Pelletier - Alarie (débuts) -
(METROPOLITAN)	Hoffmann	Thebom - Novotna -
12 janv., 2 fév., 13 févr.,		Singher - Browning -
25 févr.		Djanel - Paulee - Steber

Lieux et dates	Œuvres et rôles	Direction et distribution
1946		
NEW YORK 26 janv.	*Roméo et Juliette* Roméo	Cooper - Munsell - Moscona - Singher
BOSTON 6 avr.		Munsel - Pinza - Singher
CLEVELAND 26 avr.		
DALLAS 18 mai		Kirsten - Pinza - Greer
MEXICO 27 juin, 29 juin		Morel - Kirsten - Silva - Morelli
SAN FRANCISCO 24 sept.		Breisach - Sayao - Brownlee - Moscona
SACRAMENTO 12 oct.		Sayao - Cehanowsky - Moscona
NEW YORK (METROPOLITAN) 7 févr., 30 mars	*Carmen,* Don José	Pelletier - Djanel - Quartarero - Merill - Stevens - Henderson
BOSTON 10 avr.		Stevens - Albanese - Singher
CLEVELAND 22 avr.		Stevens - Steber - Sved
ST-LOUIS 14 mai		Stevens - Albanese - Thompson
MEMPHIS 20 mai		Stevens - Kirsten - Valentino
CINCINNATI (ZOO) 14 juill.		Sebastian - Stevens - Farrell - Chaplizscki
MONTRÉAL (STADE MOLSON) 7 août		Cooper - Djanel - Drouin - Thompson
PORTLAND (Oregon) 7 sept.		Breisach - Djanel - Conner - Chaplizscki
SEATTLE 12 sept.		Djanel - Conner - Harrell
SAN FRANCISCO 19 sept., 29 sept., 4 oct.		
SAN ANTONIO (Texas) 21 févr.	*Tosca,* Mario	Reiter - Greer - Chaplizscki
MONTRÉAL (MAJESTY'S) 7 mai	*Werther,* Werther	Morel - Djanel - Arguello - Brownlee - Rochette
MEXICO 11 juin, 15 juin	*Faust,* Faust	Morel - Carroll - Pinza - Morelli
CINCINNATI (ZOO) 21 juill.		Sebastian - Henderson - Pinza - Brownlee
NEW YORK (METROPOLITAN) 16 nov., 14 déc.		Fourestier - Masella (débuts) - Pinza - Singher
CINCINNATI (ZOO) 11 juill., 17 juill.	*Samson et Dalila* Samson	Cleva - Stevens - Pilotto - Lazzari
CHICAGO 26 oct., 8 nov.		Cleva - Thorborg - Sved - Tajo

Lieux et dates	Œuvres et rôles	Direction et distribution
1946		
SAN FRANCISCO 1er oct., 6 oct.	*Lakmé*, Gerald	Cimara - Pons - Moscona
LOS ANGELES 22 oct.		
METROPOLITAN (N.Y. Opening) 11 nov., 23 nov.		Fourestier (débuts au MET) - Pons - Singher - Jordan
PHILADELPHIE 17 déc.		Pons - Singher - Vaghi - Jordan
NEW YORK 25 déc.		
1947		
NEW YORK (METROPOLITAN) 2 janv.	*Carmen*, Don José	Fourestier - Stevens - Merril - Quartarero
BOSTON 20 mars		Stevens - Conner - Singher
NEW YORK 3 avr.		Tourel - Merril - Quartarero
NOUVELLE-ORLÉANS 10 avr., 12 avr.		Herbert - Heidt - Castellano
PARIS (OPÉRA-COMIQUE) 2 mai, 21 mai, 7 mai	*Carmen*, Don José	Wolff - Michel - Angelici
12 juin	(2,500e)	Michel - Lussas - Gilly - Mathieu
NEW YORK (METROPOLITAN) 4 janv., 5 mars	*Faust*, Faust	Fourestier - Masella - Pinza - Singher - Kirsten
14 mars		Pelletier - Conner - Moscona - Thompson
MEXICO 29 juill., 2 août		Abravanel - Boué - Bourdin
SEATTLE 10 sept.		Merola - Quartarero - Pinza - Valdengo
PORTLAND 13 sept.		Kritz - Conner - Pinza - Valdengo
SAN FRANCISCO 21 sept., 6 oct.		Pelletier - C. Pinza (fille) - Pinza - Weede
PASADENA 30 oct.		C. Pinza - E. Pinza - Singher
NEW YORK (METROPOLITAN) 28 févr.	*Roméo et Juliette* Roméo	Cooper - Munsell - Singher - Moscona
MEXICO 17 juill., 19 juill.		Abravanel - Boué - Bourdin
SAN FRANCISCO 18 sept., 24 sept.		Pelletier - Sayao - Singher - Moscona
NOUVELLE-ORLÉANS 23 oct., 25 oct.		Herbert - Munsell - Thompson

Lieux et dates	Œuvres et rôles	Direction et distribution
1947		
BOSTON (METROPOLITAN) 27 mars	*Lakmé,* Gerald	Fourestier - Pons - Vaghi - Harrel - Jordan
CLEVELAND 7 avr.		Pons - Vaghi - Singher - Jordan
PARIS (OPÉRA-COMIQUE) 23 avr. (retour)	*Manon,* Des Grieux	Wolff - Luciani
MEXICO 15 juill., 26 juill.		Adler - Boué - Bourdin
NEW YORK (METROPOLITAN) 12 nov., 24 nov.		Fourestier - Albanese - Singher - Moscona
PARIS (OPÉRA-COMIQUE) 11 mai, 10 juin	*Tosca,* Mario	Wolff - Yosif
PARIS (OPÉRA) Rentrée parisienne 16 mai 19 mai, 23 mai, 14 juin	*Lohengrin,* Lohengrin	Fourestier - Hoerner - Gilly - Froumenty - Nougaro
PARIS (OPÉRA-COMIQUE) 4 juin	*Werther,* Werther	Wolff - Gilly
MEXICO 8 juill., 12 juill.	*Samson et Dalila* Samson	Adler - Heidt
SAN FRANCISCO 3 oct.	*Louise,* Julien	Breisach - Kirsten - Pinza - Turner
SACRAMENTO 11 oct. SAN FRANCISCO 19 oct. LOS ANGELES 28 oct. NEW YORK (METROPOLITAN) 12 déc., 22 déc.		Fourestier - Kirsten - Brownlee - Harshaw
19 déc.	*Paillasse,* Canio	Antonicelli - Albanese - Valdengo
1948		
PHILADELPHIE (METROPOLITAN) 6 janv. NEW YORK 10 janv.	*Louise,* Julien	Fourestier - Kirsten - Brownlee - Harshaw
TUNIS 25 févr.		Wolff - Masella - Hebreard
PARIS (OPÉRA) 17 janv., 26 janv., 12 mars, 28 mars, 12 avr.	*Lohengrin,* Lohengrin	Sebastian - Fourestier - Yosif - Gilly - Froumenty - Cambon - Ferrer
PARIS (OPÉRA-COMIQUE) 22 janv., 13 févr., 3 mars, 7 mars	*Carmen,* Don José	Cluytens - Michel - Jeantet
MEXICO 11 mai		Morel - Heidt
SAN FRANCISCO 5 oct., 17 oct.		Leinsdorf - Heidt - Conner - DePaolis - Tajo - Alvary

Lieux et dates	Œuvres et rôles	Direction et distribution
1948		
LOS ANGELES 23 oct.	*Carmen,* Don José	
PITTSBURGH 11 nov., 13 nov.		Karp - Swarthout - Alexander - Lenchner
PARIS (OPÉRA-COMIQUE) 28 janv. 30 mars	*Werther,* Werther	Fournet - Michel - Sabatier - Vieuille Dervaux - Chabal - Jeantet
BUENOS AIRES 14 juill., 20 juill., 24 juill, 17 août, 21 août		Calusio - Negroni - Chelavine - Romito - Carla - Cetera - Cesari - Chelavine - Romito
PARIS (OPÉRA-COMIQUE) 31 janv.	*Tosca,* Mario	Frigara - Delprat - Bourdin
NEWAK (N.J.) 7 déc.		Marzollo - Jeritza - Sved
PARIS (OPÉRA) 2 févr., 5 avr.	*Roméo et Juliette* Roméo	Franck - Brumaire - Cambon - Dutoit - Etcheverry
TUNIS 21 févr., 29 févr.	*Manon,* Des Grieux	Wolff - Masella
SAN FRANCISCO 17 sept., 4 oct., 30 oct.		Breisach - Sayao - Valentino - Altino - Alvary - Moscona
PARIS (OPÉRA-COMIQUE) 3 avr., 14 avr.	*Les contes d'Hoffmann* Hoffmann	Cluytens - Brumaire - Turba-Rabier - Musy - Bourdin - Rico
PARIS (OPÉRA) 10 avr.	*Samson et Dalila* Samson (1re fois)	Fourestier - Lefort
NOUVELLE-ORLÉANS 22 avr., 24 avr.		Herbert - Heidt - Walters - White
MEXICO 18 mai, 22 mai		Morel - Heidt - Silva - Gonzales
BUENOS AIRES 3 août, 8 août, 11 août, 14 août, 22 août	*Armide,* Renaud	Panizza - Rigal - Romito - Danton
SACRAMENTO 25 sept.	*Paillasse,* Canio	Cimara - Albanese - Weede
1949		
PARIS (OPÉRA) 19 févr., 19 mars, 27 juin	*Roméo et Juliette* Roméo	Fourestier - Herck - Michaud
21 févr. 27 mars, 29 avr.	*Lohengrin* Lohengrin	Fourestier - Ferrer - Gilly Yosif - Gilly
CANNES 26 févr.	*Werther,* Werther	Fourestier - Chauvenot - Chennel
ROUEN (CIRQUE) 24 mars		Douai - Pocidalo
PARIS (OPÉRA-COMIQUE) 29 mars, 2 juin		Cluytens - Disney - Michel

Lieux et dates	Œuvres et rôles	Direction et distribution
1949		
PARIS (OPÉRA-COMIQUE) 1er mars, 22 mars, 5 juin	*Carmen,* Don José	Fournet - Cluytens - Sebastian - Michel - Dens - Jeantet
ROUEN 21 juin PARIS (OPÉRA-COMIQUE) 23 juin LOS ANGELES 27 oct.		Douai - Pocidalo - Surois Janin - Michel - Brumaire - Dens
PARIS (OPÉRA-COMIQUE) 9 mars, 17 mars, 12 juin	*Les contes d'Hoffmann* Hoffmann	Cluytens - Dervaux - Musy - Luciani - Vieuille - Brumaire - Bourdin - Dens
SAN FRANCISCO 14 oct., 20 oct.		Breisach - Novotna - Albanese - Glaz - Baccaloni - Tibbett
LOS ANGELES 6 nov. PARIS (OPÉRA) 12 mars, 4 avr.	*Marouf,* Marouf	Fourestier - Duval - Etcheverry - Pernet
ROUEN (CIRQUE) 3 avr.	*Paillasse,* Canio	Douai - Mautti - Blouse - Coulomb (débuts)
NOUVELLE-ORLÉANS 21 avr., 23 avr.		Herbert - Shelley - Gorin - Thompson
PARIS (OPÉRA-COMIQUE) 26 avr., 30 juin	*Tosca,* Mario	Sebastian - Wolff - Dosia - Musy - Bianco
MONTRÉAL (STADE MOLSON) 4 août		Beaudet - Bampton - Singher - Baccaloni - Savoie
11 août	*Manon,* Des Grieux	Pelletier - Steber - Singher - Desmarais
SAN FRANCISCO 22 sept., 6 oct.	*Faust,* Faust	Merola - Albanese - Tajo - Mascherini - Albanese - Moscona
BAKERSFIELD 24 oct. LOS ANGELES 3 nov. PITTSBURGH 17 nov., 19 nov.		Karp - Conner - Moscona
SAN FRANCISCO 18 oct.	*Samson et Dalila* Samson	Cleva - Thebom - Weede
1950		
SAINT-ÉTIENNE 9 janv.	*Carmen,* Don José	Boucoiran - Michel - Dens - Vivalda
PARIS (OPÉRA-COMIQUE) 11 janv.		Cluytens - Michel - Bianco
15 janv. 25 janv.		Jeantet Legros
NEW YORK (METROPOLITAN) 17 mars		Perlea - Petina - Guerera - Valdengo - Medeira
PARIS (OPÉRA-COMIQUE) 4 mai, 28 mai, 4 juin, 28 juin		Sebastian - Dervaux - Disney - Jeantet - Cellier - Dens

220

Lieux et dates	Œuvres et rôles	Direction et distribution
1950		
VICHY (Festival) 1er juill.	*Carmen,* Don José	Bastide - Darban - Giovanetti - Vivalda
NERAC 9 juill.		Gayral - Anduran - ⸮ ɴ.val - Taverne
PARIS (OPÉRA-COMIQUE) 5 août		Dervaux - Michel - Bianco - Tarn
PARIS (PALAIS DE CHAILLOT) 24 août, 10 sept., 21 sept.		Sebastian - Fournet -
		Dervaux - Michel - Jeantet - Angelici - Tarn
DETROIT 4 oct.		Pelletier - Stevens - Guerera
CLEVELAND 20 nov.		Cooper - Swarthout
PARIS (OPÉRA-COMIQUE) 26 nov., 24 déc.		Cressier - Wolff - Disney - Jeantet - Michel - Dens - Brumaire
NÎMES 30 déc.		Carrière - Anduran - Hebreard
PARIS (OPÉRA-COMIQUE) 17 janv.	*Werther,* Werther	Cluytens - Michel - Dens - Juyol - Jeantet
ZURICH 21 juin, 23 juin		
MARSEILLE 10 déc.		Cruchon - Michel - Godin
AGEN 12 déc.		Capdevielle - Anduran - Vidal
ANVERS 22 déc.		Gaillard - Michel
PARIS (OPÉRA-COMIQUE) 22 janv., 20 mars	*Tosca,* Mario	Cluytens - Sebastian - Gilly - Musy - Rinella - Legros
ROME (T. ROYAL) 25 mai		Questa - Menkes - Tagliabue
PARIS (OPÉRA) 28 janv., 26 juin	*Roméo et Juliette* Roméo	Fourestier - Blot - Van Herck
NEW YORK (METROPOLITAN) 26 févr.	*Faust,* Faust	Pelletier - Albanese - Moscona
DETROIT 7 oct.		Steber - Moscona
NOUVELLE-ORLÉANS 2 nov., 4 nov.		Herbert - Conner - Arie
NEW YORK (METROPOLITAN) 9 mars	*Samson et Dalila* Samson	Cooper - Thebom - Merrill - Moscona - Alvary
PARIS (OPÉRA) 14 mai, 16 juin		Blot - Fourestier - Disney - Bianco - Chabal
PHILADELPHIE 26 oct.		Bamboscheck - Thebom - Singher
LA HAVANE (CUBA) 9 avr.	*Paillasse,* Canio	Rescigno - Henderson - Weede
DETROIT 8 oct.		Moresco
PARIS (OPÉRA-COMIQUE) 30 avr., 11 juin, 18 juin	*Les contes d'Hoffmann* Hoffmann	Cluytens - Dervaux - Delmas - Alarie - Bourdin - Micheau - Savignol - Bianco - Dens

Lieux et dates	Œuvres et rôles	Direction et distribution
1950		
ROUEN 6 mai	*Lohengrin,* Lohengrin	Douai - Crespin (débuts) - Nougaro - Pocidalo
VICHY (Festival) 12 août, 31 août PARIS (OPÉRA) 28 août, 4 sept., 23 sept.		Bastide - Crespin - Couderc - Nougaro Fourestier - Ferrer - Gilly - Bianco - Froumenty - Beechams
NÎMES 28 déc.		Carrière - Crespin - Nougaro - Bespea
PARIS (OPÉRA-COMIQUE) 18 mai, 31 mai PARIS (PALAIS DE CHAILLOT) 20 août, 7 déc.	*Louise,* Julien (90 ans)	Cluytens - Bastide - Boué - Musy - Michel
1951		
VERVIERS 4 janv. AVIGNON 11 janv. NICE 24 janv.	*Manon,* Des Grieux *Lohengrin,* Lohengrin	Crespin - Bianco Lauweryns - Crespin - Nougaro - Tomatis - Bespea - Legros
VERVIERS 1er févr.		Genens - Bolotine - Prandy - Damman
PARIS (OPÉRA) 10 août, 14 sept. LYON 8 nov., 11 nov. CASABLANCA 8 déc., 9 déc., 12 déc., 16 déc. ALGER 20 déc., 22 déc., 23 déc. PARIS (OPÉRA) 13 janv.		Dervaux - Cluytens - Crespin - Bourdin - Bianco Ackermann - Hoerner Prêtre - Lafaye - Clary - Blouse Brouillac - Monmart - Nougaro - Couderc Cluytens - Lefort - Cambon
LYON 22 nov. SAINT-ÉTIENNE 15 janv.	*Samson et Dalila* Samson	Darck - Anduran - Nougaro Boucoiran - Doria - Dens -
CASABLANCA 12 avr., 15 avr. MARSEILLE 22 avr. LYON 18 janv., 21 janv.	*Roméo et Juliette* Roméo	Pactat - Legros Jamin - Gorge - Huberty - Franzini Cruchon - Micheau Ackermann - Micheau - Rico
SAINT-ÉTIENNE 29 janv. PARIS (OPÉRA-COMIQUE) 8 févr. 29 avril 31 mai, 8 avr. VERVIERS 5 avr. LYON 4 mai, 6 mai NICE (THÉÂTRE DE VERDURE) 28 juill.	*Les contes d'Hoffmann* Hoffmann *Werther,* Werther	Boucoiran - Juyol - Vivalda Cluytens - Disney - Dens - Jourfier Fournet - Michel - Jeantet Dervaux Henderick Lauweryns - Clary - Huberty

Lieux et dates	Œuvres et rôles	Direction et distribution
1951		
LYON 4 févr.	*Carmen*, Don José	Pohl - Anduran - Dens - Laurent
PHILADELPHIE 14 fév.		Bamboschek - Heidt - Singher
MIAMI 24 févr. MIAMI BEACH 26 févr. FORT LAUDERDALE 28 févr.		Buckley - Petina - Guerera
MIAMI 3 mars LYON 10 mai, 12 mai PARIS (OPÉRA-COMIQUE) 3 juin, 10 juin VIENNE (FRANCE) 23 juin AIX-LES-BAINS 15 juill. ENGHIEN 9 sept. ORAN 27 déc., 30 déc.		Maddaforte Jacques Cluytens - Michel - Dens - Disney - Roux Anduran - Legros Fournet - Jacques Milo Andolfi - Oltrabella - Hebreard
CASABLANCA 18 avr., 20 avr.	(spectacle d'adieu)	Jamin
PARIS (OPÉRA-COMIQUE) 23 mai, 12 août, 12 sept.	*Tosca*, Mario	Gressier - Fourestier - Cluytens - Mas - Bianco - Crespin - Bourdin - Mas - Bianco
LYON 24 nov.		Henderick - Castelli - Nougaro
PARIS (OPÉRA) 18 juin	*Aïda*, Radamès	Sebastian - Rinella - Bouvier - Borthaire
VICHY (Festival) 13 juill.		Bastide - Camart - Couderc - Blouse
2 août, 17 août, 2 sept. MARSEILLE 21 juill.	(Centenaire de la mort)	Darbans - Nougaro Cruchon - Camart - Couderc - Blouse - Tomati - Legros
LYON 3 nov., 15 nov.	*Aïda*, Radamès	Ackermann - Camart - Nougaro
TUNIS 28 nov.		Sebastian - Rinella - Nougaro
VICHY (Festival) 18 juill., 5 août, 21 août 5 sept.	*La damnation de Faust* Faust	Bastide - Yosif - Legros Hauth - Cabanel
1952		
AVIGNON 3 janv.	*Roméo et Juliette* Roméo	Vernet - Tarn - Debouver
PARIS (OPÉRA) 6 avr. MONTRÉAL (CHALET) 8 août		Fourestier - Micheau Pelletier - Salemka - Daunais - Turp - Jeannotte - Guérard

Lieux et dates	Œuvres et rôles	Direction et distribution
1952		
SAINT-ÉTIENNE 7 janv.	*Carmen,* Don José	Benedetti - Michel - Giovannetti - Vivalda
PARIS (OPÉRA-COMIQUE) 18 mai 26 juin (2 actes) 24 déc.		Fournet - Charley - Angelici Cluytens - Disney - Borthaire Wolff - Anduran - Micheau - Roux
BORDEAUX 13 janv.	*Lohengrin,* Lohengrin	Lebot - Lucazeau - Couderc - Nougaro
MARSEILLE 18 janv., 20 janv. SAINT-ÉTIENNE 21 janv.		Ackermann - Camart - Lapeyre - Nougaro Boucoiran - Camart - Debierre - Blouse
LIÈGE 24 janv., 27 janv.		Moll - Bruninx - Bolotine - Lagarde - Delvaux
AVIGNON 21 fév.		Vernet - Camart - Bespéa - Blouse
NICE 6 mars		Lauweryns - Monmart - Nougaro
PARIS (OPÉRA) 14 mars, 28 mars 21 nov., 8 déc.		Cluytens - Ferrer - Bianco - Savignol - Bouvier Fourestier - Monmart - Juyol - Bianco
BORDEAUX 1er févr., 3 févr.	*Aïda,* Radamès	Lebot - Camart - Couderc - Nougaro
LIÈGE 14 févr., 17 févr. PARIS (OPÉRA) 21 avr., 12 mai, 25 mai, 31 mai		Molle - Bruninx - Delvaux Sebastian - Cluytens - Blot - Hoerner - Bianco - Rothmuller
14 nov. BORDEAUX 8 févr., 10 févr. MARSEILLE 24 févr. MONTPELLIER 2 mars TOULON 4 mars	*Werther,* Werther	Camart - Cambon Gayral - Anduran Bascou Smilovici - Saroca - Danvers
PARIS (OPÉRA-COMIQUE) 24 oct., 20 déc. SAINT-ÉTIENNE 25 févr.	*Samson et Dalila* Samson	Wolff - Dervaux - Juyol - Jeantet - de Pondeau Benedetti - Couderc - Dens
PARIS (OPÉRA) 16 mars		Cluytens - Bouvier - Borthaire
ARLES 5 juill.		Trik - Lefort - Legros - Tomatis
MONTPELLIER 29 fév.	*La damnation de Faust* Faust	Montpellier - Lucazeau - Legros
PARIS (OPÉRA) 21 mars, 22 déc.		Cluytens - Juyol - Santana - Savignol

224

Lieux et dates	Œuvres et rôles	Direction et distribution
1952		
VICHY (Festival) 12 juill., 23 juill., 14 août	*La damnation de Faust*, Faust	Bastide - Ferrer - Cabanel - Legros - Hieronimus
ORANGE 28 juill.		Audoly - Juyol - Santana
MARSEILLE 8 mars	*Paillasse*, Canio	Lhery - Patris - Legros
PARIS (OPÉRA-COMIQUE) 26 mars	*Louise*, Julien	Cluytens - Boué - Musy - Gilly - Depraz
26 avr.	*Manon*, Des Grieux	Cluytens - Jourfier - Vieuille - Roux
2 mai	*Tosca*, Mario	Dervaux - Segala - Bourdin - Vieuille
29 mai	*Les contes d'Hoffmann* Hoffmann	Dervaux - Turba-Rabier - Mas - Bourdin - Brumaire - Borthaire - Clavensky
PARIS (OPÉRA) 18 juin Gala Versailles 20 juin, 21 juin, 23 juin, 25 juin, 27 juin, 28 juin, 17 oct.	*Les Indes Galantes* Damon	Fourestier - Castelli - Bouvier - Jourfier - Noré - Brumaire - Libero Deluca - Santana - Ferrer - Bianco - Giraudeau - Duval - Jansen Micheau - Boué - Bourdin
5 nov., 31 déc.		Blot
VICHY (Festival) 17 juill., 1er août, 20 août	*Marouf*, Marouf	Bastide - Legros - Rivière - Cabanel
26 juill., 5 août, 23 août	*Les Maîtres Chanteurs* Walther	Bastide - Vivalda - Nougaro - Gorr -
PARIS (OPÉRA) 31 oct., 3 nov., 8 nov., 24 nov.		Sebastian - Boué - Bourdin - Gorr
1953		Giraudeau - Vaillant - Depraz
PARIS (OPÉRA) 2 févr.	*Samson et Dalila* Samson	Cluytens - Gorr - Bianco
LYON FOURVIÈRE (Festival) 11 juill.		Lebot - Bouvier - Nougaro - Savignol
PARIS (OPÉRA) 3 janv., 27 fév., 2 mars, 28 mars 18 avr., 27 avr., 2 mai, 25 mai, 1er juin, 12 juin	*Les Indes Galantes* Damon	Fourestier (même distribution qu'en 1952) Blot
FLORENCE (Festival) 26 juin, 27 juin, 28 juin, 29 juin		Fourestier
PARIS (OPÉRA) 14 nov., 16 nov., 24 déc.		Fourestier
PARIS (OPÉRA-COMIQUE) 18 janv.	*Paillasse*, Canio	Dervaux - Castelli - Borthaire
25 janv.	*Les contes d'Hoffmann* Hoffmann	Dervaux - Alarie - Moisan - Luccioni - Musy
4 juin		Cluytens
7 févr., 4 mars	*Manon*, Des Grieux	Dervaux - Grandval - Jeantet - Vieuille

Lieux et dates	Œuvres et rôles	Direction et distribution
1953		
PARIS (OPÉRA) 9 févr. 30 mai	*Lohengrin*, Lohengrin	Fourestier - Varène - Juyol Cluytens - Bianco - Vecray - Juyol
PARIS (OPÉRA-COMIQUE) 15 févr., 15 mars, 20 mai 29 nov., 26 déc.	*Werther*, Werther	Cluytens - Dervaux - Wolff - Juyol - Jeantet - Joachim - Charley - Gorr - De Pondeau
LIÈGE 10 avr. NICE 31 déc.		Molle - Serres Lauweryns - Michel - Linval
MARSEILLE 18 juill. PARIS (OPÉRA-COMIQUE) 8 mars, 17 mars, 6 avr., 30 avr., 9 mai, 6 juin, 14 juin, 11 nov., 6 déc., 18 déc.	*Carmen*, Don José	Trik - Juyol - Dens Cluytens - Wolff - Dervaux - Cruchon - Charley - Roux - Anduran - Borthaire - Brumaire - Legros - Michel - De Pondeau - Léger - Angelici
PARIS (OPÉRA) 13 mars, 24 avr. 19 mars	*La damnation de Faust* Faust *Faust 53* (Gounod, Liszt, Boito, Wagner, Schumann), Don José	Fourestier - Blot - Juyol - Savignol Dervaux - Moisan - Vaillant
LIÈGE 25 mars	*Roméo et Juliette* Roméo	Blot - Micheau
VICHY (Festival) 26 juill. PARIS (OPÉRA) 20 déc.		Bastide - Vivalda Fourestier - Van Herck - Medus - Roux
26 avr., 20 juin, 13 déc.	*Aïda*, Radamès	Sebastian - Blot - Camart - Bouvier - Cambon - Arraujo - Bianco
PARIS (OPÉRA-COMIQUE) 7 mai 20 nov., 26 nov.	*Tosca* *Louise*, Julien	Sebastian - Sarocca - Vaillant Cluytens - Boué - Bouvier - Musy
PARIS (OPÉRA) 11 déc.	*Les Troyens* (150e) Énée	Sebastian - Juyol - Depraz - Gorr
1954		
PARIS (OPÉRA) 4 janv. PARIS (OPÉRA-COMIQUE) 8 janv., 17 janv., 30 janv., 21 févr., 14 mars, 21 mars, 4 avr., 30 avr., 31 déc.	*Roméo et Juliette* Roméo *Carmen*, Don José	Cluytens - Micheau - Froumenty Dervaux - Wolff - Sebastian - Fournet - Anduran - Legros - De Pondeau - Couderc - Angelici - Léger - Brothaire - Andreani - Roux - Charley

Lieux et dates	Œuvres et rôles	Direction et distribution
1954		
10 janv., 5 fév., 3 mars	*Werther*, Werther	Wolff - Cluytens - Gorr - Jeantet - Juyol - Joachim -
12 mai		Dervaux - Gorr - Vieuille - Joachim
18 déc.		Wolff - Michel - De Pondeau
SAINT-ÉTIENNE 8 nov.		Benedetti - Jacques - Legros
PARIS (OPÉRA) 23 janv., 14 avr., 17 mai	*Lohengrin*, Lohengrin	Cluytens - Monmart - Juyol - Bianco
SAINT-ÉTIENNE 18 oct.		Gloez - Crespin - Blanc - Frroumenty
ORAN 21 oct., 24 oct.		Andolfi - Camart - Delvo - Blouse
MARSEILLE 11 nov., 13 nov.		Trik - Crespin - Delvo - Nougaro
PARIS (OPÉRA-COMIQUE) 18 févr., 25 mars, 7 mai	*Tosca*, Mario	Sebastian - Dervaux - Sarroca - Bianco - Castelli - Vaillant
28 févr., 17 mars	*Les contes d'Hoffmann* Hoffmann	Dervaux - Cruchon - Mathot - De Pondeau - Rico - Robin - Grandval - Musy
LYON 4 nov., 6 nov.		Ackermann - Mesplé - Brumaire - Dens
PARIS (OPÉRA) 7 mars	*Aïda*, Radamès	Fourestier - Camart - Gorr - Savignol - Bianco
ORAN 28 oct., 31 oct		Andolfi - Camart - Delvo - Blanc
PARIS (OPÉRA) 29 nov., 13 déc.	*Aïda* Radamès	Sebastian - Cluytens - Arraujo - Gorr - Bianco - Froumenty - Charley - Blanc
BORDEAUX 26 mars	*Samson et Dalila* Samson	Cesbron - Gorr - Blanc
28 mars	*Paillasse*, Canio	Cesbron - Florence - Blanc
PARIS (OPÉRA-COMIQUE) 9 avr., 11 avr., 17 avr., 2 mai, 19 nov., 3 déc., 29 déc.		Wolff - Cruchon - Boué - Castelli - Claverie - Camart
15 mai, 20 mai, 23 mai, 26 mai, 30 mai, 2 juin, 5 juin	*Résurrection* (F. Alfano) Dimitri	Sebastian - Neway - Roux - Gorr
BUENOS AIRES 25 juin, 27 juin, 30 juin, 3 juill., 6 juill.	*Alceste*, Admete	Panizza - Rigal - Jansen
1955		
PARIS (OPÉRA-COMIQUE) 5 janv., 20 janv., 17 févr., 12 mars, 28 déc.	*Paillasse*, Canio	Cruchon - Claverie - Borthaire - Castelli - Legros - Ségala - Massaro

Lieux et dates	Œuvres et rôles	Direction et distribution
1955		
PARIS (OPÉRA) 10 janv., 11 juill., 2 déc., 30 déc.	*Lohengrin,* Lohengrin	Cluytens - Monmart - Juyol - Bianco - Crespin
LYON 19 mars		Ackermann - Crespin - Juyol - Nougaro
NICE 24 mars		Lauweryns - Crespin - Juyol - Bianco
ARLES (THÉÂTRE ANTIQUE) 3 juill.		Trik - Crespin - Delvaux - Hieronimus
ORANGE (CHOREGIES) 1er août		Cluytens - Monmart - Juyol - Froumenty - Massaro - Bianco
VICHY (Festival) 18 août, 11 sept.		Adam - Crespin - Rinella - Barsac
PARIS (OPÉRA-COMIQUE) 16 janv., 23 févr., 7 déc.	*Werther,* Werther	Blareau - Fournet - Juyol - Jeantet - De Pondeau - Charley - Mollet - Angelici
23 janv., 19 févr., 4 déc.	*Carmen,* Don José	Fournet - Cruchon - Andréani - Giovanetti - De Pondeau - Charley - Borthaire - Michel - Jeantet
NÎMES (ARÈNES) 28 mai		Carrière - Michel - Giovanetti
MARSEILLE (THÉÂTRE SYLVAIN) 16 juill.		Trik - Anduran
PARIS (OPÉRA) 28 janv., 7 févr. 11 nov.	*Aïda,* Radamès	Cluytens - Fourestier - Sebastian - Arraujo - Gorr - Bianco - Medus - Monmart Froumenty - Ségala
TOULOUSE 28 avr., 30 avr.		Dark - Rinella - Tomatis - Blouse
PARIS (OPÉRA-COMIQUE) 3 févr.	*Tosca,* Mario	Sebastian - Sarroca - Bourdin
LYON 17 mars		Bégou - Rinella - Nougaro
VIENNE (THÉÂTRE ROMAIN) 18 juin		Rinella - Dens
PARIS (OPÉRA) 14 févr.	*Roméo et Juliette* Roméo	Fourestier - Micheau - Médus
MARSEILLE 13 mai, 15 mai		Trik - Boursin - Tomatis - Blouse
AVIGNON 24 nov.		Boursin - Lhéry
SAINT-ÉTIENNE 21 mars	*Samson et Dalila* Samson	Herbay - Bouvier - Tomatis
ALGER 5 mai, 7 mai		Henderick - Lapeyre - Bianco
NICE 27 mars	*Les contes d'Hoffmann* Hoffmann	Carrière - Crespin - Delmas - Dens
LYON FOURVIÈRE (THÉÂTRE ROMAIN) 4 juin, 6 juin, 8 juin	*Geneviève de Paris* (Marcel Mirouze) Rikimier	Mirouze - Crespin - Mesplé - Nougaro - Libero Deluca

Lieux et dates	Œuvres et rôles	Direction et distribution
1955		
ENGHIEN (CASINO) 23 juin, 25 juin	*Atlantide* (H. Tomasi) Saint-Avit	Etcheverry - Tcherina - Doria - Giovanetti
VICHY (Festival) 24 juill., 13 août, 29 août, 17 sept.		Tomasi - Pagava - Angelici - Giovanetti
MARSEILLE 4 nov., 6 nov.		Tcherina - Jacquin - Herent - Tcherina
LYON 18 nov., 20 nov., 26 nov., 11 déc.		Trik - Etcheverry - Begou - Giovanetti - Jacquin - Huberty - Herent
NICE 15 déc., 18 déc.		Tomasi - Tcherina - Angelici - Doucet - Herent - Giovanetti
VICHY (Festival) 7 août, 25 août	*La damnation de Faust* Faust	Adam - Crespin - Cabanel
AVIGNON 13 oct.		Lhery - Sarroca
TOULOUSE (CAPITOLE) 15 oct., 19 oct.	*Hérodiade* (Massenet) Jean	Herbay - Rinella - Delvaux - Borthaire - Vaillant
BORDEAUX 28 oct., 30 oct.		Rinella - Gorr - Cabanel
1956		
PARIS (OPÉRA) 9 janv., 15 avr.	*Aïda*, Radamès	Fourestier - Blot - Segala - Delvaux - Froumenty - Monmart - Blanc - Serkoyan
BORDEAUX 10 févr., 12 févr.		Gayral - Rinella - Gorr - Cloez
MONS 4 oct., 7 oct.		Delsaux - Sarroca - Gorr - Herry
PARIS (OPÉRA) 13 janv.	*Lohengrin*, Lohengrin	Fourestier - Crespin - Juyol - Bianco - Froumenty
16 janv.	*Samson et Dalila* Samson	Fourestier - Cluytens - Charley - Bianco - Froumenty
27 mai, 11 juin, 23 sept.		Blanc - Borthaire - Serkoyan
TOULOUSE (CAPITOLE) 26 janv., 29 janv.		Herbay - Gorr - Cabanel - Serkoyan
BORDEAUX 17 févr.		Barsac - Cloez
MARSEILLE 20 janv., 22 janv.	*Les contes d'Hoffmann* Hoffmann	Trik - Brumaire - Mesplé - Savignol
ORAN 29 mars		Andolfi - Dupleix - Capisano
TOULOUSE 10 mai, 13 mai		Herbay - Brumaire - Roux
NICE 1er fév.	*Hérodiade*, Jean	Lauweryns - Boué - Delvaux - Borthaire
LYON 3 mars		Begou - Dens
TOULOUSE 25 mars		Herbay - Sarroca - Cabanel
NICE 4 fév.	*Tosca*, Mario	Carrière - Crespin - Cabanel

Lieux et dates	Œuvres et rôles	Direction et distribution
1956		
BORDEAUX 9 mars, 11 mars	*Tosca*, Mario	Gayral - Roux
TOULOUSE (CAPITOLE)		
23 mars		Herbay - Sarroca - Cabanel
PARIS (OPÉRA-COMIQUE)		Cruchon - Sarroca -
5 avr.		Dervaux - Crespin -
14 juin		Vaillant - Cruchon - Segala
12 déc.		
GRENOBLE 6 mars	*Werther*, Werther	Begou - Couderc
PARIS (OPÉRA-COMIQUE)		Wolff - Charley - Jeantet
17 mai		
8 nov.		Prêtre - Michel - Bacquier
LYON 25 févr., 27 févr.	*Geneviève de Paris* Rikimier	Prêtre - Crespin - Mesplé
NANCY 11 avr.	*Paillasse*, Canio	Etcheverry
SAINT-ÉTIENNE 5 nov.		Carrière - Castelli - Borthaire
PARIS (OPÉRA-COMIQUE)		Cruchon - Claverie -
6 déc.		Peyrotte
21 mai	*Carmen*, Don José	Sebastian - Charley - Giovanetti
9 juin, 29 juin		Wolff - Fournet - Andreani - Charley - Legros
23 juin	*Louise*, Julien	Fournet - Boué - Musy - Michel
1957		
TOULOUSE 11 janv.,	*Pénélope* (G. Fauré)	Auriacombe - Crespin -
13 janv.	Ulysse	Darbans - Haas
BORDEAUX		Auriacombe - Crespin -
18 janv., 20 janv.		Darbans - Haas
LYON 25 janv., 27 janv.		
MARSEILLE 1er févr., 3 févr.		
AVIGNON 7 févr.		
NICE 10 févr.		
MONTPELLIER 14 févr.		
PARIS (OPÉRA-COMIQUE)	*Capriccio*	Prêtre - Segala - Juyol -
1er mars, 8 mars, 13 mars,		Roux - Froumenty -
27 mars, 7 avr., 10 avr.,		Massaro
17 avr., 2 mai, 23 mai		
NANTES 20 mars, 23 mars	*La damnation de Faust* Faust	Frigara - Moisan - Vaillant - Roux
TARBES 30 mars	*Werther*, Werther	Cheyssac - Couderc
PHILADELPHIE 22 nov.		Bamboschek - Albanese - Singher
TORONTO (MET DE N.Y.)	*Carmen*, Don José	Mitropoulos - Stevens -
30 mai		Guarrera
1958		
TOULOUSE (CAPITOLE)	*Pénélope*, Ulysse	Carrière - Crespin -
24 juin		Cabanel - Darbans

DISCOGRAPHIE DE RAOUL JOBIN

— BEETHOVEN : *Symphonie n° 9*
I. Gonzales, E. Nikolaidi, M. Harrell, Chœur Westminster, dir.
J.F. Williamson, Orchestre Philharmonique de New York, dir.
Bruno Walter. Enreg. 1949. 2 disques, CBS ML 4201

— BIZET : *Carmen,*
Rise Stevens, Robert Weede, Chœurs et Orchestre du Metropolitan Association de New York, dir. George Sebastian (extraits).
Enreg. 1945. CBS ML 4013

— BIZET : *Carmen,*
Même distribution (Extraits, 78 tours) MM 607

— BIZET : *Carmen,*
S. Michel, M. Angelici, G. Chellet, R. Notti, M. Dens, J. Thirache, X. Smati, F. Leprin, J. Vieuille, Arschodt, Chœurs et
Orchestre du Théâtre National de l'Opéra-Comique de Paris, dir.
André Cluytens. Enreg. 1950.
Album 3 disques, TRI-33308/9/10; 3 disques, CBS-ML (5) 4395-6-7

— G. FAURÉ : *Pénélope,*
Régine Crespin, C. Gayraud, M. Gagnard, F. Ogéas, G. Macaux,
N. Robin, A. Vessières, J. Peyron, R. Massard, M. Hamel,
B. Demigny, P. Germain. Chœurs de la RTF dir. J.P. Kreder,
Orchestre National, dir. D.E. Inghelbrecht. Enreg. 1956.
Album 2 disques, Discoreale-INA, DR 10012/14.

— GLUCK : *Alceste,*
Kirsten Flagstad, A. Young, M. Lowe, T. Hemsley, J. Clark,
R. Thayer, J. Atkins, Geraint Jones Orchestra and Singers, dir.
Geraint Jones. Enreg. 1956.
Album 3 disques, Decca L.X.T. 5273-4-5-6

— GOUNOD : *Roméo et Juliette*,
J. Micheau, P. Mollet, Ch. Cambon, L. Rialland, H. Rehfuss,
C. Collard, A. Philippe, Orchestre du Théâtre National de l'Opéra
de Paris, dir. Alberto Erede.
Album 3 disques, Decca L.X.T. 2890-1-2, Discoreale

— GOUNOD : *Roméo et Juliette*,
Même distribution (extraits), Decca L.X.T. 5021

— GOUNOD : *Roméo et Juliette*,
Même distribution (extraits), LONDON L.L. 1111

— *Airs romantiques d'opéras français*,
L'Africaine, la Damnation de Faust, Hérodiade, Werther, Roméo
et Juliette, Manon, Orchestre du Metropolitan Opera de New
York, dir. Wilfrid Pelletier.
Album 3 disques 78 tours, Columbia MM-696, Set D-190

— MASSENET : *Werther* (extraits),
— BERLIOZ : *La Damnation de Faust* (extraits),
I. Kolassi, Orchestre du London Symphony, dir. Anatole Fistoula-
ri. Decca L.X.T. 5034, London LL 1154

— OFFENBACH : *Les Contes d'Hoffmann*,
R. Doria, Vina Bovy, G. Boué, L. Musy, A. Pernet, Ch. Soix,
R. Bourdin, F. Revoil, Bourvil, Chœurs et Orchestre du Théâtre
National de l'Opéra-Comique, dir. André Cluytens. Enreg. 1948.
Coffret 3 disques Pathé-Marconi EMI, 2 C 153-14151/3; 3 disques,
CBS ML 4265-6-7

— *Airs d'opéras* :
La Tosca (Recondita armonia, E lucevan le stelle 7 T.C.L. 287;
Carmen (La fleur), *Werther* (J'aurai sur ma poitrine) 7 T.C.L. 288;
Orchestre du Théâtre de l'Opéra-Comique, dir. André Cluytens.
Pathé-Marconi, 45 tours.

— *Airs d'opéras* :
Lohengrin (Le Graal, C.L.X. 2597), *Siegfried* (La forge, C.L.X.
2598); *La Tosca* (Ô de beautés égales, CL 8537, Le ciel luisait
d'étoiles, CL 8535); *Carmen* (La fleur, CLX 2595), *Werther* (J'aurai
sur ma poitrine, C.L.X. 2596); Orchestre National de l'Opéra, dir.
Louis Fourestier. Pathé-Marconi, 78 tours.

— *Chants de Noël traditionnels* :
Chœurs des Disciples de Massenet de Montréal, dir. Charles
Goulet, orgue, R. Roy. R.C.A. Victor, L.M. 7014, L.M. 2503.

— *Mélodies populaires :*
Si vous l'aviez compris, Élégie (Massenet), 49-0622 A-B; Le mariage des roses (C. Franck); Je t'ai donné mon cœur (F. Lehar) 49-0623 A-B; Agnus Dei (Bizet), Hosanna (Granier) 49-0624 A-B; Il est né le divin enfant, Dans cette étable, 49-0746 A-B; Les Anges dans nos campagnes, Çà Bergers, assemblons-nous, 49-0747 A-B; Minuit Chrétien (Adam), Adeste Fideles, 49-0748 A-B; Nouvelle agréable, Venez divin Messie, 49-3883 A-B; Sancta Maria (Fauré), Notre Père (H. Busser), 49-3884 A-B; Les Rameaux, Le Rosaire (Nevin), 49-0987 A-B. — Piano, Jean Beaudet; orgue, R. Roy. R.C.A. Victor, 45 tours.

AUTRES ENREGISTREMENTS

Radio France, INA. (Institut National de l'Audiovisuel),
— GALA DE MONTRÉAL :
Mehul (Air de Joseph), Bizet (Les Pêcheurs de Perles, duo Martial Singher), Orchestre de Radio-Canada, dir. Wilfrid Pelletier. Enreg. 10/05/46.

— HENRI TOMASI : *Don Juan de Mañara*,
Jacquin, A. Vessières, Orchestre National Symphonique, dir. Henri Tomasi. Enreg. 06/11/52.

— LEONCAVALLO : *Paillasse*,
G. Boué, J. Borthayre, Orchestre du Théâtre National de l'Opéra-Comique, dir. Albert Wolff. Enreg. 17/04/54.

— FRANCO ALFANO : *Résurrection*,
P. Neway, M. Roux, Orchestre du Théâtre National de l'Opéra-Comique, dir. Georges Sebastian. Enreg. 14/06/54.

— RICHARD STRAUSS : *Daphné*,
J. Micheau, P. Cabanel, Orchestre du Festival de Vichy, dir. Henri Tomasi. Enreg. 30/08/55.

— HENRI TOMASI : *L'Atlantide*,
M. Roux, R. Doria, J. Etcheverry, J. Giovanetti, Orchestre du Festival de Vichy, dir. Henri Tomasi. Enreg. 04/09/55.

— SAINT-SAËNS : *Samson et Dalila*,
D. Charley, R. Bianco, Orchestre du Théâtre National de l'Opéra de Paris, dir. Louis Fourestier. Enreg. 16/01/56.

— G. FAURÉ : *Pénélope*,
R. Crespin, A. Vessières, R. Massard, F. Ogéas, P. Germain, Chœurs de la RTF, dir. J.P. Kreder, Orchestre National, dir. D.E. Inghelbrecht. Enreg. 24/05/56.

Cet ouvrage a été réalisé sur
Système Cameron
par la SOCIÉTÉ NOUVELLE FIRMIN-DIDOT
Mesnil-sur-l'Estrée
pour le compte des Éditions Belfond
le 27 octobre 1983

Imprimé en France
Dépôt légal : octobre 1983
N° d'édition : 639 – N° d'impression : 0347
ISBN :2.7144.1639.X

1777